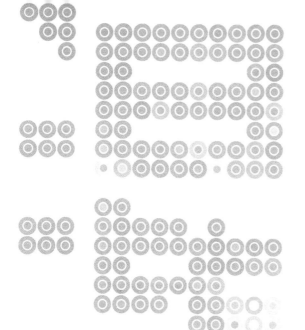

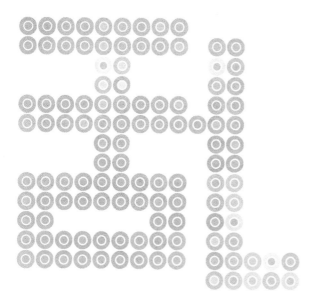

Messy

The Power of Disorder to
Transform Our Lives

混乱

如何成为
失控时代的掌控者

[英] 蒂姆·哈福德 著

侯奕茜 译

中信出版集团 · 北京

图书在版编目（CIP）数据

混乱 /（英）蒂姆·哈福德著；侯奕茜译 . -- 北京：
中信出版社，2018.1（2018.4重印）
书名原文：Messy：The Power of Disorder to
Transform Our Lives
ISBN 978-7-5086-2635-2

I.①混… II.①蒂… ②侯… III.①经济学－通俗
读物 IV.① F0-49

中国版本图书馆 CIP 数据核字〔2017〕第 252808 号

Messy: The Power of Disorder to Transform Our Lives
Copyright © Tim Harford 2016
This edition arranged with Felicity Bryan Associates Ltd. through Andrew Nurnberg Associates International Limited
Simplified Chinese translation Copyright © 2017 by CITIC Press Corporation
ALL RIGHTS RESERVED
本书仅限中国大陆地区发行销售

混乱

著　　者：[英] 蒂姆·哈福德
译　　者：侯奕茜
出版发行：中信出版集团股份有限公司
　　　　　（北京市朝阳区惠新东街甲 4 号富盛大厦 2 座　邮编　100029）
承 印 者：山东鸿君杰文化发展有限公司

开　　本：880mm×1230mm　1/32　　印　　张：9.75　　字　　数：210 千字
版　　次：2018 年 1 月第 1 版　　　　 印　　次：2018 年 4 月第 5 次印刷
京权图字：01-2017-5437　　　　　　　 广告经营许可证：京朝工商广字第 8087 号
书　　号：ISBN 978-7-5086-2635-2
定　　价：56.00 元

版权所有·侵权必究
如有印刷、装订问题，本公司负责调换。
服务热线：400-600-8099
投稿邮箱：author@citicpub.com

献给掌控混乱的大师

斯特拉、阿芙丽卡和赫比

混乱——应对复杂世界反向创造力

罗振宇（罗辑思维创始人）

崇尚秩序，热爱整洁，偏爱有条不紊、井然有序，对大部分人来说，就像一种根植于内心的本能，因为这通常意味着情势尽在掌控。受这种"本能"驱使，我们从来没有质疑过秩序带给我们的好处，以及混乱带给我们的麻烦。

很多读者热衷"断舍离"的生活方式，迷恋整理术的方法技巧，秩序让生活更舒适高效；还有的读者执着钻研自控力、专注力、刻意练习、思维导图，试图建立一种思考和学习习惯上的秩序。

不得不承认这些东西的确有用，很多年轻人都相信并执行着。然而我们这座迷恋秩序的认知"大厦"，在我看完《混乱》这本书的时候轰然倒塌了。为什么"常识"也要被质疑？因为人类几乎所有的常识，都成型于工业时代，而今天的世界已经远超任何一个人可以理解的范围。

《混乱》的作者蒂姆·哈福德是著名的"卧底经济学家"，他2016年在罗辑思维上架过一套《卧底经济学》，这本书全球累计销量已经超过150万册。蒂姆这次奉上的《混乱》是一本跨界之作，书中用大量的经济学、心理学、社会学、神经科学等十几个专业领域的前沿研究和实验，以及各种真人真事，向我们展现了一个问题：我们小看了混乱。蒂姆认为，这种对混乱的忽视和本能拒绝，让我们远离了这个时代最需要和最珍贵的品质：创造力、应变力、适应力。我一口气读下来，有一种大开眼界的感觉。

比如以下：

· 注意力无法集中的人其实更有潜力利用突发情况，不少人认为抗干扰能力弱是缺点，但事实上，这样的人更具有创造力。

· 顶尖的科学家总是在不停改变自己的研究课题，因为如果科学家想不断发表重量级的论文，就要探索更多新领域。多任务同时工作，可以相互影响和促进，在一项任务中获取的知识可以运用到另一项中。

· 我们都觉得随性会损害工作效率，比如文件夹不整理效率低，邮件不分类效率低，不制订工作计划效率低。实际上，这是一种普遍的误解，研究发现，循规蹈矩的生活效率更低。

· 把文档分类整理纯属浪费时间。因为花很多时间分类整理，保留的很可能是一大堆将来根本就不会用到的文档，而且因为整理花了心思，还舍不得扔。其实文件多了，最好的办法就是随手堆在桌子上，用什么拿什么，用完再放在一堆的最上面。这个办法能自动保证最常用的文件在最上面。

· 无聊是创意的天敌，警惕则是创意的朋友。怎样才能让自己保持警醒？方法就是给自己制造意外，让自己对眼前的局面失去控制，这样你才能仔细观察这一局面，看清它的细节，然后找到出口。

- 认知多样性是提升创造力的秘方，在团队决策时，为了维持团队和谐，成员会倾向于和团队观点保持一致，不愿提出有争议的观点，这可能导致错误决定，因为谁都懒得进行批判性思考，都试图做个老好人。

- 在面对一个极其复杂的问题时，聪明绝顶的人可能束手无策，而新鲜血液的注入则可能帮我们打破僵局。

书中提到的故事不只关乎多样性，还揭示了我们对多样性的态度和反应。今天，无论是公司、组织、市场还是个人，都在不断享受着井然有序为生活带来的便利和短期利益，却没有注意到，它同时也为这些体系埋下了脆弱易毁的种子。

在很多人看来，多样性意味着"失控"——让一千种花朵自由绽放，任何事情都有可能发生！谁喜欢这样呢？还是让我们稳妥一些吧，把杂草除掉，种上自己喜欢的花朵，这样会显得更美观、更整洁。但是，消除了多样性，无论对于生物系统，还是社会、文化，或者市场而言，都是一场灾难。

强调单一的文化认同关闭了学习的大门，也削弱了人类社会的适应力。任何系统，包括生物、经济或社会，如果变得如此单一，也会变得僵化、难以自我进化；如果某一系统，在结构上鄙视、限制实验，不允许差异和多样性的存在，并消除了这一创新的原材料，从长期来看，将注定灭亡。要记住，我们生活的这个星球是高度多元化的。

蒂姆之所以用一整本书来告诉我们混乱的魔力，是因为我们的确对此知之甚少，但绝不是说混乱就是解决一切问题的灵药，我们只是需要走出内心的"舒适区"，身处混乱，拥抱混乱，发现它赐予我们的独特魔法。

我的好朋友万维钢说："作为一个人，身处这个充满机械化、标准化、规则化的现代世界之中，你对自己的生活方式有一个什么样的选择？具体来说，就是你是选择循规蹈矩，还是选择自由独立。整洁的背后是循规蹈矩，是把人机械化；混乱的背后是自由独立，是让人更像人。"这个说法点透了《混乱》的本质。

一味追求秩序往往会丧失创新能力。混乱不是用来消除的，而是可利用的创新资源。混乱的本质是其他方向的秩序，只不过你没有理解那个秩序。总有一些秩序在我们视野之外，你没理解它所以觉得是混乱。有自己独特秩序的混乱，其实你根本消除不了，只能善加利用。

相信通过这本书，大家可以学到一种应对复杂世界的反向思考能力，这种能力可以帮助我们"灰度认知"、清醒思考，同时"重装"了一套掌控失控局面的操作系统，这套系统可以让我们从乱中获益，明智行动。

"混乱"的背后是自由独立，是让人更像人

万维钢（科学作家）

我们都迷恋整洁有序。我们相信整理术、收纳方法、日程表和任务清单会给我们带来整齐的办公桌、清爽的生活环境，以及明确的成功方向。但是，你因此更成功了吗？答案并不像我们用直觉推断出的那样。

蒂姆·哈福德——狂销 150 万册的《卧底经济学》的作者，他的新书《混乱》告诉我们：学会拥抱混乱，才能激发真正的创造力；不去努力计划成功，会更成功。

这本书的英文版在 2016 年一上市就大获好评，特别是著名经济学家、也可能是目前世界上读书最多的人之一泰勒·科文说，这是蒂姆最好也是最深刻的一本书。作为蒂姆作品的忠实读者，我也在英文版出版后的第一时间看完了该书，我对这个评价深有同感。

表面上看，《混乱》是在讲一个问题，那就是混乱常常被人们忽略。但仔细读下来，你就会发现它是在用百科全书的方式提供给人类一种认识世界的反向思维方式，这种思维是发散的，是深藏不露的，常识主导下的传统观念都被《混乱》——颠覆了。

下面，我们来看看《混乱》都讲了什么。

如果只看书名，这本书大概说的是，如果一个人桌子上的物品摆放整齐，文档归类整理，生活井井有条，他可能就没有什么创造力。反过来说，大人物的桌面一向都很混乱，似乎混乱和邋遢的风格更能激发创造力，做事反而可能更有效率。这点认识，我25年前就有。这可配不上"深刻"二字。蒂姆到底说了什么"深刻"的东西呢？

过去这十几年，关于做事的学问，各种研究、文章和书籍等的主流思想，都是在强调笨功夫。比如下面这些思想：专注力、自控力、习惯的力量、任务列表工作法、极简式生活……

这些思想都很好，但是你也不得不承认，它们都有点机械化的特征，似乎比较适合做"学习"和"执行任务"之类的事情。那些大师级的艺术家和科学家，乃至任何一个领域的决策者，在以上这些功夫之外，肯定还有一点别的东西。

蒂姆这本书，关注的就是这点"别的东西"。这个"别的东西"背后的哲学，可就完全不一样了，但是它并不神秘，也是可以研究、可以学习的，这就是我们一定要读一读这本书的原因所在。

2014年，伦敦地铁工人爆发了一次大罢工，导致全城270个地铁站关闭了171个，大部分乘客都使用了跟平时不一样的乘车路线上班。有意思的是，罢工结束之后，并不是所有人都恢复了原有的上班路线。大约有5%的乘客继续留在了新发现的路线上！换句话说，因为这次罢工的震动，反而给了这些人一个发现更好路线的机会。蒂姆把这种震动叫作"任意的震动"（arbitrary shock）——没有精心布局，没有特定方向，就这么随机地、简单粗暴地给你震动一下。这对你来说可能就是一个非常好的创新机会。

"任意的震动"是什么呢？就是你在这个山头已经到了最高点，去无可去了，这时候来个震动，把你震到另外一个地方。运气不好的话你可能去了一处谷底，运气好的话也许你就被震到了一座更高的山的山脚下。如果你已经练得特别善于爬山，这不就是个特别好的机会吗？所以分心也好，任意的震动也罢，其实就是给创造过程来一点不确定性。而真正的创新者，不但不怕不确定性，还时刻欢迎甚至主动增加一点不确定性。

为了不分心，我们总在按照轻重缓急为自己罗列工作计划，但往往计划赶不上变化。为此，蒂姆总结了一套"多项目工作法"，结果反而更高效，而且他本人就是这么做的。

你应该同时有好几个不同的项目在进行，比如几个科研项目、几个写作项目，甚至包括几项家务。每个项目有自己的存档处，有什么新想法就加进去，哪个项目能做就做，暂时不能做就放着。哪壶开了提哪壶。

如果你是一个企业的首席执行官，想要开发凝聚力的话，我可以给你提供一个方案。首先，你应该把员工分成若干个小团队，每个团队中的人具有天然的相似性：都是一个大学毕业的，都是一个地方的老乡，都是爱在 Linux 平台用 VIM 编辑器写程序的程序员。其次，你应该让各个团队在公司内部展开竞争。"上海帮"的存在，会给"北京帮"带来更大的工作干劲。最后，你应该时不时搞一个全公司范围内的集体行动——不是出去吃喝玩乐，而是共同解决一个大问题。这样在各个小团队的凝聚力之外，你还可以收获全公司的凝聚力。

数学家不需要什么小团队的长期合作，见面就可以立即讨论数学问题，你是什么性格我根本不在乎，工作完成，"轻轻地我走了，正如我轻轻地来，不带走一片云彩"。更重要的是，对数学家来说，你的想法跟我越不一样，咱俩就越有合作价值。创造性是任意的震动，是不同想法的连接。如果长期厮混在一起，一个人想什么另一个人马上知道，那还有什么可合作的？

有一种队伍讲求多样性，追求所谓"搭桥式的社会资本"（bridging social capital），就如同数学家之间互相合作。这种队伍适合没有固定套路、要求集思广益、讲究创造性的工作——一个外来的新鲜思想更可贵，人们想要的是灵感刺激。对这种队伍来说，凝聚力反而有害。工作中"统一思想"不是一句很好的格言。好的格言应该是"千人之诺诺，不如一士之谔谔"！清华老校长梅贻琦有句名言，大意是说大学之所以叫大学，不是因为里面有大楼，而是因为里面有大师。大师并不需要漂亮的大楼。近代大学里产生了最多创新成果、培养了最多大师的一个大楼，应该是麻省理工学院 20 号楼了。这个楼除了面积大，基本上没有什么设计。

所谓促进创新的办公室，其实无非两点：一是它在设计上要能促进不同部门的交流，二是它要给员工充分的自主权。自主权比交流机会更重要。如果员工对办公环境没有自主权，一切设计和风格全是老板定的且不能更改，那么不管这个风格是极简还是混乱，你都是在"刻意地创新"，而不是真的创新。一个人的办公区是什么样的，根本不重要，重要的是他想让它是什么样就可以让它是什么样。

亚马逊搞 Kindle 和电子书，搞第三方市场，搞云计算，使用的打法是：看到机会不顾一切先进去再说，以不符合成本的低价抢占市场，然后再面对根本吃不下来的流量、资金流断裂的危险和各种技术问题。

隆美尔最初决定深入敌后的时候，是否想过如果被包围应该怎么办？很可能他没仔细想过，因为战场形势瞬息万变，事先做什么计划都没用。那他为什么就敢这么干呢？

他的秘诀是快速机动。他知道对手做什么事情都比他慢，他相信自己一定能随机应变，他欺负别人一本正经的决策和行动方法不好使。隆美尔的每一个动作，都能让局势更混乱，而混乱对他有利。

特朗普在共和党初选中痛击杰布·布什等建制派的时候，有人给蒂姆发了个短信："特朗普就是在用隆美尔的方法对付他们"。特朗普有个能力，他总能即兴发挥，现场出现问题现场转移。贝佐斯搞商业和隆美尔打仗都有这种能力，而商业巨头和建制派政客缺少这种能力。马尔科·卢比奥是共和党建制派最中意的候选人，但他没有这种能力。在2016年2月美国总统大选的初选辩论中，有人嘲讽卢比奥没有自己的思想，只会背台词，卢比奥的反击是当场把之前刚刚说过的一大段台词又说了一遍！然后又说了一遍，后来再说了一遍。从此，人们送给卢比奥一个外号：卢机器人（RuBot）。

脸谱网现在允许用户对朋友圈转发的新闻做出点赞以外的动作表情，包括哈哈、愤怒、伤心、爱，总共好几个。这是让我们的表达更人性化吗？根本不是，这是把人的情绪标准化，以便更好地对新闻投放效果做出大数据分析！

与其说这些思想是工作方法，不如说这些其实是人性——作为一个人，身处这个充满机械化、标准化、规则化的现代世界，你对自己的生活方式有一个什么样的选择。

具体来说，就是你是选择循规蹈矩，还是选择自由独立。

整洁的背后是循规蹈矩，是把人机械化；混乱的背后是自由独立，是让人更像人。我们先来做个小测试。假设现在有两个年轻人，一个叫小明，一个叫小强。他们不是什么大人物，就是你我身边的普通人。他们的做事风格很不一样：小明的办公桌非常整洁，各种文件分门别类归放整齐，连电子邮件都整理到各个目录标签下；小强的桌面堆着一摞摞文件，从来不分类，也从不整理电子邮件。小明有个非常好的日程表系统，上面除了每天的日程，还有自己制订的详细的工作和学习计划；小强的日程表上只有日程提醒。

现在的问题是：第一，你认为谁的效率更高，谁的生活更好？第二，你想当小明，还是小强？

答案非常明确：你应该做小强。

为什么？答案就在本书中。

目　录

"这架钢琴根本没法儿弹！"

演奏会开场前几小时，钢琴家发出这样的最后通牒。与此同时，舞台对面 1400 名观众座无虚席。他们花钱买票进场，正是期待欣赏这场难得的大师级表演。此情此景，怎么看都将引发一场灾难。可是谁又能想到，它最终竟成就了一次经典！一起来看这个音乐史上最著名的神秘事件。

1975 年 1 月 27 日，年仅 17 岁的德国女孩薇拉·布兰德斯（Vera Brandes）走上了德国科隆大剧院恢宏的舞台。观众席空无一人，黑暗的空间里，只有紧急出口的绿色标志微微亮着光。这是薇拉生命中最激动人心的时刻。作为德国最年轻的音乐会策划人，她成功说服大剧院，为美国钢琴家基思·贾勒特（Keith Jarrett）举办一场深夜即兴爵士音乐会。短短几个小时，门票被抢购一空。基思将在 1400 名观众的瞩目下走上舞台，坐在名贵的贝森朵夫钢琴前即兴演奏——没有乐谱，事前也不做任何排练。

当天下午，薇拉将基思和他的制作人曼弗雷德·艾彻带到钢琴前，接下来发生的事让她倒吸一口凉气。

"基思弹了弹琴，艾彻也弹了几个音。"薇拉回忆，他们没说什么，而是绕着钢琴走了几圈，又试了试琴键。一阵沉默后，艾彻走过来对薇拉说："如果你不能弄来一架新的钢琴，基思今晚就弹不成了。"

薇拉大吃一惊。她知道基思之前指定过一架钢琴，大剧院也同意提供。可是没想到的是，剧场没把这场音乐会放在心上，乐器并未准备妥当。当时，工作人员都已下班回家，钢琴搬运工也不知道基思指定的另外一架贝森朵夫钢琴在哪里，只好安装了眼前这台。用薇拉的话说，"它小得可怜，而且音调不准，中间几个黑色琴键也是坏的，踏板很卡。这架钢琴根本没法儿弹"。

薇拉绞尽脑汁想临时找来另一架钢琴。她甚至动员朋友，打算把一架超大的钢琴沿着科隆大街一步步地推进大剧院——那天下着大雨，调音师警告她，还没等他们把那架钢琴搬上舞台，它就得散架。没办法，薇拉只好让调音师修复这架已经在舞台上的小贝森朵夫，然而一切都是白费功夫：它的低音沉闷无比，高音又太过刺耳，加之钢琴太小，发出的音量不大，在科隆剧院这样大的空间里，观众恐怕很难听到。

基思当然不想被这架钢琴砸了招牌。他走了，坐进了他的车，留下薇拉一人面对残局：1400 位随时可能暴跳如雷的观众。忽然间，薇拉生命中最美好的一天变成了最黑暗的一天。她对爵士乐的热爱和年纪轻轻就显露出的创业天赋，仿佛成了失败的嘲讽。绝望的薇拉追上基思，隔着汽车玻璃求他不要走。年轻的钢琴家看向窗外那个全身被雨淋透的德国年轻人，心中升起了同情："记住，我是为了你才留下来的。"

几小时后，午夜临近。基思走到这台无法弹奏的钢琴前，面对满场的观众，开始演奏。

他按下琴键的一刻，奇迹发生了。

那个夜晚的奏鸣曲始于一连串简单的小调，接下来是一波时而明快、时而舒缓的节奏转换，冲突的感觉很快把弹奏变得复杂起来，却又不失流畅。音乐散发着一种奇妙的美感，成就了一段传奇：这场科隆音乐会的钢琴独奏专辑取得了 350 万张的销量，目前还没有任何一个同类专辑的销量能与之匹敌。

当我们看到技艺精湛的表演者在逆境下获得成功时，总会习惯性地归结为他们坚忍不拔战胜困境的勇气。这可不一定。基思并非因为情势所迫才超常发挥，他之所以创造出一生中最得意的作品，恰恰是因为那架不完美的钢琴。

这个不合格产品让基思避开了尖细的高音区，转而弹奏中音区。从他的左手边流淌出一连串重复的低音即兴片段，轰鸣的共振恰好掩盖了乐器的共鸣不足。这使得音乐产生了一种催眠般的效果，令现场观众如痴如醉。但基思知道，这还不够——钢琴的音量不够，如果不做点儿什么，声音就传不远，就会变得像那种从扩音器里传出来的背景音，后排观众压根儿听不见。

"对于现场演奏来说，很关键的一点是，要把握乐器和剧院面积之间的比例。"薇拉回忆道，"基思必须用力弹奏，才能把琴声传到后排和楼上——他当时弹琴的样子，可以说是在锤琴。"

的确，为了"击"起这架钢琴的活力，基思可以说是拼尽了力气：他时而起身，时而坐下，甚至扭动身躯，想方设法让力道施得恰到好处，让这架几乎哑掉的钢琴发出独特的声音。他怪异的姿势让观众感受到无比的激情，演奏的曲子也是兴之所至，让人耳目一新。当这架不完美的贝斯朵夫钢琴像一个从天而降的大麻烦出现在基思面前时，他接受了它，带着它越飞越高。

不过，基思的第一反应是拒绝使用那架钢琴演出。大多数人遇到这种情况，反应也差不多。没人愿意用不趁手的工具干活儿，尤其是当这样做的风险很高时，人们就更不愿意冒险一试了。但从结果来看，基思的直觉错了。如果大多数人的直觉也是错的呢？如果这样错误的直觉不仅仅局限于钢琴演奏呢？

人类很难抗拒井井有条的诱惑，因为这通常意味着情势在自己的掌控之中。即便一定程度的意外和麻烦可能带来意外之喜，人们也不愿冒这个险，而要杜绝一切可能产生的麻烦。这种倾向让专业人士个个为秩序而疯狂：基思想要一架完美的钢琴，演说家宁愿一字一句忠于讲稿，军官誓要运筹帷幄，作家为了清净宁肯闭门造车，政治家把公共政策的效果量化为小数点和百分比，老板要求员工桌面干净整洁，领队只想确保组员关系和睦、绝无冲突。日常生活中，许多人也是追求整齐和完美，比如我们花很多时间分门别类将邮件归档；填写相亲网站上的问卷，以为那样系统就能为自己完美配对；我们不敢放开天性，让孩子们在社区的荒地自由玩耍，而是把他们带到游乐场，因为那里才是专门用来玩儿的地方。①

---

① 人们对整齐的痴狂是根深蒂固的。近藤麻理惠所著的一本推崇整理的畅销书《怦然心动的人生整理魔法》大受欢迎，创下超过百万册的销售业绩。它试图告诉读者：真正的人生，从整理之后开始。但讽刺的是，连作者本人都警告人们过分追求整洁有风险：巧妙收纳和细心整理其实是一个个"充满诱惑的陷阱"。她说得没错。看上去，把塞得满满当当的房间规整一番是件好事，其实不然。这本书实际上要传达的是：真正的人生，从扔掉一切开始——当然，它不可能直接这么说。无论如何，当人们进行分类和收纳的时候，"整齐"往往是首要甚至是唯一的目标，但它着实被高估了。在本书第九章，你将看到细心归档每一份文件的工作人员是如何迷失在那堆积如山的纸张当中的……

人类似乎有一种与生俱来的冲动，要创造一个有条不紊、可以量化分类、以便规划和预测的世界——这样做有好处是显而易见的，否则人们的直觉也不会如此根深蒂固。

然而，如果我们仅凭直觉，只受秩序驱使，错过的是更广阔的天地：这个世界的杂乱无章、无法测量、不协调、即兴、缺憾、不连贯、粗糙、凌乱、随意、模棱两可、暧昧不明、麻烦、变化多端，甚至肮脏……它们，也是这个世界的一部分。照本宣科的演讲只会让现场听众昏昏欲睡；遭遇到鲁莽的对手，再谨慎的指挥官也会不知所措；偶然的分神可能就在不经意间给作家带来了灵感；为了达到量化的目标，人们反而会制定有悖常理的激励措施；整洁的办公室让员工感到无奈和厌倦；唱反调的人貌似偏离了团队和谐，其实独具慧眼；最终完成更多工作的，是不整理收件箱的那个员工；当我们对在线问卷视而不见时，反而找到了灵魂伴侣；孩子们在荒地上撒野，不仅能找到更多乐趣，还可以学到更多技能，甚至，意外事故的发生也更少——这些都与人们的直觉相悖。

如果钢琴家听从直觉，对薇拉说，不好意思，这架钢琴没法儿弹，然后坐着车在科隆的雨夜扬长而去，抛下17岁的她在路边啜泣，那么，他将难以想象，他错过的是一生中创造出最挚爱作品的机会。

我希望这本书成为各位生命中的薇拉——当你再次面临整洁、秩序等诱惑时，它会给你提个醒：不如接受适度的混乱或麻烦，也许会有惊喜。在每一章中，我们都会深入混乱与麻烦的一个方面，向大家介绍如何借此激发创造力，培养自己的韧性，发挥自身的优势。无论你的工作是在观众面前演奏钢琴，还是在会议室用幻灯片做演讲；无论是运营一个公司，还是管理一个呼叫中心；无论你是指挥军队，还是征战情场，抑或是仅仅想做一名合格的家长，这本书揭露的秘密，都肯定对你有用。事实上，许多人人羡慕的成功案例，通常就建立在混乱和麻烦的基础之上，但因为不易察觉，被人忽略了——这本书的目的就是将那些隐藏的成功秘籍挖掘出来，分享给大家。

我对大家说了这么多凌乱的美、无序的好处，是因为人们对此实在知之甚少。但绝对不是说混乱就是万能的，就是解决生活中的一切问题的灵药。我希望大家看到秩序的作用不是绝对的，偶尔在混乱之中，你会发现蕴藏着的独特魔力。

第一章　创造力

"创意，那就像强迫自己大脑里的血液倒流。"

大卫·鲍伊、布莱恩·伊诺和查尔斯·达尔文：如何利用挫败和干扰打破艺术创作、科学研究和生活中的僵局。

不完美的贝森朵夫钢琴意外成就了爵士钢琴演奏家基思·贾勒特。生活中很多人都曾有过这样的感悟，那就是意外并不一定是坏事。面对突如其来的困境，人们反而可能迸发出创造的灵感。那么，这是否意味着，如果人们学会如何主动创造这些意外，他们也就掌握了开垦创意土壤的独门秘籍？

1976年，英国殿堂级摇滚巨星大卫·鲍伊（David Bowie）被毒瘾逼疯，几近崩溃地逃到了西柏林。20世纪70年代的西柏林是个什么样的地方？用鲍伊的同性伴侣、朋克音乐教父伊基·波普（Iggy Pop）的话来说，那里就是"世界海洛因之都"。鲍伊打算在毒品泛滥之地净化自己，简直是天方夜谭。不过，这位神秘无比的双性恋摇滚明星从来就是所谓规则的颠覆者。从雌雄同体的太空生物齐格·星尘，到瘦白公爵，鲍伊在他的专辑中创造、演绎了一个又一个诡奇角色，直到灵感枯竭、官司缠身、婚姻破裂、陷入毒品旋涡。20多年后，鲍伊回忆道："当时我差点儿撑不下去，身心都濒临崩溃，甚至严重怀疑自己精神失常。"

鲍伊在民主德国和联邦德国的边界柏林墙附近找了个地方安顿下来，他每天都和伊基·波普在汉莎录音棚创作音乐，那里每天被荷枪实弹的苏联红军用望远镜扫视。也就是在这种环境下，两位音乐人在这里创作了好几张经典专辑。"民主德国飘过来的每一寸空气仿佛都在喊，这可不是你们搞音乐的地方！"鲍伊当年的音乐监制托尼·维斯康蒂（Tony Visconti）回忆说。这种特殊政治时期的紧张局势加上西柏林的博物馆和 SM① 捆绑俱乐部，一起成为鲍伊的灵感催化剂。这时，布莱恩·伊诺（Brian Eno）登场了。

伊诺曾是 Roxy Music（洛克西音乐）乐队的键盘手。不过，真正使他声名大噪的是"氛围音乐之父"这一头衔。鲍伊请他同维斯康蒂一起担任音乐监制时，伊诺在电子音乐界已经名利双收。没人知道鲍伊用什么打动了伊诺，不过，邀请维斯康蒂时，鲍伊是这样"说服"他的："目前我们还没有进展，一切都还在尝试阶段，最后可能一无所获。"

每当维斯康蒂和鲍伊的创作触礁时，伊诺和他的魔盒就会出现。这是伊诺自己的发明，他把魔盒戏称为"另辟蹊径"，里面装满了卡片，每一张上面都写了一句话，读上去有点儿像格言。每当录音室的创作灵感行将枯竭，伊诺便会从盒子里随机抽出一张卡片：

> 做第一个吃螃蟹的人
>
> 发挥你的劣势

---

① SM 是 sadomasochism 的缩写，是虐待与受虐的简称，尤其在性方面。——编者注

关注细节，忽略整体

改变乐手的角色

打乱顺序

弯腰

　　就因为这些莫名其妙的句子，在录制专辑《房客》（*Lodger*）的时候，最伟大的吉他手之一卡洛斯·阿洛玛（Carlos Alomar）不得不放下吉他去打架子鼓——这只是伊诺的卡片向艺术家们发起的荒诞不经、不知所谓的任务之一。还有一次，伊诺命令乐手们演奏黑板上写好的和弦，有不少组。听起来还挺简单的，然而，伊诺的指令不停在变，他指向哪一组，乐手们就得立刻演奏哪一组。

　　这些任务让乐队成员陷入疯狂，前车之鉴不是没有：在录制《另一个绿色世界》（*Another Green World*）时，来自 Genesis（创世纪）乐队的著名鼓手菲尔·柯林斯（Phil Collins）因为卡片的荒唐指令气得在录音棚摔了啤酒罐。卡洛斯·阿洛玛也抱怨伊诺的和弦游戏愚蠢透顶，小提琴手西蒙·豪斯（Simon House）替阿洛玛解释道："随意拼凑的和弦听上去的确很糟糕，但那正是因为阿洛玛的耳朵天生敏锐，受不了演奏一堆不知道是什么鬼的东西。"

　　正是这一独特而混乱的创意打造出了 20 世纪 80 年代评价最高的两张专辑：《低迷》（*Low*）和《英雄》（*Heroes*）。此外，鲍伊参与制作的伊基·波普最受尊敬的作品《白痴》（*Idiot*）和《生活的欲望》（*Lust for Life*）也得益于这种乱流般的创意。其中，《低迷》更被誉为流行音乐史上最大胆的一次突破。至于有多震撼，请想象一下泰勒·斯威夫特（Taylor Swift）的新专辑里面没有一首歌曲，而是大段大段的纯音乐——《低迷》就是这么惊为天人。三张专辑的成功无可争辩，伊诺的卡片受到了视灵感为生命的艺术界疯狂的追捧。

鲍伊的柏林三部曲以《房客》为终，这张专辑最初的名字发人深省——《一场悉心策划的事故》（*Planned Accidents*）。

从基思和鲍伊的经历不难看出，创意过程中的意外往往可以激发出美妙甚至神奇的结果。为什么会这样？有人认为答案与人类应对冲击时的心理反应机制相关。没错，但这只是部分原因，我们还可以从数学这一技术领域的角度去解释。

就拿硅芯片的电路布线来说，第一步便是根据电路的作用判断连接各个组件的方式。采用哪种组合，对硅芯片的性能至关重要。然而，电路的布线方式和逻辑门组合方式数以百亿计，怎样才能确定那个最优方案呢？数学家将这类问题定义为"非确定性多项式问题"，它类似打开一个密码位数超长的密码锁。用一组数字去试，很容易就能发现该组数字是否为正确密码，但是要挨个尝试所有数字组合直至找到正确密码需要相当长的时间。

幸好，制造硅芯片并不完全等于打开密码锁。对于密码锁，一把锁对应一个密码，只有一个正确密码能够将其打开；而芯片制造商不需要找到绝对完美的电路布线，很多时候，一个较佳方案已经足够。为了达到这一目的，制造商们使用算法，利用计算机去寻找答案。只要方法得当，计算机便可以在短时间内找出一个较佳方案，这比单纯用人力一个个试要省时得多。

那么，什么才称得上一个好的算法？一种设想是让计算机系统地尝试每一种电路布线——这显然不可行。真要那样，就是计算机也得搭上半辈子时间。另一种设想是，随机选择一种布线路径，然后在此基础上寻找增值方案（即通过小的改变逐步提高整体路径的效应），例如移除某个组件，然后进行线路调整，重复这样的步骤以期不断提高布线的合理性。可是，这种方法很容易把工程师带进死胡同。不要说一次改动一个组件难以改变产品性能，就是一次改动多个组件恐怕也是徒劳无功的。

　　想要提高演算效率，就得在演算的过程中引入随机因素，就像伊诺的卡片那样，它是音乐创作中的随机因素。算法中有一种模拟退火算法，其工作原理是以一个随机方案为基点，在此之上尝试各种改变，不论结果好坏。渐渐地，它变得"挑剔"起来，不再接受那些"偏坏"的结果，而将目标锁定在那些积极、正面的改动之上。就好像一只喝醉了的兔子随机地跳了很长时间，这期间，它可能走向高处，也可能踏入平地，但是兔子会渐渐清醒并朝最高的地方跳去。对生产硅芯片的厂家来说，这个算法虽然不能实现电路布线最优化，但往往会发现一个不错的方案。这种运算方法引入了随机因素，通过反复尝试不断接近最优解，可以被有效运用到多个领域。比如，在医学领域，研究一种新发现的复杂分子的医疗用途，可将该分子的结构同其他已被明确医学特征的分子结构进行对比。模拟退火算法还可以用来安排时间，比如制定考试时间表，保证每一位学生各科目的考试时间不发生冲突。再比如在物流领域，模拟退火算法可以用来优化投递路线。

　　你还可以这么理解：想象自己在参加一场比赛，在不使用地图的情况下，最先找到地球最高点的选手获胜。比赛中，你可以任意说出一对坐标，工作人员会告诉你该坐标对应地点的海拔。比如，你说"50.945980, 6.973465"，工作人员告诉你"此地高于海平面 65 米"。接下来，你继续指定其他坐标，重复这一过程直到比赛结束。

怎么才能在这场比赛中获胜呢？如果你从"0.000001, 0.000001"开始依次尝试所有组合，你获胜的概率几乎为零。而随机方法可以增加你获胜的可能性。随机选取多对坐标，在比赛快结束的时候，对比自己所选坐标对应的海拔，从中选择最大值。如果运气好的话，你的答案很可能仅次于绝对最高点。但是，随机方法也不是万无一失的。

为了进一步增加获胜的可能性，不妨考虑爬山算法。这种算法的原理和选择硅芯片电路布线所用的方法类似。不同的是，对于随机选择的一对坐标，这种算法以米为单位上下左右进行移动，查看起点坐标周围的所有地点的海拔，选择一定范围内的最高点，然后重复这一过程。很明显，该算法的优势是，它可以保证你找到某一个范围内的最高点，尤其是当你随机选取的起点坐标刚好够高，比如位于某一座山丘的顶部。但是，如果你的起点坐标对应的是一个小沙丘或是棒球投球区的一个土墩，那么，无论从哪个方向都不会搜索到更高点，这时，爬山算法便会中止搜索。这样一来，土墩的高度便成为你能找到的最高点，比赛以失败告终。

怎样才能保证万无一失呢？最佳策略是将随机因素引入爬山算法。你可以从随机选择多对坐标开始，随着比赛的进行，锁定自己遇到的最高点，然后在其周围几千米范围内继续随机搜查，看看能否找到更高点。运气好的话，你的搜寻范围将会落在一条山脉上。继续搜索，直到找到山脉范围内的最高点，之后切换到爬山算法，直至比赛结束。

基思的即兴钢琴演奏和硅芯片的电路布线似乎是两个毫不相干的问题，但仔细想想，背后的原理是相通的：都涉及对随机因素的使用。让我们试着用爬山算法的原理去解释基思在科隆大剧院的演奏吧。演奏前，基思已经是相当有名的钢琴家，我们不妨将他此前的职业生涯看作阿尔卑斯山脉的山峰，摆在基思面前的那架不完美的贝森朵夫钢琴则是那个不确定的随机因素，其尖锐的高音和沉闷的低音让基思不得不离开他所在的山峰，掉入一个不知名的山谷。这自然惹恼了基思。他不得不以山谷为起点坐标，向四周发起搜索。结果，基思掉入的山谷刚好位于喜马拉雅山脉，他的精湛技艺让他成功攀爬到了一个海拔更高、景色更美的地方——珠穆朗玛峰。在那里，他上演了一生之中最令人惊叹的演奏。

人往高处走。人类根植于内心的攀登本能，让我们每个人都成了登山者。无论我们想要培养一种兴趣、学习一门外语，还是撰写一篇文章抑或成立一家公司，我们都希望自己不断改变，并且每一个变化都能将我们推向更高处。然而，算法告诉我们，遇到问题不可过于执着：如果拒绝离开阿尔卑斯山脉，我们又怎么可能来到珠穆朗玛峰？

有时候，即使没有意外发生，我们也可以主动尝试做一些小改变。别小看了这些改变，它们真的可能牵一发而动全身。英国自行车队便是通过采用这种"边际收益"理念，在训练、饮食和锻炼方面进行微小改进，从而在国际赛事中反败为胜。最出名的要数加热骑行裤了：穿上这种电力加热的骑行裤，运动员在等待出发指令时，便可保持身体温度。凭借这个小发明，英国自行车队在 2012 年伦敦奥运会上摘得 7 枚金牌（该项目共设 10 枚金牌）。不仅如此，他们还赢得了 2012 年、2013 年和 2015 年环法自行车赛。要知道，此前的英国队在近一个世纪里都是屡战屡败，该国的自行车运动管理部门也曾尝试一些循序渐进的方法提高运动员的成绩，但都失败了。加热骑行裤恰好证明了细微的边际改变可能产生神奇的效果。20 世纪 90 年代，人称"苏格兰飞人"的自行车手格拉尔米·欧伯利（Graeme Obree）就是一个喜欢标新立异的人。他的 DIY（自己动手做）专属赛车，没有车把，却有许多奇怪的零部件，其中一些甚至是从洗衣机上拆下来的。欧伯利还自创了一种新的骑行姿势——"超级压缩"，即左右手放在胸骨位置，以减小身体的迎风面积，降低骑行阻力。

凭借自己的新发明，欧伯利两次打破了一小时世界纪录。之后国际自行车联盟（UCI）禁止了这种骑行姿势，于是欧伯利又发明了新的"超人"姿势，并赢得了世锦赛冠军。该姿势随后也被国际自行车联盟禁止。然而恰恰是国际自行车联盟的保守态度，使得一流自行车手和车队都将注意力转移到边际增益上面，这样一来国际自行车联盟也便无话可说。

作为普通人，我们不是才华横溢的爵士钢琴家，不是设计硅芯片的工程师，也不是杰出的自行车运动员。但你是否想过，当我们每天乘坐公共交通工具往返于家和公司时，这貌似平淡的日复一日之下，其实有许多意外在等待着我们，让我们幡然醒悟：啊，原来还有更好的选择。

2014 年，伦敦地铁系统举行了两天的大罢工，在此期间 270 个地铁站中的 171 个被迫停运。这一突如其来的意外，让平时坐惯了地铁上下班的人焦头烂额。伦敦的大部分居民都持有一种电子交通卡，乘客可以刷卡搭乘所有公共交通工具。因此，罢工的这两天，很多人放弃了平日的乘车习惯或路线，改坐巴士、城际列车或者还在正常运行的地铁线路。罢工结束以后，三位经济学家搜集分析了电子交通卡储存的信息，结果有了惊人的发现：罢工期间，大多数乘客改变了上班路线，这无可厚非；令人意想不到的是，当地铁恢复正常运行，采用新路线的乘客当中有 5% 沿用了新路线。个中原因不难揣测，这些人很可能发现新路线比原来的更省钱或更省时。一句话，原来还有更好的选择。地铁大罢工的意外出现唤醒了人们寻求改变的潜能，从而使一部分人得以迅速优化多年来的上班路线。

不可否认，意外情况会扰乱我们的日常工作或生活，但是如果我们能够积极发挥我们的创造力，便能转悲为喜。意外的出现虽然导致艺术家、科学家和工程师们从山峰跌入谷底，但是眼前的困境却能大大激发他们攀爬的欲望，带领他们走向新的人生巅峰。

如果你总是循规蹈矩、按部就班、拒绝创新，用伊诺的话来说，"你会越来越擅长按部就班，你将在陈规陋习的泥潭中越陷越深"。

一旦我们离开自己的山峰，来到一个新的谷底，便能化腐朽为神奇。

我的同事卢多维克·亨特·蒂尔尼（Ludovic Hunter Tilney）在伦敦西区诺丁山一处由马厩改成的院子里采访伊诺，当时阳光灿烂。突然一群人从附近一座房子里走出来，边走边大声交谈。他们的声音太大了，伊诺生气地说："真该死，人们为什么偏偏选择在这个时候说这些废话！"

随后采访不得不转入室内，但即便这样还是有很多噪声。最后，他们终于找到了一个足够安静的圣地——伊诺的录音棚。在这里，外界的喧嚣被完全隔绝，伊诺终于能够专心致志地聊音乐、聊创作。

伊诺的耳朵似乎过于灵敏，能够捕捉到任何经过的声音。

我认识伊诺是在 2 月的一个下午，也在那个录音棚。那个地方十分宽敞，中间有一段螺旋式的铁质楼梯，角落里有一个小厨房。从建筑学角度讲，这地方不像录音棚，倒像一个幽闭、破烂的仓库。天花板看上去十分简陋，光线只能透过天窗照进来。周围豪华的联排别墅立刻让它相形见绌。

尽管录音棚的宽敞程度让人绝不可能感到幽闭恐慌，但它的杂乱无章却到了几乎令人困惑的地步。我们被一架钢琴、几把吉他、一些扬声器和几台笔记本电脑团团围住。高耸的书架上堆着书，一些还在制作当中的乐器以及它们的零部件散落在地上，还有装满电缆和美术用品的塑料箱子。棚内一角有张桌子，上面放着收藏的香水。

记得有一次，伊诺把自己打扮成一个巫师，头发染成银色，手持巨大的塑料刀叉操作着一台电子合成器。我这次见到伊诺的时候，他已经 60 多岁了，那种华丽的装扮已是过去式。他的衣着很随意，但是看上去并不便宜，头发不秃，却剃得一干二净。眼前的伊诺浑身上下依然洋溢着老牌摇滚巨星的酷劲儿。

伊诺仍在创作音乐。事实上，我们见面的那天，一首新的氛围音乐即将从电脑里诞生。采访开始后，为了不受干扰，伊诺把电脑关了。"否则我没法儿跟你聊天。"伊诺说。听觉过于灵敏带来的分心给他的社交生活造成了困扰，"我没法待在那些播放音乐的餐厅，因为那些声音会一直往我耳朵里面灌"。伊诺是一个相当容易分心的人。

人们常说专注才能带来高效，我们应该尽量回避让自己分心的人和事。美国梅奥医学中心的心理学家阿密特·苏德（Amit Sood）博士建议我们关掉电视，退出电子邮箱，做一些注意力训练去锻炼大脑。心理健康网站 PsychCentral 上有一篇文章也给出了类似建议：尽量不受外界干扰。天哪，他们也不看看自己的网站，一水儿的赞助商链接，什么去皱霜、两性健康、保险，全是让网友分心的事。为了避免分心，有些人求助于哌甲酯（即"利他林"），这是一种中枢兴奋药，据说可以使服药者集中注意力。为了保持专注，科学作家卡罗琳·威廉姆斯（Caroline Williams）甚至不惜亲自前往波士顿，在哈佛大学和波士顿大学附属的一个注意力与认知实验室让人用电磁脉冲"戳"自己的左额前叶，就为了治好某个神经学家诊断的"注意力缺失综合征"。

然而，与之相对，我们的伊诺，这个创意界的偶像明星、现代音乐最具影响力的人物之一，却是一个几乎没办法集中注意力的人。他甚至无法在没有隔音设施的房间与人交谈。这样的人，工作起来能有效率吗？看看大街小巷的唱片店吧，伊诺无处不在：Roxy Music 乐队迷人的前键盘手；氛围音乐之父，代表作《机场音乐》（*Music for Airports*）（机场背景音乐）；和大卫·拜恩（David Byrne）合作了专辑《幽灵灌木丛的生活》（*My Life in the Bush of Ghosts*），两个白人怪才在唱片里注入了一种新元素，它便是后来的嘻哈；伊诺还创作了《另一个绿色世界》（*Another Green Word*）。流行音乐传奇人物、美国歌手"王子"[即普林斯·罗杰斯·纳尔逊（Prince Rogers Nelson）]说这张专辑是他的灵感源泉（就是在录制这张专辑的时候，菲尔·柯林斯气得摔了啤酒罐）。除了唱片店随处可见印着伊诺大名的作品，报纸杂志上也全是他的身影。伊诺就像一阵混乱又轻柔的风，不断拂动着流行乐界和艺术家的大脑。因为对大卫·鲍伊专辑的突出贡献，伊诺之后又和很多知名音乐人和乐队展开合作，其中包括保罗·西蒙（Paul Simon）、Talking Heads（传声头像乐队）、U2 乐队和 Coldplay（酷玩乐队）。他的音乐合伙人既有朋克音乐人，又有行为艺术家和试验音乐人，甚至还包括电影导演大卫·林奇（David Lynch）。①音乐杂志《Pitchfork》评选了 20 世纪 70 年代最经典的百张专辑，其中四分之一的入选专辑中有伊诺的身影。原来，注意力不集中并未葬送他的事业！这是怎么回事？

思维发散看上去确实是个问题，甚至像一个诅咒——这是因为我们只看到了从山谷爬向山峰时的艰辛。发散性的大脑其实更具利用工作和生活中的突发情况的潜能（还记得寻找地球最高点的比赛吗？在演算中引入随机因素能大大提高获胜的概率）。换句话说，注意力无法集中的人其实更有潜质利用意想不到的突发情况，就像基思·贾勒特面对那架不完美的难以弹奏的贝森朵夫钢琴一样，这个意外不但没有断送他的前程，反而将他推向了艺术的巅峰。当然，对于研究创造

---

① 除了鲍伊和 U2 乐队等超级巨星，伊诺的合作者还包括 DNA（基因乐队）、劳瑞·安德森（Laurie Anderson）、加文·布赖亚斯（Gavin Bryars）、迈克尔·尼曼（Michael Nyman）、特怀拉·撒普（Twyla Tharp）和朋克乐队 Devo。这些艺术家和乐队像伊诺一样受到评论家的追捧，除此之外他们没有别的共同之处。

力的心理学家来说，看到创造力十足的伊诺竟然不能集中注意力，他们并不会感到诧异。

几年前，哈佛大学谢利·卡森（Shelly Carson）的研究小组对该校部分学生过滤干扰源的能力进行了测试。比如，你正在一家吵闹的餐馆和别人交谈，如果你能够轻而易举地忽略周围的噪声，将注意力放在自己正在进行的谈话上，那说明你的抗干扰能力很强。实验结果显示，一些受试者抗干扰能力很弱，他们总是被周围的声音和景象打扰。

不少人认为抗干扰能力弱是一个缺点，但事实上，这部分学生恰恰具有更强的创造力。当研究人员将目光放在那些较早表现出创意天赋的学生，结果发现他们有的已经发行了自己的第一张专辑；有的出版了自己的第一部小说；有的已经制作了优秀的舞台剧，引来全国媒体争相报道；有的手握专利发明。这部分学生总共25人，其中22人过滤干扰源的能力偏弱。和伊诺一样，他们就是很容易分心，很容易受到"无关"之事的干扰。但是，谁能肯定这些无关之事就是真的无关呢？

来自密歇根大学的霍莉·怀特（Holly White）以及来自孟菲斯大学的普拉特·沙阿（Priti Shah）在实验中也得到了类似的结论。他们研究了一些患有重度注意缺陷多动障碍（ADHD）的成年人，这些人已经在接受专业帮助。和谢利·卡森实验中的受试者一样，这部分注意缺陷多动障碍患者创造力更强，因此也更容易取得成功。从作品被刊载在《纽约客》上的诗人，到百老汇舞台剧导演，种种迹象表明，注意力难以集中的人往往是非常具有创造力的人。

　　显而易见，注意力缺失并没有成为他们成功路上的绊脚石。当我们跌至山谷，要想到达山峰必然需要攀登。看看这部分人所取得的成就，"多动"更像是一种优势而不是劣势。美国洋葱新闻网刊登过一篇文章，标题极具讽刺意味——"吃下哌甲酯，就别想成为毕加索"。

　　心理学家通过实验也发现，干扰或者挑战可以激发人们的创造力。

　　在查兰·内梅特（Charlan Nemeth）和朱莉安·科万（Julianne Kwan）的实验中，两名受试者为一组，工作人员向受试者播放蓝色或者绿色的幻灯片，受试者需要大声说出所看到幻灯片的颜色。受试者不知道的是，自己的搭档是实验人员假扮的，他们会故意给出错误引导，比如看到蓝色的幻灯片硬说是绿色。

　　进行一番干扰之后，研究人员问受试者绿色和蓝色能让他们联想到什么，有人回答：天空、大海或眼睛，那些被刻意干扰的人给出的回答更有创意：爵士乐、火焰、悲伤、毕加索。研究证明，刻意制造的干扰开启了受试者的想象力。

　　在心理学家埃伦·兰格（Ellen Langer）组织的实验中，研究人员会给受试者分配不同的任务，然后在受试者执行任务时不断干扰他们。比如，一位受试者接到的任务是画一只猫，画到一半，研究人员却说："啊，你得画生活在水里的动物！"还有一些受试者接到的任务是写一篇关于"早餐"的文章，接着却被研究人员临时告知写的文章得和"清晨"有关。写到一半，受试者又被要求快速完成一份调查问卷，描述写与"青橙"有关的文章感想如何。如果受试者指出研究人员在命题上的反复，研究人员便会解释说："人都会犯错，试着把它们融入工作吧。"研究证明，被这样安抚过的受试者更加出色地完成了任务，也在实验过程中得到了更多乐趣。

另一项实验来自英国布里斯托大学的神经学家保罗·霍华德－琼斯（Paul Howard-Jones）的研究小组。研究人员给受试者提供三个词语，受试者则需根据提供的词语编一个故事。有时候，三个词语的联系很明显，比如"牙齿、牙刷、牙医"，或者"汽车、司机、公路"，但有时候，所给的词语却毫不相干，比如"奶牛、拉链、星星"，或者"甜瓜、书本、惊雷"。实验表明，所给词语之间的联系越模糊、任务难度越艰巨，受试者编的故事就越具有创意。

不可否认，这些实验是研究人员人为设计的，它们不太可能会在实际生活中发生，受试者完成任务时也没什么压力。可是，干扰那些靠灵感和创意谋生的人，这事儿有风险。还记得可怜的卡洛斯·阿洛玛吗？那个才华横溢但无法忍受伊诺和弦实验的专业音乐人。还有鼓手菲尔·柯林斯，伊诺对他提出的要求如此荒唐，以致他气得在录音棚里摔了啤酒罐。把数个和弦输入计算机让计算程序进行演算，以此找到较好的组合方式，这不失为一个好的创作方法，反正计算机又没有喜怒哀乐，但是人有。伊诺的卡片用在人类身上真的好吗？

伊诺若有所思地摸了摸头。我们坐在录音棚中间的一张小圆桌旁，电脑里正在制作的那首氛围音乐已经关了，不过，越过伊诺的肩膀，我可以看到他最近正在探索的新领域：氛围视觉艺术。钢琴旁边的墙上安装了一个菱形拉丝铝框，框内固定了四台等离子屏幕，屏幕上播放着伊诺的视觉艺术作品，图像的上下和左右都是对称的，缓缓变化，看上去赏心悦目，可不像伊诺的卡片，总是把艺术家折腾得够呛。

　　这里我得提一下另一位才华出众的吉他手阿德里安·比劳（Adrian Belew）。卡洛斯·阿洛玛被伊诺叫去打鼓之后，比劳就被拉进了鲍伊和伊诺的创作团队。他刚把芬达吉他接上电源，伊诺、维斯康蒂和鲍伊就让他演奏一条他从未听过的音轨。看到阿洛玛打鼓，比劳一头雾水，还没来得及开口问，鲍伊就说："阿洛玛数到三的时候，你就开始。""哪一个调？"比劳问，得到的回答却是"随便"。

　　"（这话）就像一辆突然闯进我大脑的火车，我根本来不及反应，只能紧紧抓住它。"比劳后来回忆说。

　　"可怜的比劳，还好他凭出色的技巧处理得很好。"伊诺说，"不过，换了现在，我可能不会那么做了。"伊诺若有所思，"我当时不太懂音乐人……没考虑到我这样是在折磨他们。"伊诺承认他的和弦实验对比劳、阿洛玛以及其他音乐人来说有些"残忍"，他们已经习惯于以常规方式创作音乐，这让他们更舒服。当伊诺要求他们在录音棚里演奏黑板上随意拼凑的和弦时，他们的创作方式被彻底颠覆了。

　　那辆闯入比劳大脑的火车被伊诺和维斯康蒂拆了又装、装了又拆。最后，一段吉他独奏诞生了，它不仅撑起了《男孩不停摇摆吧》（*Boys Keep Swinging*）这支单曲，如今也已成为吉他独奏经典曲目。的确，创意过程是折磨人的，甚至是残忍的……然而站在创新的角度，这个结果难道还不足以证明"残忍"的合理性吗？听众不是音乐人，当他们沉浸于鲍伊的专辑时，他们只需要专心享受音乐，根本无须考虑创作背后的混乱和挫折。

　　我们围坐的小圆桌上放着伊诺的卡片，此刻正舒舒服服地躺在一个黑盒子里。为了给我做示范，伊诺抖了抖盒子，从里面抽出一张卡片，上面只有一个字：水。

如果录音棚里的音乐人看到这张卡片，会有什么反应呢？伊诺开始尝试诠释卡片的指令。也许卡片的意思是休息一下喝上一杯；也有可能是目前的创作太呆板，应该改得像流水那样流畅优美；又或是作品像一块吸满了水的海绵，又湿又沉又闷。伊诺解释说，卡片的意义在于它促使乐队换一种角度，重新审视自己的创作。

伊诺相信生活中人们总会遇到各种各样的意外和束缚，我们并不能把这些情况称为混乱。一次愉快的交谈包含着许多意料之外的回应，一次新的合作可以带来新的思想和关注点。"这也是每次和新人合作我都特别兴奋的原因。"伊诺说。

想象一首诗或者一首歌，"比如第一句：'她有着一头美丽的红发'，这时，你的思维开始跳跃，你联想到了晚霞、革命、洪水、血液。在这一瞬间，你不得不从一系列看似毫无关系的事物中做出选择，'红发''洪水'之间并不存在任何逻辑联系，除了第一个字的发音一样。但是，当你迫使自己在这些事物当中做出选择时，你的思维已经得到了发散。"

这番话让我对伊诺和他的卡片，以及那架不完美的贝森朵夫钢琴有了新的领悟。

"无聊是创意的天敌，警惕则是创意的朋友。"伊诺说，"怎样才能让自己保持警醒，或者说产生警惕？方法就是给自己制造意外，让自己对眼前的局面失去控制，这样你才能仔细观察这一局面，看清它的细节，然后找到出口。这种警惕让人兴奋。"

不完美的贝森朵夫钢琴让基思警惕起来，那条从未听过的音轨让比劳警惕起来，伊诺的卡片让艺术家们警惕起来。这种警惕迫使我们离开熟悉的区域，来到一个完全陌生的地方——在那里，必须时刻保持警惕才能找准方向，才能知晓如何迈出下一步。伊诺说："情况于是变得更加混乱，更加难以掌控，这也是这个过程最刺激和令人兴奋的地方。"

这种警惕产生的效用并不局限于艺术创作领域。在最近的一项实验中，心理学家康纳·戴曼德·友曼（Connor Diemand Yauman）、丹尼尔·奥本海默（Daniel M. Oppenheimer）和埃里卡·沃恩（Erikka Vaughan）让一所学校的老师将讲义重新排版。之后，经过随机抽取，一半学生分到之前的讲义，剩下一半学生拿到的则是重新排过版的讲义。新的讲义用了三种非常难以辨认的字体：排列紧密的 Haettenschweiler 字体、华丽的 Monotype Corsiva 字体和可爱的 Comic Sans 斜体。这些字体使得讲义一眼看去一点儿也不像讲义，而且很容易让学生分心。然而，研究发现，新讲义并没有使学生感到挫败，相反，它们促使学生更用心、更仔细地去阅读讲义，思考也因此更深入。研究发现，拿到新讲义的学生在期末考试中获得的分数更高。

大多数人的生活不是做实验。我们身边也鲜有大师，更别说像伊诺这样的名师，适时鞭策、激发创造挑战的斗志。我们亦不会为了创造力就故意把工作弄得一团糟，什么工具不好用就偏用什么，或者没来由地选择另一条路去上班。不过，还有一种策略也能激发警惕心和创造力，而且更简单实用。

在一本传记中，戴维·谢泼德（Dowid Sheppard）这样形容伊诺："他那狂放、充满意外和插曲的生活像一团包罗万象的迷雾，久久无法散去。"埃雷兹·利伯曼·艾登（Erez Lieberman Aiden）也过着类似的生活。和伊诺不一样，艾登的领域不是音乐，他是一名物理学家、工程师、数学家、分子生物学家、历史学家和语言学家。有着这样的简历，艾登似乎博古通今。在还不到 40 岁的时候，艾登就获得了一些重要的科学大奖。

艾登不停转战于各个科学领域，与其说他在工作，不如说他在"流浪"。他马不停蹄地寻找灵感，满足自己的好奇心，四处走动开阔眼界。"我不觉得自己是某一个领域或者技术方面的专家，"艾登说，"我一直在寻找最有趣的问题，没准儿我可以去研究它。让我绞尽脑汁的并不是如何解决具体问题，而是我要成为怎样的科学家才能解决自己真正感兴趣的问题。"

作为一个好奇心很强的人，艾登四处"流浪"并不仅仅是为了满足好奇心，好几次，当艾登的研究走入死胡同时，流浪型的工作方式产生了巨大的作用。艾登 20 多岁的时候曾研究过人体免疫系统的基因序列。人的抗体由多个基因组成，它们就像乐高积木，一旦病毒、细菌或者其他外来物入侵，"积木"会迅速聚拢抵抗外来入侵。艾登的目标是找到每一块乐高积木，换句话说就是每一个构成抗体的基因。

经过几个月的努力，这项研究以失败告终。当时基因测序技术不够发达，不能区分相似基因之间的细微差别。之后，艾登去参加了一场免疫学学术会议。和其他学者的一次偶然交谈，使他获取了新的灵感。艾登把这一灵感与他在数学与物理学领域产生的灵感相结合，最终，他和所在科研团队发现了人体基因组的三维结构。当然，这个发现与艾登从先前的失败中积累的知识和经验也分不开。

这不是侥幸，而是一种策略。艾登总在寻找最复杂、最有趣的问题，然后不断穿梭于这些问题之中。一个项目的失败给他提供了新的视角和研究手段，而所有这些都可能在别的研究中发挥关键作用。举个例子，艾登帮助谷歌推出了 Ngrams。利用这一工具，用户只需输入关键字，系统便会对谷歌的 500 万册电子书进行定量分析，然后生成一张图表，显示该关键词在历史不同时期出现的频率。目前，艾登正在尝试对音乐做类似的分析。当然，面对全新的领域，他一定会遇到很多技术问题，但是艾登已经解决了一个——在他尝试给人体免疫系统基因测序的时候。

艾登的一生成就非凡，那么究竟是什么让他成为科学巨人的呢？

1958 年，时年尚轻的心理学家伯尼斯·艾杜生（Bernice Eiduson）展开了一项长期研究，研究对象是 40 位正处在职业生涯中期的科学家。20 年来，艾杜生教授对这些科学家做定期采访，并对他们进行一系列心理测试，同时还收集他们发表的作品。研究对象当中，有一些科学家获得了巨大成功：其中四位获得了诺贝尔奖，两位被誉为诺贝尔奖的有力竞争者，还有一些科学家进入了美国国家科学院。其余科学家的发展却十分黯淡。

1993 年，艾杜生教授去世几年后，她的同事发表了对这一研究的分析，试图回答一个十分有趣的问题：究竟是什么决定了一位科学家能否在其职业生涯中不间断地发表重量级的科研成果？为什么一些科学家从未失去光芒，另一些科学则如昙花一现？

对此，研究人员发现了一个有趣的现象：顶尖科学家总是在不停地改变自己的研究课题。据统计，那些科学家最先发表的 100 篇论文之中，平均切换了 43 次研究课题。现在，让我们再来看艾登：事实上，他切换课题的速度更快。现在你可以看到，背后的模式是一样的：顶尖科学家如果想不断发表重量级的论文，就得不断探索新的研究领域。艾登不例外，伊诺也不例外。还记得伊诺怎么说的吗？无聊是创意的天敌，警惕则是创意的朋友。进入一个全新的领域足以提高你的警惕。

还有一些科研项目得出了类似结论。艾杜生的同事研究了历史上的一些科学家，比如亚历山大·弗莱明（Alexander Fleming）和路易斯·巴斯德（Louis Pasteur），他们的职业生涯中诞生了一个又一个科研成果。研究人员将这些科学家和另外一些昙花一现的科学家作对比，比如 DNA（脱氧核糖核酸）的发现者之一詹姆斯·沃森（James Watson）和发明了脊髓灰质炎疫苗的乔纳斯·索尔克（Jonas Salk）。结果发现，弗莱明和巴斯德经常改变科研领域，而鲍森和索尔克从未踏出自己的科研领域。

科学家如此，成就颇丰的艺术家就更不用说了，鲍伊就是一个典型的跨界高手。他在欧美都居住过——瑞士的日内瓦、美国的洛杉矶和费城，当然，还有德国柏林。奔赴柏林前，鲍伊和披头士的灵魂人物约翰·列侬（John Lennon）合作过。此外，他还参演过一部剧情片《天降财神》（*The Man Who Fell to Earth*），同时还尝试为这部电影配乐。他写过自传。在创作自己的柏林三部曲的时候，鲍伊还参与了伊基·波普的专辑制作。

再比如，被誉为"科技惊悚小说之父"的迈克尔·克莱顿（Michael Crichton），他在 20 世纪七八十年代写了多部小说，出版了艺术、医学甚至计算机编程领域的书籍。此外，他还导演了科幻惊悚电影《西部世界》（*Westworld*）。克莱顿在不同领域展现出的才华最终给他带来了声望和名誉：截至 1994 年，他已经创造了众多商业奇迹，包括小说《桃色危机》（*Disclosure*）、电视连续剧《急诊室的故事》以及电影《侏罗纪公园》。

由一个领域跳到另一个领域，这些人玩起跨界就跟玩杂耍似的。还真有人把这当成一种类似"跨界杂耍"的行为来研究，创造力研究学者基思·索耶（Keith Sawyer）和米哈里·契克森米哈里（Mihaly Csikszentmihalyi）组成的科研团队就是据此提出了著名的"心流"（flow）理论，它是指一种人们因为过于沉浸在一项活动中而忽略身边一切事物的状态。研究人员调查了近 100 位极具创意的人士和他们的创造方式，包括印度传统音乐作曲家拉维·香卡（Ravi Shankar），设计了第一架人力飞机"蝉翼信天翁"的保罗·麦卡克莱迪（Paul MacCready），诺贝尔文学奖获得者纳丁·戈迪默（Nadine Gordimer），获得 12 次艾美奖的电视制作人琼·科纳（Joan Konner），以及杰出的非虚构类作家史蒂芬·杰伊·古尔德（Stephen Jay Gould），还有获诺贝尔化学奖及和平奖的莱纳斯·鲍林（Linus Pauling），两次获得诺贝尔物理学奖的约翰·巴丁（John Bardeen）。结果，这些创意非凡的人士都曾同时踏入多个领域。在创意的星河中，他们就像一颗颗发出灿烂光芒的星星，在银河系遥遥相望，既照亮了彼此，也指引着人们前行。

商业世界也是如此，不同的商业领域相互滋养、彼此促进。迪克·德鲁（Dick Drew）在明尼苏达矿业制造公司工作，是一位砂纸销售人员。20世纪20年代，德鲁注意到汽车上漆这一块存在很多问题，比如油漆经常喷到不需要喷漆的地方。直觉告诉德鲁，纸能派上用场，他灵机一动：喷漆需要的不是砂纸，而是不带砂的砂纸——这就是后来的遮蔽胶带。之后，德鲁看到杜邦公司生产的一种名为"玻璃纸"的新包装纸。再一次，他发现了良机。为什么玻璃纸就一定只能用来包装东西呢？完全可以把一面涂上胶，然后固定在一个卷轴上——这就是后来的透明胶带。

今天，明尼苏达矿业制造公司，也就是著名的3M公司，已经成为不断创新的代名词。鉴于该公司的创新传统，难怪其在市面上的产品如此多元化。在大多数公司，产品多元化意味着拿公司的钱冒险。但是在3M公司，产品多元化就好比做一个有趣的游戏，疲惫时打一个盹儿，如果确实迷失在了一个巨大的林子里，干脆停下来欣赏一下栖息在此的鹿群。3M公司很清楚，成功的创意有时需要"逆袭"，有时则需要"侧击"，在消费者不注意的时候悄悄接近。

在3M公司，工程师在一个部门工作几年后便会被调到另一个部门。其他很多公司的管理者都十分抗拒这个政策，更不用说员工了。想想看，如果一个工程师已经在隔音设备或是平板显示屏领域积累了多年的工作经验，为什么还要把他调到另一个部门去研究疫苗或者空调呢？对很多公司来说，这是对人才和资金的浪费，而对员工来说，全新的领域会给他们带来巨大的工作压力。然而，对于一家敢把砂纸的砂刮了，把包装纸的一面涂了，做成另外产品的公司，不敢用新人的眼光对待工作、将那些"敢想"的瞬间束之高阁，才是最大的浪费。

研究创造力的前沿学者霍华德·格鲁伯（Howard Gruber）和萨拉·戴维斯（Sara Davis）认为，大多数创意人士都倾向于跨界研究，这已经成了他们的习惯。格鲁伯对查尔斯·达尔文（Charles Darwin）特别感兴趣。纵观达尔文的一生不难发现，其研究领域涉及地质学、动物学、心理学和植物学，他经常在多个领域同时开展多个项目。自然地，当他致力于一些研究时，另一些研究也会占用他的时间和精力。觉得这很过分吗？还有更可怕的：当达尔文随"小猎犬号"进行他著名的环球科考航行时，他"对此行没有明确目标，也没有具体想法"。这……难道不是专业科学家的大忌?!

此外还有蚯蚓。达尔文这位伟大的科学家，在环游世界时发现了加拉帕戈斯地雀（又称达尔文雀），详细描述了珊瑚礁的形成，提出了进化论——这一惊为天人又广受争议、至今仍为学术界争论不休的理论。就是这样一位科学巨人，用自己生命中的 40 多年时间，对蚯蚓，这一低等生物，进行了全方位的研究。难道他疯了吗？事实上，40 多年来，蚯蚓差不多已经成了达尔文的老友，每当他焦虑、迷茫甚至陷入困惑时，总是可以将注意力转移到他谦逊的老伙计蚯蚓身上。

格鲁伯和戴维斯将这种同时进行几项任务的工作方式命名为"经营网络"，它具有 4 个方面的明显优势，其中一个是实践方面的优势，其他三个是心理方面的优势。

实践方面，多项任务可以相互影响、相互促进。在一项任务中获取的知识可以运用到另一项任务中。比如艾登，他同时在多个项目中穿行，一个僵局的打破刚好为走出另一个僵局提供了新的思路和灵感，有时甚至可以把两个看上去毫不相干的研究融为一体。3M 公司的迪克·德鲁是这样做的，鲍伊也是这样做的。"同时踏入不同的领域，总是令我十分兴奋，它意味着可以放心大胆地犯错，把那些错误的信息拼凑起来，获得灵感。"鲍伊说。

这种工作方法还可以带来巨大的心理优势。第一个优势，正如伊诺所强调的，新环境让人兴奋。同时进行几项任务也许分散了精力，但是这种多样性也让我们神经高度亢奋、精力高度集中，就像本地人习以为常的景点对外地游客总是充满吸引力。

第二个优势，当我们高度关注一项任务时，我们的潜意识可能在同时进行另一项任务，只是我们没有察觉。就像很多人都经历过的日有所思夜有所梦。有些科学家认为潜意识在处理另一项任务时，往往可以帮助大脑打开通往新思路的大门。美国德雷塞尔大学心理学家约翰·库尼奥斯（John Kounios）认为，白日梦和人所处的环境紧密相关，在梦中，往往会有新的灵感闪现。那么，怎样发挥潜意识处理问题的功能呢？最好的办法便是让自己转个身，投入"经营网络"中的新的一环。

第三个优势是转移注意力这件事本身："经营网络"中的任何一项任务，都可以让人暂时逃离眼前的僵局或死胡同。进行另一项任务还可以防止因某项任务失败带来的挫败感，索伦·克尔凯郭尔（Soren Kierkegaard）将此称为"轮作"，聪明的农民不会在一片庄稼地总是种一种作物，新的作物可以让土壤恢复甚至得到改善。

　　格鲁伯和戴维斯还观察到，有时候，走进死胡同反而可以让我们松一口气。很简单，一种商业模式触礁，企业家可以换另一种模式；一个题材的书卖不动了，作家可以抛弃旧笔；科学家也一样，这个项目不行不妨投入另一个自己向往的新研究领域。就像老话说的，别把鸡蛋放入同一个篮子，到头来可能一无所获。

　　然而，说起来容易做起来难。多线程进行任务可能成为巨大的焦虑源，最终，人可能因为压力过大而不堪重负、败下阵来。毕竟我们不是达尔文，连解压方式都是研究蚯蚓，感觉累了的我们更爱上脸谱网（Facebook）、刷微博或者玩微信朋友圈。那么，有没有什么方法可以使我们不至于因为心理压力过大而崩溃呢？

　　美国编舞大师特怀拉·撒普给我们提供了一个非常实用的方法。过去 50 年，撒普横扫各大奖项。她善于将各种舞蹈风格融入莫扎特和比利·乔尔等音乐大师的作品之中。舞蹈生涯之余，撒普还挤出时间写了三本书。"既然必须得什么都会点儿、什么都知道点儿，为什么不去尝试开发新的领域呢？"撒普说。她会给每一项任务准备一个盒子，盒子里放着她关于这个任务的笔记、视频、节目、书、杂志剪报以及其他一些能够给她带来灵感的东西。如果一个盒子装满，就再取一个接着装。一旦撒普的思维陷入死胡同，应对方法很简单，她便开始研究盒子里的宝贝。撒普说：

　　　　盒子在我和作品之间建起了桥梁，它是我创意的土壤。我们之间存在一种心灵感应，即使我把盒子收起来，我依然能感觉到它的存在。每个盒子上面贴着用粗体黑字写的任务名称，提醒我那些充满创意、灵感迸发的时刻。也许有一天，它们会再次出现在我的脑海里。

最重要的是，盒子保存了那些精彩瞬间，我不用担心某一天会将它们遗忘。以灵感为生的人最害怕的，就是还没来得及将突现的灵感保存下来，它们就溜走了。有了这些盒子，我就能将它们珍藏起来。

我使用的方法和撒普类似。在我办公室的墙壁上，有一块薄薄的钢板，上面贴满了约 8 厘米宽 13 厘米长的磁铁卡片。每一个卡片记录了一项任务，它们都不轻松，每一项至少得花上一天时间才能完成。当我写到这里的时候，墙上已经有 15 张卡片了，它们包括每周要写的专栏、马上要开始进行的搬家、答应别人的脱口秀稿子、为系列播客视频制作两套方案、电视节目策划书、长篇杂志文章以及本书的这一章节。这么多待办事项让人望而生畏，但是我有一个简单的解决办法：选择三项更加重要和紧迫的任务，把它们放在最前面，然后允许自己同时完成这三项任务。其他任务被我暂时放在了后面，但是有了这些卡片作为提醒，我就不怕因为疏忽大意忘记次要任务。同时，次要任务也不会给我造成紧迫感，它们只是安静地贴在钢板上，默默地注视着我。但是，一旦我有了一些灵感，便可以将新的灵感运用到这些次要任务中去。

说出来难以置信，伊诺放在"另辟蹊径"盒子里的卡片原型，其实是一份书写工整的清单。1972 年，当 Roxy Music 乐队制作第一张专辑时，伊诺和其他乐队成员第一次在一个比较高级的录音棚工作，这让他们备感压力。"租这个录音棚花了很多钱,"伊诺回忆说,"我们不得不一直工作。有时候晚上我回家休息的时候,脑海里都在一遍又一遍地闪回白天工作的片段。上帝啊,但愿我能够忘记它们,要是留在脑子里的都是转瞬即逝的灵感就好了。"

于是,伊诺开始在录音棚高强度的工作中记录下突然迸发的灵感。第一条:"尊重你的错误,它们是游戏中隐藏的关卡。"这句话是提醒乐队,有时通过意外得到的收获,恐怕比原计划更有价值、更值得关注。渐渐地,这份贴在录音棚控制室控制台上的清单越来越长。

很快伊诺发现,这份清单没有发挥应有的作用——它过于工整,眼睛顺着往下看,很容易就排除了那些高难度指令,而去选择最安全、最没有压力的。因此,伊诺把清单改成了一副卡片,抽到哪张就是哪张。伊诺的朋友、艺术家彼得·施密特(Peter Schmidt)有一本功能类似的动画书,于是两个人合作发明了"另辟蹊径"卡片盒,目的是把每一位艺术家赶出他们的舒适区。

英国当代诗人西蒙·阿米蒂奇(Simon Armitage)为这副卡片着迷,他形容,当卡片发出指令,"就好像强迫自己大脑里的血液倒流……"听上去可不好受。卡洛斯·阿洛玛,吉他大师,那个曾经对伊诺怒斥这卡片愚蠢至极的人,至今仍然清晰地记得自己被这副卡片折磨到血液倒流的感觉。

"我抽了一张卡片,上面写着'像园丁那样去思考',"阿洛玛回忆道,"一看到这行字,我立刻将之前创作上的挫折忘得一干二净。我觉得这就是卡片的意图。就好比本来你的脚很痛,但是突然被人甩了一巴掌,你瞬间忘记了脚痛的感觉,只觉得脸上火辣辣的。于是我开始思考，接下来我该怎么继续我的创作。这张卡片促使我的创作角度发生了些许变化。我开始像园丁照顾花草那样对待我的吉他：先播种，然后浇水、施肥，看着它们一天一天地成长。"

这样的巴掌我们可不想挨，但是打下去的巴掌，有时却会让我们获得意外的力量。生活中到处都有这样的"巴掌"，它转移我们的注意，迫使我们向新方向前行：它也许来自某个愧疚的德国女孩，它可能来自伊诺的卡片，它可能是附近的噪声，它可能来自你手上的另一项任务。但是，一个巴掌拍不响，要让"巴掌"发挥它的妙用，你需要和别人一起合作，这是我们下一章要讲的。

多年过去了，阿洛玛认识到曾经被他斥为愚蠢的卡片，的确带来了意想不到的收获："我是说，一些卡片确实产生了效果，另一些却没有。"25 年后，阿洛玛改变了自己的观点："坦白地说，卡片确实把我逼出了自己的舒适区，也让我忘记了先前的挫败。它给我提供了一种新的视角，尽管我不太喜欢，但是当我再次进行创作的时候，我的姿态是全新的。"阿洛玛现在在新泽西的斯蒂文斯理工学院从事音乐教育，当他的学生遇到创作瓶颈时，他也会不时抽出一张卡片。"我希望我的学生能够看见我所看见的，能够感受我所感受到的，能够体会我走进创作的死胡同时那种进退两难的感觉。"阿洛玛说，随后他又补充道："伊诺的卡片像充满好奇心的调皮小孩儿。"我把这句话转达给伊诺时，他笑了。

第二章　团队合作

"我的头脑是开放的！"

天才数学家保罗·厄多斯（Paul Erdős）和著名的罗伯斯山洞实验告诉我们：和谐让一个团队一事无成，而矛盾让一个团队硕果累累。

1999 年，距离悉尼夏季奥运会开幕还有不到一年的时间，英国赛艇运动员本·亨特－戴维斯（Ben Hunt-Davis）仍在努力追赶世界一流水平，奥运金牌可望而不可即。另一方面，该届英国赛艇队有着有史以来最伟大的赛艇运动员——史蒂夫·雷德格雷夫（Steve Redgrave），他已连续四届荣获奥运会冠军，正向奥运第五金这一令人难以置信的傲人成就发起冲击。

绝大多数赛艇队都会安排最优秀的运动员参加"男子八人单桨"项目。这个项目能够蜚声国际，缘于每年复活节在牛津大学和剑桥大学之间举行的划船比赛。两所顶级名校的选手们划着赛船在泰晤士河上飞驰，划桨产生的动力足以牵引一名滑水运动员。不过，由于明星运动员雷德格雷夫参加的是"男子四人双桨"项目，从而使得该项目成为英国赛艇队的夺冠热门和关注焦点。相比之下，参加"男子八人单桨"项目的是一些在速度和力量上均不及雷德格雷夫的运动员。人们对这支队伍不抱任何希望，就连对手都没将他们放在眼里。亨特－戴维斯说："如果你问德国队的尾桨手罗兰·巴尔我是谁，他肯定不知道。"

面对如此巨大的挑战，亨特－戴维斯和他的队友们采取了一个有些奇怪，甚至近乎偏执的战略：切断与外界的一切联系。不仅运动员们放松时流连的酒吧里见不到他们的身影，就连英国代表团的其他运动员也不知道他们人在哪里。比赛期间，绝大多数运动员宁肯背负心理压力，也会关注自己在非正式排行榜上的排名。这支队伍却选择对排名视而不见，他们不在乎排行榜上自己和雷德格雷夫的差距，不在乎与"女子八人单桨"项目选手的差距，不在乎与任何人的差距，他们将排名视为一些毫无意义的数字。此外，团队还规定，队员不能同外界讨论自己的表现，也不能听取外界毫无意义的建议，因为这些只会影响团队的专注。他们甚至缺席了悉尼奥运会的开幕式，没有穿着红白蓝相间的国家队队服，和各国顶尖运动员一起，在摄像机的包围和观众的欢呼声中闪亮登场。那时的他们，选择留在奥运村：开幕盛事与己无关，英国代表团也与己无关。队员们关心的，只有团队本身。

作为世界上最伟大的赛艇桨手，雷德格雷夫不负众望，将第五枚金牌收入囊中。然而就在第二天，亨特－戴维斯和他的队友们又为英国代表队摘得一金。这枚出乎意料的奖牌让英国队喜出望外，自1912 年以来，他们已经巴望了将近 90 年，终于在"男子八人单桨"项目中首次夺冠。究竟是什么让"毫不起眼"的亨特－戴维斯团队获得了成功？专注。别忘了他们赛前的奇特战略：所有队员"统统消失"。采取这一战略，实际上是他们主动拒绝受到外部世界无意义的干扰或者支配，从而可以将全部注意力放在自己和队友身上。

亨特－戴维斯团队的成功得益于伟大的团队合作，他们向我们展示了孤立战略在优化团队方面的魔力。这种孤立战略并非亨特－戴维斯团队首创。早在1519年，西班牙征服者赫尔南·科尔特斯（Hernán Cortés）率领舰队入侵阿兹特克帝国时，就运用了这种"背水一战"的策略。面对英勇善战的阿兹特克大军，科尔特斯在一个小岛上摧毁了自己舰队的所有船只，斩断了自己士兵的退路。将士们被置之死地，只有奋勇抗敌才能获得生机，最终以少胜多获得了奥图巴战役的胜利。同样，日本黑帮成员切下自己的小指，也可以视为该策略的一种。他们以断指来显示自己的帮派和其他帮派不同，同时以断指来表示对帮派的忠心，因为少一根手指无法再握紧武器，从此只能依靠帮派生活。对他们来说，对自己的帮派的忠心胜过一切。

　　这种孤立战略有残忍的一面，却十分有效。如果你希望自己的队员彼此信任、相互依靠，那就斩断他们的退路。亨特－戴维斯和队员们显然认识到了这一点，同时他们清楚，团队的能力高低主要取决于实力最弱的队员。赛艇比赛是一项付出与收获不成正比的运动，有了成果大家一起分享，可是一旦一名队员有所松懈，就会让所有队员的汗水和努力付之东流。正因为如此，亨特－戴维斯团队才决定不再关注外部世界，将注意力转移到自身。百分之百的专注和毫无保留的投入是每一个队员应该肩负的责任。

　　然而，有一种团队合作的方法与孤立战略截然不同，它的推出者和代言人完美地诠释了这种方法，以至于他的名字被用来指代网际团队合作。他就是匈牙利著名数学家保罗·厄多斯。

　　一次，厄多斯在得克萨斯州农工大学数学系的公共休息室喝咖啡，墙上的公告板上贴着一些凌乱的符号，看上去十分有趣。"这是什么？是一道数学题吗？"厄多斯问道。这确实是一道数学题，两位当地数学家用了长达 30 页纸的推理运算解出了这道难题，很是得意。厄多斯不熟悉这一数学分支，也不理解这些符号，于是询问了解题思路。听完后，他一跃而起走到黑板前，写下了自己的解题方法，别人用 30 页纸说清楚的问题，他只用了两行，简直像魔法师施展魔法一样神奇。

20 世纪的数学家很多都天赋异禀，而厄多斯的魔咒却有着特殊的魔法力量：科学史上，厄多斯是和其他学者合作发表论文最多的人。整个 20 世纪，以厄多斯为中心的学术合作网络延伸范围极广，影响深远，以至于以他名字命名的"厄多斯指数"被用来表示这种合作关系，即某位科学家和厄多斯联名发表过论文，那么这位科学家的厄多斯指数为"1"。这样的科学家超过了 500 人。如果科学家 A 和厄多斯指数为"1"的科学家 B 合作发表过论文，那么科学家 A 的厄多斯指数便为"2"。目前全球厄多斯指数小于或等于"3"的科学家多达 4 万人。厄多斯就像一个圆心，把许多科学家聚拢起来，环绕在以他为中心的轨道上旋转。

厄多斯在数学界的合作网络中发挥了至关重要的作用，这种作用至今仍未被其他学者超越。想想厄多斯指数为"1"的这 500 多位科学家，他们每一位都代表了厄多斯和一名素不相识的同行一起合作，发表一篇被学术圈认可的论文。60 年来，平均每 6 个星期就有一篇这样的论文问世。1987 年，厄多斯与同行的合作频率达到了峰值。当时，他已经 74 岁高龄，与同行开展过 35 次合作，平均 10 天一次。值得注意的是，这样的合作关系和英国赛艇队的自我牺牲精神并不一样，前者不需要像后者那样要求每一位成员都同心协力、齐头并进，况且这种要求也不太现实，毕竟涉及的科学家超过了 500 位。

1973 年，美国社会学家马克·格兰诺维特（Mark Granovetter）提出了"弱连接理论"，大意是：紧密的社会关系反倒没有相对薄弱的社会关系更能够发挥作用。这一发现源于格兰诺维特提出的一个简单的社会学问题：那些拥有好工作的人是怎么找到这些工作的？ 为了找到答案，他观察研究了样本（麻省牛顿镇部分拥有好工作的居民）的社会网络结构——正像老话说的，你想获取重要的信息，就得有人告诉你。格兰诺维特惊奇地发现，社交关系中最不可替代的往往是联系不频繁的、比较疏远的社会关系。就拿找工作这件事来说，人们总是通过社交渠道来获知职位信息，但这种信息并非由亲近的人直接提供。格兰诺维特的研究发现，很多消息都来自浅显、疏远的社交关系，比如大学时的同学或者前公司的同事。最近的一个实验收集分析了大量数据，其中包括数以百万份的电话记录清单。研究结果进一步支持了格兰维诺特的"弱连接理论"，证明对一个人的工作和事业来说，最重要的社会关系并不是传统意义上的"强连接"，如近亲、密友；而常常是"弱连接"，如同事或打开电视机偶然看到的某个人。

格兰维诺特的这一理论看上去有违常理，甚至荒谬可笑，但仔细思考一下则不然。在一个亲密的小圈子里，每一个人彼此熟悉，提供给彼此的信息也都大同小异。圈子外的人才更可能分享一些你不知道的消息。

厄多斯的例子便是典型的"弱连接效应"最大化：他的社会连接

之"弱",无人可与之匹敌。厄多斯居无定所,也从未在一所大学长期工作。他一直在各个高校兼课,和一位数学家合作完了便马上和另一位展开合作。他的座右铭是"另谋高就,更多成就"。给他写传记的布鲁斯·谢克特(Bruce Schechter)描述了厄多斯的一次行程安排:先从布达佩斯到莫斯科,然后去彼得格勒,之后再回到莫斯科,再之后途径伊尔库茨克和乌兰巴托到达北京。在北京停留三个星期,和老朋友叙叙旧,之后乘飞机去上海,然后坐火车去杭州,接着又乘飞机去广州,然后在广州坐火车去香港,之后飞去新加坡,最后一站是澳大利亚。

当时是 1960 年,对厄多斯来说这"算不上特别忙的一年"。那时候互联网还未诞生,厄多斯却似计算机的集线器,连接着苏联和西方世界的数学家。冷战期间,两大阵营的关系跌至冰点,可是无论厄多斯走到哪里,总会受到当地数学家的热情欢迎。见到这些同行,厄多斯总是说:"我的头脑是开放的!"(这句话是厄多斯对冷战时期世界政治格局的幽默回应——两大阵营是封闭的,而他的头脑是开放的)。

可不是嘛。厄多斯很享受与数学领域研究不同分支的学者之间的合作。有时,当他谈及某一领域最新的研究成果,还能给研究不同命题的合作者带来启发。强大的认知能力是上天赋予厄多斯的珍贵天赋,他可以同时招待一屋子的数学家,就像一位技艺精湛的围棋超一流棋手可以同时对弈几盘棋局。厄多斯可以一边和数学家讨论研究的最新进展,一边提供一些很有帮助的建议。这是天赋,也是技巧——厄多斯热爱通过数学与人们进行社会交往、建立社交关系。

对于收留他的合作者而言,厄多斯可不是一般的沙发客。尽管他曾经开玩笑说，数学家就是一台把咖啡转化为数学定理的机器，但为了维持神经的高度亢奋状态，厄多斯承认自己服用苯丙胺成瘾。面对这样一个居无定所又有药物依赖的客人，其他数学家简直身心俱疲。厄多斯从不做饭，如果他想在凌晨4点吃点儿什么——他也确实经常在这个时间吃东西，他会手拿两个平底锅，不停敲打，直到吵醒屋子的主人赶来帮忙。他的衣服很少，但背心和底裤都是真丝面料的，只能手洗——用别人的手。厄多斯不会开车，主人只好充当他的司机。他连行李箱都得别人替他收拾。难怪大家都觉得他难伺候，照顾他就像照顾一个婴儿。

尽管如此，大家还是很喜欢和厄多斯合作。厄多斯去世之后很多年，以他为合作者的论文一篇接一篇地发表。厄多斯播下的科学种子，年复一年地开花、结果。

当亨特－戴维斯和队友们将注意力放在自身和比赛，完全隔离掉外界的纷扰时，他们是在累积一种"整合型社会资本"。厄多斯则身背一个装满最新数学期刊的塑料袋，不停地在世界各地游走，将数学界的最新动向从北京带到普林斯顿、曼彻斯特，再到布达佩斯。从集合论到数论再到概率论再回到集合论，在这一过程中，厄多斯是在累积"链合型社会资本"。我们可以将整合型社会资本视为团体合作的惯用方式，它有利于将分裂、干扰和阻碍最小化，以便确定目标，然后全身心地投入，争取以最高效率实现这一目标。这种方法和爬山法类似，而马不停蹄的厄多斯则像演算法中引入的随机因素。

有些时候，仅仅关注资本整合是可取的，特别是已经清楚地知道如何去实现目标的情况下，此时所有人的共同努力是将理论付诸实践的关键。在上一章中我们了解到，竞技运动不是一个可以挥洒激进方针的领域，进步往往来自循序渐进和一些微小的改变。如果亨特－戴维斯和他的团队在赛后依然坚持孤立战略，与外界保持隔绝，他们很可能会错过一些重要信息，比如改善饮食或者最新的赛艇设计。但是，只是几个星期或几个月的暂时抽离，进行高强度训练，不太可能让赛艇队错过那些最新的锦囊妙计。

另一些时候，链合却比整合更重要。亨特－戴维斯团队的成功证明，高度专注的集训可以将原本处于二流水平的八位赛艇运动员推向冠军宝座。可是，对于困在复杂定理里、找不到攻克头绪的二流数学家来说，孤立政策无异于闭门造车。将自己封闭得越久，思维只会越发陈腐老旧。数学家需要的是灵感，是厄多斯在休息室喝咖啡时的神来之笔。

绝大多数团队既需要积累整合型社会资本，又需要积累链合型社会资本——由灵感和创造力发现的成功之道，必须通过每个成员的无私奉献和共同努力加以实现。这意味着要在整合和链合之间折中。然而，说起来容易做起来难。

如果我们想通过某一具体案例去研究 21 世纪的团队合作性质，不妨以电脑游戏的开发为例。游戏开发需要来自多方面的合作——视觉艺术家、音效师、软件工程师、财务部门以及营销部门等。技术总是日新月异，很多游戏的开发都需要充分利用最新的技术手段。与好莱坞电影的拍摄团队类似，一个庞大的游戏团队是由很多自由职业者和独立工作室临时组建而成的。

如今这个社会，我们在工作中遇到的绝大多数项目都需要多方合作，这更像是设计一款电脑游戏，而不是攻克一个数学定理或者摘取奥运会金牌。

社会学家马太依斯·德邦（Mathijs de Vaan）、大卫·斯塔克（David Stark）和巴拉兹·维德斯（Balázs Vedres）想研究一个庞大的团队是如何研发出创意十足的畅销产品的。游戏行业能够搜集到的海量数据吸引了三位研究人员，于是他们打算从游戏开发团队入手。他们建立了一个数据库，搜集了 1979—2009 年的计算机游戏以及从事商业游戏开发的艺术家、工程师以及其他相关人员的数据，一共涉及12422 款计算机游戏和 139727 位从业人员。

这一庞大的数据库成功地使研究人员的研究视角由静态转化成了动态。通常，当社会科学家研究团队协作时，他们研究的只是特定时间、特定地点所展现的静态关系，就好比一张照片。然而，数据库里的数据记录了 30 年间 10 万多位游戏开发人员是如何展开一次又一次合作的，这些合作好比一段时间很长的视频。

对于每一款游戏，研究人员都进行了全方位的剖析，包括游戏的财务数据和玩家的意见，总结出的不同游戏的特点就多达上百个，比如游戏叙事采用的是第一人称还是第三人称，游戏画面是二维的还是三维的，游戏属于射击类还是飞行类。简而言之，研究人员能够判断哪些是经典游戏，他们还知道什么样的团队开发出了这类与众不同、既具创意又富争议、拥有大量玩家、取得了巨大商业成功的经典游戏。这样的团队究竟是什么样的呢？

有时候，开发一款游戏就像训练一支即将参加世界顶级赛事的赛艇队。这需要对团队进行整合——专注、信任、承诺。团队成员需要尽快熟悉彼此，不允许任何人懒惰或者欺骗。从另一个角度看，一款经典游戏就好比一篇优秀的数学论文，它也需要链合——把来自各个领域的人才连接在一起，形成一个智库。那么，这些游戏开发团队的合作模式是更接近赛艇队还是更接近厄多斯和那些数学家呢？

答案是既整合又链合。德邦、斯塔克和本德斯发现，受玩家欢迎的游戏的开发团队是由数个更小的团队组成的。这些小团队的成员因为合作已久，彼此之间已经建立了理解和信任，使得他们能够整合在一起，为了同一个目标奋斗，就像赛艇队那样。但小团队和小团队之间的连接又很松散，因为各团队负责的工作不一样，从事游戏开发的经历也不同。

这种合作方式中的链合又表现出了新的特点。研究人员发现，参与游戏开发的小团队之间的合作气氛相当紧张。这是因为每一个团队的从业经历不同，创作理念也不同，产生不同意见时谁也不愿意轻易妥协。虽说认知多样性难能可贵，但游戏的开发是一个漫长的过程，要长期保持所有团队的有效链合可不是那么容易的事。

本德斯将链合比喻为一个折叠式纸盒，每个小团队都代表纸盒的一面，都和其他面相连，组装起来很费功夫。如果哪个地方没有黏合到位，纸盒就很容易散架。同理，游戏开发团队中的每一个小团队都代表一个不稳定因素。这种链合方式比厄多斯和数学家的链合承担的风险更大。要带领这样的团队，面临的挑战可想而知。

1954年6月19日，11个男孩从俄克拉何马城坐巴士到罗伯斯山洞州立公园参加夏令营。公园里很安静，树木茂密，距离最近的小镇有 40 英里^①距离，因为地处偏僻，臭名昭著的强盗杰西·詹姆斯^②曾将它作为藏身之所。这些男孩互不相识，但有很多共同点：白皮肤，都是 11 岁，都在信奉基督教新教的家庭长大。孩子们才坐上巴士，友谊的种子就开始发芽。夏令营的成人领队十分民主，允许孩子们自己选择床铺。吃过晚餐后，他们兴奋地围坐在篝火旁，期待着露营、游泳、划船、打棒球和寻宝游戏——三周的夏令营生活将是多么刺激和精彩。

露营地占地 200 英亩，没多久，男孩们就开始探索周围的小山和树林。空气潮湿，气温很高，显然不是什么舒服的天气。不过，他们很快就找到了一条小河，用来游泳和洗澡再完美不过。这些孩子决定在河边修一条小路，再搭一个跳水板，于是他们站成一排递送一块块石头，累了就轮流去河里洗个冷水澡，饿了就地做个汉堡，也不回营地吃东西。有些孩子怕水，有些则不敢从跳水板上往水里跳，这时，其他男孩就围成一圈鼓励他们焦虑的朋友。男孩们信心满满："我们每个人都能学会游泳！"他们齐心协力，把小船从营地拖到了小河，搭了一个厕所，在暴风雨来临前搭了几个帐篷，找到了一条响尾蛇，还计划了一次夜色中的远足。

夏令营的领队偶尔会给孩子们布置任务，比如让他们寻找宝藏，找到了就能获得一笔现金，可以一起支配。但总的来说，营地的成年人很少插手，他们更多的是在一旁观察。表面上，这些男孩拥有绝对

---

① 　1 英里 =1.609344 千米。——编者注

② 　杰西·詹姆斯（Jesse James，1847—1882），出生于美国密苏里州，曾是美国强盗，也是詹氏 – 杨格团伙最有名的成员。——编者注

的自主权。

这些假装漫不经心的成年人其实是研究人员，他们会偷偷记录孩子们的言行举止，只是这些孩子被蒙在鼓里。他们一边观察一边飞快记录，以免被孩子们发现，等晚上孩子们都睡着的时候再整理笔记。原来，这次夏令营是一次实验，而这些孩子是实验的一部分。这便是著名的罗伯斯山洞实验，一次操纵的杰作，被后世称为"被遗忘的社会学经典"。开展这次实验的是以著名社会心理学家穆扎弗·谢里夫（Muzafer Sherif）为首的研究小组。

还有一件事孩子们也被蒙在鼓里，那就是在他们到达公园的第二天，另一组男孩也来到了这里，只不过那些男孩的露营地位于小山的另一侧。两组男孩都很兴奋，都表现出了不少共同点：第二组男孩在游泳的地方拉起一个索桥，围着篝火表演小短剧，一起找宝藏，并在大人的帮助下除掉了一条悄悄溜进营地的剧毒铜斑蛇。尽管有时候孩子们也会闹点儿矛盾，但大多数男孩都觉得夏令营的生活充满乐趣。彼时，两组男孩对彼此的存在毫不知情。

两组男孩都给自己的团队起了队名，制作了队旗。第一组叫"响尾蛇队"，第二组叫"飞鹰队"。一天，响尾蛇队发现有人在"自己"的球场玩棒球，大人们这才承认一共有两个小组来参加夏令营。两组男孩的好胜心一下子都被激起，迫不及待地想要抢占棒球场这一地盘。大人们建议两组孩子进行比赛，项目包括棒球、拔河、搭帐篷和才艺比拼，获胜的小组会得到一座奖杯，11 枚奖牌，还有让孩子们眼睛发亮的瑞士军刀。

麻烦来了。棒球比赛的时候，响尾蛇队提前来到了比赛现场，他们觉得自己才是主队，而飞鹰队只是客队。他们在球场旁边立了一个牌子警告飞鹰队不许靠近，还在内场插上自己的队旗。孩子们叫嚣着，飞鹰队要是敢碰旗子，一定不给他们好果子吃。一会儿，飞鹰队也来了，举着他们的队旗，唱着时下流行的犯罪剧集《法网》（*Dragnet*）的主题曲。见面后，两个小组互相打量了一会儿，接着便开始互相嘲笑和辱骂起来。"你们可不是飞鹰，只是鸽子罢了！"响尾蛇队的一个男孩大声说。比赛结束，响尾蛇队赢了，飞鹰队气急败坏，一个男孩偷偷把响尾蛇队掉在球场的手套扔进了河里。

敌对的情绪越来越浓。本来还有那么一点点的体育精神完全被嘲笑和辱骂取代。响尾蛇队和飞鹰队同在一个地方吃饭，但从不同桌。他们将食物和纸杯扔到对方桌上，谩骂声不绝于耳。

实验人员原本打算在两个小组之间人为制造一些冲突，现在看来没有必要了。不用煽动，"战争"已经一触即发。

第一天晚餐后，两个小组进行了拔河比赛，响尾蛇队又赢了。飞鹰队士气低落，其中一个男孩看到棒球场上响尾蛇队的队旗。说时迟那时快，飞鹰队的男孩跑过去一把把旗子扯了下来，撕成几片，点火烧了，将烧焦的破布挂回旗杆。响尾蛇队发现队旗被如此亵渎，动起了手。双方厮打起来，扭成一团，大人们不得不出面制止，告诉他们打架解决不了问题，不如再来一场棒球比赛。

这一次，飞鹰队一雪前耻。晚餐时，飞鹰队庆祝了他们的胜利。孩子们在篝火旁表演了短剧，带着胜利的喜悦踏踏实实入睡了。然而，还没到半夜，飞鹰队便被惊醒了。响尾蛇队闯了进来，掀翻了他们的床铺，撕下窗户纸，还顺手拿走了漫画书和飞鹰队队长的牛仔裤。第二天，队长的牛仔裤被挂在旗杆上，上面用亮橙色的颜料涂写着挑衅的字眼。

孩子们的攻击性越来越强。当飞鹰队的男孩开始挥舞塞满石头的袜子，大人们不得不介入，防止暴力升级。之后研究人员又组织了一些比赛以保证孩子们的比赛频率，但除此之外，他们无须进一步操纵——两个小组已经从相互讨厌升级到相互憎恶。

飞鹰队获得了比赛的最终胜利，拿走了奖杯、奖牌和瑞士军刀。一个男孩激动得哭了。孩子们向小河奔去，一头扎进水里，欢呼着庆祝自己的胜利。事实证明，飞鹰队高兴得太早。响尾蛇队趁着这个时机，又偷袭了飞鹰队的营帐，床铺被掀翻，东西被扔得乱七八糟。他们割断了飞鹰队小船的绳子，小船顺水飘走了。他们还拿走了飞鹰队的奖牌和瑞士军刀。怒火中烧的飞鹰队找响尾蛇队算账，响尾蛇队宣布对偷袭负责，还说他们很乐意归还奖牌和军刀。这样一来，飞鹰队只能咽下这口气，带着军刀和奖牌撤退了。

人们常常争论：孩子究竟是像英国小说家威廉·戈尔丁（William Golding）所著的《蝇王》（*Lord of the Flies*）一书中描述的那样邪恶和充满暴力，还是如同英国儿童文学家伊妮德·布莱顿（Enid Blyton）的童话作品中那样天真善良呢？穆扎弗·谢里夫通过罗伯斯山洞实验告诉我们，孩子们既有天使的一面也有魔鬼的一面。实验中的男孩们在发现另一组男孩的存在之前，能够相互支持、相互鼓励；然而当竞争对手出现后，他们便露出了狭隘、残忍和暴力的一面。

虽说成年人不会像小朋友那样为了一场棒球赛就撕破脸，但不同团体之间的敌对状态依然存在，成人世界的部落主义更加令人瞠目结舌。成人之间的敌对情绪比小孩子之间的打打闹闹严重得多——种族灭绝难道还不足以用"惨绝人寰"来形容吗？但是，和小孩不同，成年人往往不会将敌对情绪表现在脸上，他们不会去偷东西，不会当面指着对方的鼻子骂，他们只是在内心站好队，比如一个公司的市场部会和财务部自动划清界限。即便没有发生确切的矛盾，两个部门之间的敌对情绪依然存在，这是由部落主义思想造成的。

法律和政策学者卡斯·桑斯坦（Cass Sunstein）以及社会心理学家里德·黑斯蒂（Reid Hastie）、大卫·施卡德（David Schkade）进行了一次针对性研究，实验对象分别来自美国科罗拉多州的博德市和斯普林斯市。博德市的市民大多支持左翼自由党，因此博德市又被戏称为"博德人民共和国"；斯普林斯市则是右翼保守党的坚定支持者。研究人员事先私下采访了所有受试者对于气候变化、平权法案和同性恋婚姻的看法。之后，来自同一个城市的人被安排在同一小组讨论这三个争议性话题。结果，博德市的市民全部倾向于支持左翼观点，他们承认气候变暖、支持同性恋婚姻和种族平权；来自斯普林斯市的人则全部站在对立面。这一结果倒是在研究人员的意料之中。其实，研究人员在之前的采访中就发现，两个城市的居民的观点都相当广泛，且有很大重叠，来自博德市的人和斯普林斯市的人有些见解不谋而合。那么为什么结束讨论后，两个城市的居民的观点不但没有得到调和，反倒变得更加狭隘且极端了呢？

首先，支持同一政党的人会彼此受到鼓舞，他们的观点因而变得更加极端。博德市的居民观点更加"左倾"了，而斯普林斯市的居民观点则更加"右倾"了。其次，认知的单一性导致思维的碰撞减少，意见范围变得更加狭窄。这两个原因叠加在一起，不可避免地导致两个城市的居民所持政见变得更加对立，之前的不谋而合消失殆尽。你看，所谓的现代人也是可以很"部落"的。

物以类聚，从某种意义上说，飞鹰队和响尾蛇队的孩子们比成年人具有更强大的合作基础：都来自同一城市，都是白人，社会阶层差不多，家庭的宗教信仰也一样——当然了，他们都是 11 岁，一个热爱棒球、汉堡包和探险的年纪。成年人的共同点要比孩子们少得多，想要他们之间展开合作，需要充足的动力。

现在人们普遍认识到，认知多样性是提升创造力的秘方，也是去除"团体迷思"（groupthink）的良药。"团体迷思"一词是由美国心理学家欧文·贾尼斯（Irving Janis）发扬光大的，是指团体在决策过程中，为了维持团体的和谐，团体成员会倾向于和团体观点保持一致，于是不愿意提出一些值得争论的观点，因此很可能导致团体做出不合理甚至很糟糕的决定。每个人都觉得团体里聪明的人多得是，于是每个人都懒得进行批判性思考，反正天塌下来有高个子顶着。

早在 1951 年，也就是贾尼斯提出"团体迷思"的 20 年前，另一位心理学家所罗门·阿施（Solomon Asch）进行了一系列经典实验，研究从众心理。阿施找来了一群演员，围在一名不知所措的受试者身边大放厥词，说一些明显不符合常理的话，受试者感到十分困惑，但他不知道自己被算计了。这一实验发现，有时人们为了迎合集体思维会否定自己的看法，即使他们心里清楚集体决策是绝对错误的。怎样才能避免团体迷思呢？其实，哪怕一个不同的声音都能破除魔咒，它可以鼓励受试者勇敢地说出自己的意见。

最近，科学家斯科特·佩奇（Scott Page）出版了新书《分歧》（*The Difference*），该书在数学而非心理学框架下研究了同样的问题。佩奇发现在解决问题的过程中，"多样性比个人能力更重要"。打个比方，如果一个团队已经有四位杰出的统计学家在研究一项政策，那么哪怕一位水平一般的社会学家或经济学家的加入都比再来一位统计学家有帮助。好比你想提高自己的网球球技，最好请一位教练、一位营养师和一位健身教练，而不是一下子找三位网球教练。佩奇补充说："很多实证数据都表明，一个城市的多样性决定了这个城市的生产力，一个董事会的多样性决定了董事所做决策的水平，一家公司的多样性决定了这家公司的创造力。"

这些研究结果告诉我们一个道理，面对一个极其复杂的问题，聪明绝顶的人也可能束手无策，而新鲜血液的注入则可能帮助我们打破僵局。不管那个新点子是怪诞的还是乏味的，新的就是新的，它就好像是从布莱恩·伊诺的盒子里随机抽出的那张卡片，或者硅芯片设计中引入的随机因素。正是不同的意见和不同领域的知识帮助我们更好地解决问题。

"如果团队成员都站在同一角度思考问题，那么所有人都会被困在同一个地方。"佩奇说。相反，如果成员具有不同的思维模式和知识结构，当一个成员陷入死胡同时，其他成员便能伸出援手。术业有专攻，"一个成员在专业范围内展开工作的时候，其他成员可以站在不同视角、利用不同领域的知识帮助他做得更好"。

这些道理看着都懂，但是事实上处理这些不同的意见往往很麻烦。2006 年，心理学家塞缪尔·萨默斯（Samuel Sommers）做了一个实验，他根据真实案例模拟了一次法庭审判，想观察陪审团是怎样做出裁决的。被告是黑人，第一个陪审团全是白人，第二个陪审团有白人也有黑人。实验发现，讨论案情时，第二个陪审团能够更加合理地分析相关证据，黑人陪审员能够站在不同立场思考案件。同时，因为有不同肤色的人在场，白人陪审员不敢马虎大意，因此在思考过程中降低了犯错概率、更好地还原了案件真相。如果自己的意见很可能受到其他人质询，人们的思考就会更加仔细。这一结论也得到了其他研究人员的支持。比如，当研究人员要求实验对象写一篇文章，并告诉他们读者持有不同意见时，实验对象写出的文章往往更好，逻辑也更严密。

所以，要使讨论富有成效，就应该邀请一些受过不同训练、具有不同经历、能够从不同角度思考的"另类"人士，他们是谈判桌上的一股清流。即使他们没有提出建设性的意见，他们也能从另一方面促进讨论——他们的存在让我们不敢马虎大意，促使我们三思而后行。讨论的气氛可能很紧张，但是我们应该勇敢地去拥抱这种氛围。不过，这样的勇气不是与生俱来的。

心理学家凯瑟琳·菲利普斯（Katherine Phillips）、凯蒂·利耶奎斯（Katie Liljenquist）、玛格丽特·尼尔（Margaret Neale）做了一次实验研究群体动力。在实验中，学生每四人组成一组讨论一起谋杀案，需要通过证人陈述、不在场证明判断出三位疑犯中真正的凶手。一些小组中的四位组员都是朋友，都来自同一所大学的联谊会，还有一些小组由三位朋友和一名陌生人组成。

前面我们讨论过，认知的多样性可以增加团队的成功率，本次实验的结果再次印证了这一点。由三位朋友和一位陌生人组成的小组找到凶手的成功率更高。与之前的实验一样，陌生人的存在迫使其他成员思考更谨慎、推理更严密，他们会仔细考虑陌生人的不同意见，更加专注于案件，也更愿意更正自己的错误观点。如果小组里全是朋友，大家的思维和认知都差不多，很容易做出误判。

实验结果表明，有陌生人参与的小组找到犯罪分子的成功率高达75%，而由朋友组成的小组成功率只有 54%，个人独立思考成功率为44%。由此可见，认知多样性对小组讨论的影响是十分巨大的。

现在让我们把焦点转移到小组成员的心理状态上来，真相绝对出乎你的意料。在成功率为 75% 的小组里，组员的多样性给每个人都造成了一定的压力，他们对结论并不自信。相反，那些由朋友组成的小组的讨论气氛相对轻松得多，对结论也相当自信，尽管事实上成功率只有 54%。

接受这一结论并不难，但是如果要将结论投入实践，人们便打起退堂鼓来。这是因为多样化团队的组员会彼此怀疑、争论不休，把讨论变成辩论。这是低效吗？绝对不是。纵然同质化团队的讨论一派和谐，却没什么意义，表面的和谐遮蔽了他们的双眼，讨论最后沦为无用功。

你也许觉得这些只是实验结论，现实生活中的团队合作未必如此。社会学家布鲁克·哈林顿（Brooke Harrington）观察了 20 世纪90 年代位于美国加州的投资俱乐部，他的研究极为细致和深入。那个年代的股市一片繁荣，电视上成天是股市报道，很多股民开始抱团成立俱乐部分析股票，一起投资赚钱。这些投资俱乐部和读书俱乐部不太一样，并不全是交友性质的。此外，因为投资金额不菲，俱乐部成员往往来自不同行业，俱乐部也有自己的规章制度。

不过，仍然有一些俱乐部是由朋友组成的，带有很强的社交性质。和非社交型的俱乐部相比，这些社交性质的俱乐部做出的投资选择往往很糟糕。哈林顿对几个俱乐部进行了跟踪记录，定期参加他们每个月的投资会议。数月之后，他发现了个中蹊跷：社交型的俱乐部旨在维护朋友情谊，赚钱是次要的。

例如，某一个俱乐部决定不购买庞巴迪公司的股票，只是因为其中一个成员认为该公司同时是武器制造商。事实上，庞巴迪公司的主要业务是火车和民用飞机生产，但与会成员根本没有进行调查就否定了该股。"为什么要让朋友难堪呢？"一位成员反问道，"他反对得这么强烈，我们总不能把刀架他脖子上吧。"就这样，整个俱乐部在友好的氛围中放弃了这支潜力股，也放弃了大赚一笔的机会。

哈林顿注意到，为了维护成员之间的友谊，社交性俱乐部总是做出糟糕的投资决定，对分歧和争议也避而不谈，以免伤害任何人。相反，成员关系更疏远的俱乐部能及时否决糟糕的投资方案。对于友谊大于一切的俱乐部来说，用来投资的钱，是朋友们攒起来的，而不是通过理财赚回来的。每次遇到难以决定的事，他们的解决方式总是：我们换个时间再讨论吧。

非社交型投资俱乐部是怎样处理问题的呢？英国一家很著名的投资管理公司"投资协会"就是很好的例子。在一次例会上，一个成员正在解释其投资计划的优点和风险，另一位成员直截了当地说："这样不行，我们需要看到相关数据分析。"

"这份投资计划花了我很多时间和精力，你是在鸡蛋里挑骨头。"发言人说。

这样一来，讨论的气氛骤然紧张起来，有人忍不住抱怨起来。但是，漏洞百出的计划书最后还是被及时否决了。

哈林顿观察了整个讨论过程，自然也感受到了那种针锋相对的气氛——它着实让人很不舒服，却挡不住这家公司的出色业绩。英国投资协会的例子呼应了多样化的小组对谋杀案的分析讨论：互不认识的学生更容易分析出谁是真正的凶手。

大多数团队在进行团队建设的时候，都会仔细斟酌一番：究竟是像英国赛艇队那样紧密地团结在一起，还是像数学家厄多斯那样进行广泛而松散的合作？人们往往会受到本能的驱使，偏爱有条不紊、井然有序的合作方式，这样真的正确吗？在同一化和多样化之间，我们每次都选择前者，因为它能带来安全感。我们不喜欢被打扰，错误地以为多样性会阻碍合作。还记得吉他手阿洛玛吗？起初，他很讨厌伊诺的卡片，觉得它很愚蠢。然而，随着时间的流逝，也许几个月，也许几年，人们终究会意识到愚蠢的不是那些事物，而是自己。

现代社会充满了结识新朋友的机会，但我们真的会将其善加利用吗？约会陌生对象，雇用新员工，甚至只是在社交场合和不认识的人扯闲篇儿，都足以使我们心戚戚而踌躇。围绕这一假设，心理学家保罗·英格拉姆（Paul Ingram）和迈克尔·莫里斯（Michael Morris）巧妙地设计了一次研究。他们在纽约举办了一场社交聚会，邀请了一大批有影响力的高级顾问、企业家、银行家和生意人。这些人来自各行各业，男女皆有。聚会当天，约100位人士欣然赴约。他们向研究人员表示，自己参加聚会的目的是结交新朋友、扩大交际圈，绝不是和老熟人叙旧。

然而，他们的言行却自相矛盾。每一位赴约者都佩戴了数字跟踪器，研究人员可以凭此准确追踪人们去了哪里、见了谁、和谁进行了交谈。跟踪器数据显示，人们见到熟人便径直上前叙旧，尽管偶尔也和陌生人交流，但都是老朋友引荐的，是朋友的朋友，是一个圈子的人。因此，这些所谓的陌生人，往往也来自同一行业。难怪另外两位研究人员，社会学家霍华德·奥尔德里奇（Howard Aldrich）和玛莎·马丁内斯 – 费尔斯通（Martha Martinez-Firestone）最近得出类似结论，声称大多数企业家并非像公众认为的那样富有创造力，其中一个原因是大多数企业家与其他人完全一样，只和同一个圈子的人一起活动。

我们都喜欢和自己的朋友在一起，这是人类的天性。但是，这项研究的发现令人感慨：人们经常心口不一。他们带着结识新朋友、扩大社交圈的目的参加聚会，结果却不愿意主动结识另一个圈子的人。即便认识了一些陌生人，也只是朋友的朋友。

今天的世界给了我们更多机会去认识长得不一样、做得不一样、想得不一样的人。交通比任何时代都更便捷，沟通比任何时代都更容易，手机、电脑、各种社交软件大大丰富了我们的社交圈子——这个圈子的扩展潜力之大，我们的祖先难以想象。但是，面对这样一个时代，我们又做了什么？我们试图让自己的人际交往不要太复杂，尽量靠近和自己类似的人。

心理学家安杰拉·巴恩（Angela Bahns）、凯特·皮克特（Kate

Pickett）和克里斯琴·克兰德尔（Christian Crandall）研究了大学生的人际交往模式。他们对比分析了较小规模学院（每个学院约 500 名学生）和大型大学如堪萨斯大学（学生数量相当于一个中等大小的城镇）学生的交友方式。研究人员采访了在学生会或咖啡馆聊天的学生，记录了他们的年龄、性取向和种族，还问了一些更具体的问题，例如是否饮酒、抽烟或锻炼，对于堕胎、阿拉伯人、同性恋和黑人的看法，以及他们的朋友圈子。

堪萨斯大学有 25000 名学生，他们的生活方式比小型学院的学生更加多样化，研究人员对他们的采访也证实了这一推测。那么，原则上，他们的人际交往圈子也会更广，对不对？事实并非如此。堪萨斯大学人数众多，学生们更容易碰到志趣相投的人，这恰恰窄化了他们的交际圈；小型学院的学生选择范围比较窄，所以不得不和与自己不同的人交朋友，没想到，这样建立起来的友谊更加亲密、持久。这种同质化现象在其他领域也十分常见，深层次的原因其实很荒唐可笑。①

我们总是被相似的人吸引，但是我们并未意识到这种吸引力就像毒品一样让我们越陷越深。现代社会的女性比以往更自由，她们接受了更好的教育，做着更体面的工作，这是一种进步。但伴随着这种自由的一个意想不到的结果是经济学家所称的"同型相配"。公司高

---

① 有一项研究采用性格测试和观察法，来确定实验对象的年龄、社会地位、勇气、好奇心和独立解决问题的能力。研究发现，物以类聚的确是真理，也就是说，好奇心强的和好奇心强的做朋友，勇敢的和勇敢的做朋友，年轻的和年轻的在一起，年老的和年老的在一起，社会地位比较高的和同样社会地位的人走得更近——不同的是，这一实验的研究对象并非人类，而是狒狒。

管以前喜欢娶自己的女秘书，现在他们娶女高管。人们不仅选择条件相当的人结婚，还选择条件相当的人做邻居，这一现象被称为"同型迁移"。在美国，同型迁移越来越明显，一个住宅区居民在经济地位、政治信仰以及几乎其他所有方面都越来越趋同。尽管我们现在有无数接收新闻的渠道，但是在美国、加拿大、澳大利亚和英国生活的人从来不读英文版的《印度时报》或者《日本时报》，保守党人士大多只看福克斯新闻频道，自由党人则是微软全国广播公司节目的忠实观众。每一个人都愈发只关注自己的圈子和世界。

有人可能觉得，无须紧张，不是还有互联网吗？是的，互联网的确是一个网聚世事的聚宝盆，但我们在选择性地汲取它的财富——这一过程通常是潜意识的。让我们以 2014 年美国密苏里州弗格森枪击案为例观察社交媒体是如何传播新闻的。2014 年 8 月 9 日，18 岁的美国黑人青年迈克尔·布朗（Michael Brawn）在密苏里小城弗格森被白人警察达伦·威尔逊（Darren Wilson）枪杀，当时布朗并未携带武器，也没有任何犯罪记录。当地警方认为布朗涉嫌一起抢劫案，但直到被枪杀，布朗和警察之间都没有谈到劫案一事。枪击案随后引发了多场抗议和游行示威活动。然而，好几天过去了，这件事迟迟没有在脸谱网上发酵。有一种解释可能揭露了背后的原因：脸谱网开发的初衷是为了分享好消息，用户通过"点赞"功能表示自己的认可，这种功能显然有很大的局限性：人们不太可能会喜欢一张戴着面具的示威者与一群防暴警察对峙的照片，枪击案没有收到足够多的"赞"，所以也就没能成为脸谱网上的热搜。脸谱网不太喜欢传播这种负面新闻，脸谱网用户也倾向于回避一些严肃、分歧很大的话题。

相比之下，布朗枪击案在推特（Twitter）上引起了轩然大波，很多推特用户都转发了相关报道，这是因为推特有转发功能，请注意，它并不等于"赞"。不过，情况不容乐观。牛津大学一位年轻的统计学家埃玛·皮尔逊（Emma Pierson）分析了有关这次事件的推特数据，发现人们的观点呈现两极化：蓝色阵营的用户站队布朗，觉得这是警方的暴行，警方不该镇压游行示威的人；红色阵营站队警察威尔逊，认为威尔逊不过是警方的替罪羊，示威者是在进一步迫害威尔逊。另外，推特上有很多谣言也被大量转发。值得注意的是，皮尔逊的分析显示，转发几乎只存在于同阵营的用户之间，蓝色阵营和红色阵营之间极少有这种互动。

各个阵营的推特用户分别被志同道合的人表达的愤怒所包围，于是便产生了一种幻觉，觉得整个世界都站在自己这边。然而互联网从来不缺异见，这些异见能让我们反思自己，进行更加深入的思考，我们要做的就是主动去寻找、去聆听。作家伊莱·帕里泽（Eli Pariser）警告网民，互联网存在一层"过滤泡沫"，能够过滤掉自己不赞同的言论，因此我们看不见不同的观点，听不见不同的声音，但很少有人能发现这些泡沫的存在。当社交媒体新闻的流动融入了我们的先入之见，我们还怎么通过它们寻求不同意见呢？

这种模式还在无休止地重复：其实我们有很多机会听听不同声音，见见不同的人，建立新的信任，但做出的选择却只是巩固了旧有的社会关系。人际网络如此巨大，我们却偏安一隅，把自己禁锢在舒适区。我们利用堪萨斯大学的多元化来满足自己狭隘的交友欲望。在社交聚会上，即便我们想结识新朋友，到头来还是在和老熟人叙旧。

当我们不得不和陌生人一起合作时，我们深感不安，内心很是排斥，完全无法认识到和陌生人合作的好处。

有些公司在建设团队时，为了促进员工之间的默契与合作，采取了一系列措施，例如举办聚会或者组织集体活动，这些方法不能说完全没用，但也别抱多大期望。罗伯斯山洞实验的负责人谢里夫就是使用类似方法碰了一鼻子灰。飞鹰队和响尾蛇队闹僵之后，谢里夫曾安排孩子们一起做游戏，一起看电影，一起用餐，但这些都没能减轻两组孩子之前的憎恨，孩子们依然相互辱骂、打斗。

怎样才能走出自己的舒适区，勇于结交另一个世界的朋友，有效扩大社交圈呢？

第一课简单明了，那就是必须意识到只选择"和我是一个世界的人"的交友心态十分消极。我们可以模仿伊诺的另辟蹊径，创造一些环境让自己不得不走出舒适区，不得不结识陌生人。或者尝试融入新的圈子，学习一种新的技能或者和陌生人一起进行娱乐活动。再或者去一个陌生的、遥远的城市旅游，在那里参加一场你谁也不认识的聚会，勇敢主动地去结识另一个圈子里的人。

第二课源自德邦、斯塔克和本德斯对游戏开发团队合作方式的研究：必须重视那些将不同小团队团结在一起的人。他们代表了厄多斯式的自由精神，他们游走于小团队之间，被所有团队称为"自己人"，这一点要是没点儿本事是不可能做到的。本德斯说："这些人的作用是增强团队凝聚力、建立彼此的信任，他们扮演的角色相当重要，却很容易被低估。"德邦说："其实他们承受的压力很大。"本德斯继续补充道："要打入每一个小团队绝非易事，一旦失败整个游戏开发团队便会分崩离析。"

第三课是随时随地提醒自己社交压力的好处，它很容易被忽视，尤其是你怕麻烦的时候。萨默斯的陪审团研究发现，正是黑人陪审员的加入，才让白人陪审员的思维更加缜密。德邦、斯塔克和本德斯三位学者认为，正是那些不同的声音才让一个团队的合作更加富有成效。从另一个世界的人身上，你不仅可以获取新的视角、新的知识去解决自己面临的问题，还可以展开新的合作，这样不齐的齿轮之间才会产生火花。

英国天空自行车队赢得了 2012 年和 2013 年环法自行车赛，但是 2014 年却表现不佳。车队主席戴夫·布雷斯福德（Dave Brailsford）准确判断出问题所在："过去 6 年来，我和车手们的合作过于顺利。默契让我们的思维不再冲突，认知已被同化。刚开始的时候，总有人站出来反对我，那些争执虽然会让我们关系紧张，但正是思维的碰撞才撞出了一个又一个好主意，让我们不断进步。"

布雷斯福德清楚，必须改变现状。"虽然整个过程将很痛苦，会带来很多压力、制造很多冲突，但我别无选择，必须坚持。我需要听到不同的声音，我需要有人站出来质问我为什么，新鲜血液能让我们走得更远。"2015 年，天空队反败为胜，再次荣获环法自行车赛冠军。

第四课，我们必须坚信强迫自己走出舒适区和不同的人打交道是值得一试的，是能够带来积极结果的。布雷斯福德说，人们过于看重"团队和谐"了，而他想要的是"目标和谐"，每个成员劲往一处使。还记得哈林顿观察的股商俱乐部吗？如果你觉得友谊第一、赚钱第二，那么就等着亏钱吧。布雷斯福德可不想失败，他不在乎所谓的友谊，他看重的是比赛结果。

在罗伯斯山洞实验中，谢里夫和研究人员挑起了飞鹰队和响尾蛇队之间的争斗。虽然他们也设计了一些大家都喜欢的活动，想让孩子们一起玩耍，增进了解消除怨恨，却竹篮打水一场空。最后，谢里夫另辟蹊径，打起了食用水的主意。营地的食用水是从一英里之外的水库抽取到蓄水池里的。研究人员悄悄关了一个水阀，然后用石头遮盖住，这样一来，水便不能流向蓄水池。研究人员还在蓄水池的出水管里塞了麻袋布，这样一来剩下的水也不能用了。之后，研究人员通知男孩们，营地供水出问题了，可能是超级大坏蛋汪达尔做的——这个可怜的漫画人物成了替罪羊。

营地里的水龙头再也流不出一滴水，孩子们越来越渴。研究人员把孩子们分成四个小组，分头寻找问题原因。排除了所有可能性之后，四个小组在蓄水池碰头，开始聚在一起分析。这个说"蓄水池的水是满的"，那个讲"但是水龙头不出水"，另一个人说"是不是水阀被关了？"……飞鹰队和响尾蛇队分享着自己的工具，轮流用力，最终打开了阀门，清理了堵住出水管的麻袋布。当时，飞鹰队的孩子没带水壶，特别口渴，响尾蛇队的孩子竟然心甘情愿地把自己的水壶给了飞鹰队，让他们先喝。

和平并不是一夜之间达成的。解决缺水问题之后，两组孩子仍然会在晚餐时吵架、扔食物，但关系明显有所缓和。研究人员知道接下来该做什么了：显然，让孩子们一起解决问题才能改善他们的关系。因此，研究人员继续制造了大大小小的麻烦让孩子们一起应对。一次，一辆大卡车怎么也发动不了，所有孩子就用绳子拉，让它动起来。当天晚餐的时候，孩子们不再分成两个阵营，而是坐在一起，比谁的功劳大。

孩子们之间的敌对情绪瓦解了，两个阵营之间的部落意识也被冲淡。飞鹰队和响尾蛇队本来决定轮流做饭，但最后全部参与其中。孩子们搭帐篷的时候发现少了一些部件，下意识地便向彼此寻求帮助，帐篷很快就搭好了。

罗伯斯山洞实验告诉我们，当面临一个紧急问题亟待解决时，不同部落的现代人可以放弃分歧、携手合作。与其穿梭于不同聚会或者聚在一起玩一些愚蠢的小游戏，不如合作解决一个共同问题，这样才能战胜心中的部落主义。

罗伯斯山洞实验共花了三周时间：第一周，飞鹰队和响尾蛇队各自成团；第二周，两组孩子之间冲突不断；第三周，他们握手言和。夏令营结束的时候，孩子们主动要求坐同一辆车回家。巴士停在一个休息站的时候，响尾蛇队想起自己在扔豆子比赛中赢了 5 美元，于是决定用它来买奶昔，分给所有人。孩子们得自己掏钱买三明治，有的男孩钱不够，有多余零钱的孩子便上前帮忙。

孩子们早已忘记了当初的矛盾，巴士上传来了他们的欢笑声。

第三章　　办公环境

"我的办公区我做主！"

伟大的史蒂夫·乔布斯：我竟然也有犯错的时候?!

1923 年，法国实业家亨利·弗拉格（Henry Frugès）委托一名建筑设计师为其位于波尔多城附近的列日和佩萨小镇的包装工厂设计员工宿舍。被委任者是当时业界一颗冉冉上升的新星，全名叫查尔斯 – 爱德华·吉纳瑞特 – 格里斯（Charles-Édouard Jeanneret-Gris）。今天，他有一个家喻户晓的名字：柯布西耶（Le Corbusier）。小镇上色调明亮的工人之家运用纯正的现代主义风格，混凝土打造的建筑主体有意不加修饰，打造出一种质朴、近乎赤裸的美感——它称得上那种既经典又典型的现代主义建筑。

柯布西耶崇尚简约、活力无限的现代风格，对法式乡村建筑特有的混搭与繁复嗤之以鼻。对柯布西耶来说，现代主义建筑那刚劲的直线、优雅的弧线还有光滑的平面都令他着迷。这些元素和人类建造城市时那种事前并无整体规划、本质上的杂乱无章完全不同。"点线面的结合打造出一个个几何空间，那是数学统治下的领域，简洁、实用。"柯布西耶曾这样写道："几何学本身不就是一种纯粹的快乐吗？"

人类是以理性著称的动物，但多数人未必能欣赏理性并同意柯布西耶的观点。比如包装工厂里的那群法国工人。结束了一天的辛苦劳作，工人们每晚都拖着沉重的步伐回到宿舍，恐怕无暇欣赏这栋建筑那富有现代性的美感。正如英国作家阿兰·德波顿（Alain de Botton）在《幸福的建筑》（*The Architecture of Happiness*）一书中指出的那样："一天的轮班之后，工人们早已疲惫不堪、昏昏欲睡，这时候还要继续提醒他们现代工业的活力，叫他们怎么吃得消。"

难怪，搬进新家的员工们对柯布西耶简单实用的设计不屑一顾。他们大费周折装上老式的窗户和百叶窗，把平面屋顶改成斜尖状，为简洁的纯色墙面贴上华丽的欧式墙纸，花园也被栅栏分成一块一块的。

正如一贯的法式设计那样，他们还在花园摆放了小矮人雕像当作守护神。

如果你对苹果公司前首席执行官史蒂夫·乔布斯（Steve Jobs）的作风略知一二，可能已经猜到，他不会喜欢那些小矮人装饰。和柯布西耶一样，乔布斯也是一位极简主义者，不同的是，柯布西耶的作品曲高和寡，乔布斯主导设计的苹果产品却受到世人追捧。乔布斯似乎有一种天赋。

乔布斯最负盛名的作品是如今风靡全球的苹果电脑、手机和平板电脑。30年来，他不断激励苹果公司的设计师将高科技产品打造得犹如艺术品一般富有美感。其实，乔布斯还亲自参与了一栋建筑的设计，那就是位于美国加州旧金山的皮克斯动画工作室总部。大名鼎鼎的《玩具总动员》《头脑特工队》都出自该工作室之手。当年，乔布斯是皮克斯的大股东。

乔布斯和柯布西耶一样，一生致力于追求美、缔造美，还有一件他乐此不疲的事情就是施展超强的控制欲。一句话，美不美，要他说了算。沃尔特·艾萨克森（Walter Isaacson）所著的《史蒂夫·乔布斯传》中，有一个略伤感却意味深长的细节：乔布斯刚做完肝脏移植手术，尚处于半昏迷状态，突然，他扯掉氧气面罩，要求医护团队立刻为他取来 5 种不同款式的面罩，他要重新选一个。理由相当简单粗暴：这个面罩太丑了，不符合他的审美。

在设计皮克斯总部大楼的那些日子里，乔布斯倾注了自己全部的热情。说到全情投入，他可一点儿不比柯布西耶这样的专业建筑设计师逊色。随着动画电影《玩具总动员 2》票房大卖，皮克斯资金日益雄厚，这意味着建造总部大楼不必考虑如何省钱了。于是，这幢日后出于纪念他而被命名为"乔布斯大楼"的建筑，居然没有考虑混凝土浇筑墙，而是采用了造价高出很多的钢铁、玻璃、木材及砖块。为了造出心目中理想的大厦，乔布斯痴迷于对每一个细节的把控，以致人们几乎忘记还有另一位设计师的存在——彼得·博林（Peter Bohlin），他也是后来苹果商店的首席设计师。如今我们看到的皮克斯总部大楼那美轮美奂的钢结构，采用的钢材是乔布斯亲自从美国各地的样品中精心挑选的，最后锁定在一家位于阿肯色州的特种钢厂的产品。为了将设计艺术发挥到极致，乔布斯坚持不用焊接，而用螺栓拴住钢结构。

乔布斯具有优秀设计师共同的品质：追求外观，重视功能。

"乔布斯坚信，办公环境是企业文化的一个重要组成部分，"皮克斯主席埃德·卡特穆尔（Ed Catmull）说道，"他希望建筑本身能够促进团队成员之间的合作。"

乔布斯认为，智慧的火花常常是偶然交流碰撞出来的。怎样才能让员工们经常偶遇并因此打成一片呢？他想出了一个方案：整个办公区只设一个超大的洗手间，位置就在主大厅旁边。人总是要上厕所的，员工们必须穿过大厅去洗手间，这样一来，便增加了碰面的机会。

柯布西耶和史蒂芬·乔布斯这两位文化巨匠，在过去一百多年里极大地引领了这个世界的审美。作为设计师，他们是独一无二的，但他们的"极简"设计理念，如今在商业世界已不新鲜。管理学中的"5S"系统就跟这一理念很类似。5S分别代表整理、整顿、清扫、清洁和素养，其目的是通过有序和统一来提高工作效率。这个系统最初用于精密制造业，因为该行业的生产过程容不得丝毫混乱，否则极易让人分心，导致出错或工期延误。渐渐地，5S被推广到其他行业，比如汽车装配线、手术室和半导体工厂等。这些方向听上去还算对路，可是后来，一些办公室也纷纷效仿，提倡运用5S系统，管理学大师们还美其名曰：精简办公。

2008年的一期《华尔街日报》曾报道过这样一则故事：信奉5S管理系统的日本电子业巨头京瓷公司，"通过定期巡视的方式监督员工，确保办公区整齐有序，员工在文件柜上放置小玩意儿都属于违规"。报道记载了记者跟随一位5S巡视员检查京瓷位于圣地亚哥的办公大楼的情形。这位名叫丹·布朗（Dan Brown）的巡视员手持一张检查清单和一部数码相机，要求一名同事取下墙上的挂钩，因为挂钩破坏了墙面的整洁。报道中，布朗是一名声音柔和的中层管理人员，但若谁认为自己可以蒙混过关，那就错了。有人在布朗巡视前将垃圾丢入盒子，再将这些盒子藏进一个柜子里。不幸的是，柜子被打开了，盒子里的东西也被巡视员一一拍照存证。

这种监督方式看上去十分严苛，一位管理顾问却云淡风轻地解释道："如果管理者能解释清楚他们为什么这么做，我想绝大多数员工会理解的。"

好吧，那么管理者的理由是什么呢？《华尔街日报》推测："京瓷公司应该是希望用井井有条的办公环境打动每一位来访者或潜在客户。所以在京瓷，毛衣不能挂在椅背上，私人物品不能放在办公桌上，储物柜只能摆放公司的奖牌或证书。"很明显，东西放得规矩，才好装点门面。那么，客户真的会被京瓷公司这种自我陶醉式的"装潢"打动吗？如果京瓷的目的真的只是为了打动来访者，为什么又要检查柜子的里面呢？

柯布西耶推崇现代主义，乔布斯崇尚极简风格，京瓷坚决贯彻5S 理念，结果，他们却不约而同走进了华而不实的误区，没有意识到什么才是让空间变得宜居又舒适的真正原因。同样，在现代商业领域，整齐划一的办公环境和高雅的建筑外观并不一定能鼓舞员工士气，让工作变得富有成效。事实上，建筑外观可能跟这些东西毫无关系。

2010 年，英国埃克塞特大学的两位心理学家亚历克斯·哈斯拉姆（Alex Haslam）和克雷格·奈特（Craig Knight）做了一个实验，研究办公环境是否会影响员工的工作表现和心情。他们在实验室和商业办公区分别设计了一些办公场所，让实验对象在里面工作一小时，做一些行政类的工作，比如审核文件。

　　研究人员一共设计了四种不同风格的办公室。第一种便是管理学大师们所谓的精简型，里面只有一张光溜溜的办公桌，一把转椅，一支铅笔和一些纸。这种设计不仅符合柯布西耶不装饰的设计理念，"精简"这个名字也透露了它与京瓷之类的日本公司所大力推崇的5S管理理念的关联。一切都被"整理"过、"整顿"过、"打扫"过……很快，研究人员发现，这种彻底规整的办公环境会给人压迫感。"所有的东西摆得像陈列品那样整齐，"一位实验对象说，"我没办法放松。"难不成，这才是那些推崇极简的管理者想要的？

　　第二种设计在第一种的基础上增加了零星的装饰元素。墙上挂着几幅植物特写的照片。实验设计者之一克雷格·奈特博士说，这些照片让他想起了乔治娅·奥吉弗（Georgia O'keeffe）的画——构图极简但色彩张力十足。办公室里还放了几株盆栽。现代主义者和5S管理系统的支持者可能会对实验结果大吃一惊：人们在这样的环境下工作，效率更高了——确切地说，他们工作时的心情变得更愉悦了。

　　最后两种风格的办公室运用了同样的装饰元素，视觉上大同小异。很明显，后三种办公室的设计和第一种之间的差异只是一些零星装饰。换句话说，令人感到舒适、富有活力的办公室，与那种令人感到厌弃、觉得倒了八辈子霉才在里面上班的办公室之间，并不存在显著的区别。然而，在里面工作的人的效率和心情，却是如此不同，这是怎么回事呢？

　　研究人员发现，原来，办公室设计本身并没有影响员工的心情，关键在于由谁来布置。最好的办公环境被称为"自主型办公室"，有一些风格类似的版画和盆栽，但受试者可以完全按照自己的意愿来布置。如果觉得不顺眼，可以搬走任何物件，布置成第一种办公室也完全可以，怎么高兴怎么来。一句话，无论走极简风、华丽风还是别的什么风格，关键是在里面工作的人拥有自由选择的权利。

那么，什么样的办公室让员工最反感呢？"非自主型办公室"。研究人员首先告诉受试者，他们可以尽情按自己的喜好摆放装饰画和植物。然而，当受试者按照自己的心意精心布置一番之后，研究人员立即回到办公室，开始进行"整理"，直到整个办公室恢复最初的布置。这听上去可比安排巡视员收缴私人物品之类的温和多了，可事实上，当研究人员向受试者解释了前因后果之后，一位受试者当即表示："我真想揍你！"

"自主型办公室"是最成功的。实验证明，在里面工作的人比在精简办公室里的多完成 30% 的工作量，有零星装饰的办公室的相应数字则是 15%。换句话说，自主型办公室里一个人能顶精简办公室的 1.3 个人，这可不是小的提升。尽管有零星装饰的办公室也还不错，但非自主型办公室是导致生产力低下的失败案例，这是很明确的了。

实验结束后，哈斯拉姆和奈特采访了受试者，让他们评价这些办公室。受试者表示他们很喜欢"自主型办公室"，讨厌精简办公室和有零星装饰的办公室。这些受试者抱怨，后两者让他们深感无聊乏味，甚至引发燥热等身体不适。而且他们讨厌的感觉是相同的，那就是一旦他们不喜欢办公环境，他们就会讨厌这家公司、讨厌手头的工作。

由此可见，办公环境是很重要的。与京瓷公司和柯布西耶的观点相反，装饰画和植物等设计能够使员工效率更高、心情更愉悦。但是，跟环境设计同样重要的是，员工是否有自主布置办公区的权利。聪明的公司最好不要剥夺员工的这种权利。员工选择什么样的风格，简朴也好、华美也好，都无关紧要，只要他们自己看着舒心就行。最糟糕的是给予员工自主选择的承诺，再亲手剥夺它。

来看看在京瓷公司发生了什么。员工斯科维骄傲地向巡视员布朗展示他一尘不染的书桌。6月的时候，这个书桌还乱得一塌糊涂。没想到，布朗要求看一眼他的抽屉。斯科维开始转移话题，说办公桌挡住了一些文件柜。然而狡辩无效。斯科维勉强同意打开他的抽屉，结果得到了一个警告，其中一个抽屉被描述为"脏得不堪入目"。

这真是赤裸裸的羞辱。这种羞辱就好像父母唠叨孩子整理脏乱的房间，或是机场安检员对疑似劫机犯进行搜身检查。荒谬的是，无论布朗还是斯科维都是对工作非常认真负责的雇员，他们之间的矛盾仅仅是为了满足公司的要求。

哈斯拉姆和奈特的实验证明了给予员工自主权的重要性，这一结论也得到了其他实验数据的支持。美国国家航空航天局曾派海洋生物学家在极小的海底实验室进行为期数周的工作。那是一个极其艰苦的工作环境，但生物学家们却喜欢得很，前提是他们得拥有自己煮东西吃的权利——科学家们宁肯吃最基本、最简单却是自己准备的食物，也不愿意吃别人为他们准备好的东西，不管那玩意儿有多可口。

加州大学戴维斯分校的心理学家罗伯特·萨默（Robert Sommer）花了很多年研究"硬式"和"软式"空间，前者指无法改变的空间，后者指可以改变的空间。"硬式"空间包括无法开窗、无法调节灯光或空调、焊在地上无法移动的椅子。最典型的"硬式"空间就是监狱。现在"硬式"空间的特征已经蔓延到了学校、办公室和公共场所。萨默多次发现，即使一点很小的自主权，比如给墙面刷刷漆，都能让人们把身处其中的空间涂上一抹个人色彩，从而更高效、更快乐。西雅图弗吉尼亚梅森医疗中心的管理层显然不知道这一点。这个医疗中心的医生和护士习惯将听诊器挂在办公室的挂钩上，但管理层觉得这样看起来太凌乱，便规定将听诊器放在贴有相应标签的抽屉里。可是医护人员还是依着习惯，把听诊器挂在钩子上。"我们只好把挂钩拆了。"一位主管说。

人们对"整洁有序"的狂热蔓延全球。2006 年年底，英国税务海关总署要求工作人员收走办公桌上摆放的家庭照片和纪念品。在澳大利亚矿业巨头必和必拓，员工们被要求遵照一份制定详尽的手册，保持办公区的整洁。在那份长达 11 页的手册中，对于"整洁的桌面"是这样定义的：桌面上有且仅有显示器、键盘、鼠标、鼠标垫、座机、耳机，一个 A5 大小的相框和人体工学设备（脚凳或者凝胶腕垫）；如果想展示奖牌或奖状，必须移除 A5 相框；不允许摆放盆栽。"相关管理人员和部门经理将进行监督"，所以别想有空子可钻。

跟京瓷一样，必和必拓也为这些规定找了一个冠冕堂皇的理由：我们的政策非常合理，因为它"创造和维护了一个干净、有组织和专业的工作场所"。

一个人完全可以将自己桌上的铅笔削好并整齐排列，但是如果要求别人也照做，就显得不可理喻了。不知道京瓷和必和必拓的管理层是怎么想的，对他们而言，好像只要公司表面上整洁有序就行了，私底下即使员工们怨声载道也无所谓。

去你的规定！

为什么不能搭一个螺旋式滑梯让人们从办公室一路滑到大厅？为什么不能把会议室改装成一辆车的模样？为什么办公设计就不能搞得像装帧艺术一样富丽堂皇？商业世界理应容得下"不走寻常路"。虽然对于日本京瓷、澳大利亚必和必拓、英国税务海关总署来说，极简的桌面和光秃秃的格子间才合乎标准，但还是有一些公司敢于反其道而行之，用奇特的材料和明艳的色彩打造办公区。如果要在这些新潮公司当中找一个代表，Chiat/Day 广告公司（以下简称 Chiat/Day）当之无愧。这家公司的新潮程度称得上前无古人、后无来者，大名鼎鼎的苹果电脑广告开山之作《1984》就出自该公司之手。

杰伊·恰特（Jay Chiat）是 Chiat/Day 的创始人之一，因为创意大胆，他曾被媒体冠上"广告业的未来"这一美誉。1993 年，恰特决定增加办公区的公开区域，于是让人拆掉了格子间，移除了隔离墙，甚至搬走了办公桌。这一设计大胆而前卫。当时，公司员工已经配备了最顶尖的移动技术，这个设计使他们更加自由，可以在公司的任何区域移动办公，无论是谈业务还是做方案，都不再拘泥于自己的格子间。更重要的是，这一设计使工作也变成了一件有趣又时髦的事情。

Chiat/Day 在洛杉矶的新办公楼请来了设计师弗兰克·盖里（Frank Gehry）和克拉斯·奥尔登伯格（Claes Oldenbury）掌舵。这栋建筑一共四层，外观像一个双筒望远镜。办公区放了不少露天游乐园常见的那种双座吊椅，恰特希望员工们可以坐在这里一起畅谈各种奇思妙想。

纽约办公楼的设计由加埃塔诺·佩瑟（Gaetano Pesce）负责。最吸引人眼球的要数那幅画着巨大红色嘴唇的壁画，还有发光的彩色地板，上面刻着许多象形文字。佩瑟的幽默感有男孩式的调皮：男厕所前面的地板上画着一个正在小便的男人；椅子没有椅脚，而是安上了弹簧，可以想象，一旦有女士坐下，椅子剧烈摇晃并向后弹去，男士们便可趁机欣赏那裙底风光。此外，会议桌采用硅胶材料做成，开会的时候，重要文件常常不小心被黏在上面，令人捧腹大笑。纽约公司的人至今都不知道这些恶作剧般的设计究竟有多少是佩瑟故意为之。建筑师弗兰克·达菲（Frank Duffy）一方面欣赏佩瑟的设计新颖大胆，另一方面也承认："这个地方每时每刻将玩笑强加于每一个人，这也可能是它最大的缺点。"

杰伊·恰特一直将自己视作被命运选中、注定要打破办公室常规的变革者。事实上，他的不少决定也确实展现了其天才般的远见，例如，聘用当时还名不见经传的盖里。几年之后，盖里设计出了世界上最著名的建筑之一——毕尔巴鄂古根海姆博物馆。建筑中那鲜艳明亮的色调，不同的分区，相互交织的沙发和桌子，以及利用移动技术减轻工人的负荷，后来都被广泛效仿。再如，很早以前，恰特的愿望就是让办公室变成大学校园，"你可以去上课，或者打听点儿东西，总之你随时随地都能找个舒服的地方坐下来工作"。如今，微软和谷歌不正是这么做的吗？他们都把公司总部比作孵化思想的校园。

然而，这一颠覆传统的设计最终却没能达到预期的效果。员工们围坐在一起高谈阔论的场面并没有出现，结局正如记者沃伦·伯杰（Warren Berger）在一篇文章中描述的那样："你来我往的地盘之争、幼稚的花招和借口、无休止的抱怨、管理层恃强凌弱、员工叛逆、内部混乱、生产力直线下降。最糟糕的是，连一个坐的地方也找不到。"

　　为什么会这样？一部分原因是恰特对于个人化空间的不耐烦态度，这和京瓷的 5S 管理有类似之处。在恰特自己的家里，随处可见的是作为装饰的各种现代艺术品，而非家庭照片或纪念品。他终归不怎么在家，大部分时间都在飞机上工作。他很难理解为什么会有员工希望在办公桌上放些小玩意儿。"用储物柜装你们那些猫啊狗的照片，或者别的什么乱七八糟的东西吧。"他轻蔑地对有这类要求的员工说。

　　还有更过分的。"整洁控"恰特要求办公绝对数字化，不能使用纸张。只要看见墙上贴着广告脚本或样本海报，恰特就会立即要求员工撕下来："数字化、数字化、数字化，究竟哪一个字有人看不懂？"要知道，那是 1993 年，手机性能尚不稳定，笔记本电脑还很笨重，而且两者的价格都极其昂贵，哪有那么多员工愿意自己掏钱买来贵重物品，就为实现公司的"数字化"？员工们更愿意借用公司的设备，于是每天早上签字领取，晚上下班时还给公司。然而，公司并没有采购那么多的电脑和电话供每一位员工租借——这后来被证实是失败的成本节约。于是，每天早上，设备管理处等待签字领设备的员工都排成一条长龙，他们个个面目苍白，心情焦躁。为了借到设备，住在办公室附近的人通常 6 点左右就会在公司出现，早早地申领一台宝贵的电脑和一部电话，接着把它们藏在公司某处，然后再回家睡几个小时。管理层会要求助手早起，帮他们代领电脑和电话。公司"内战"全面爆发，每个部门都声称他们的工作更重要，应该具有使用电脑和电话的优先权。这就怪了，公司连必要的数字设备都无法保障，却要求办公绝对数字化？！

　　员工压根儿就没有属于自己的私人工作区。很多时候，恰特还要在这敞开式的办公区域巡视，他会记住员工们前一天坐的位置，如果第二天有人被发现坐在同一个地方，恰特就会训斥他。此外，员工们还得想方设法保存纸质合同、脚本和设计图。本来用于放狗狗照片的储物柜也派不上用场，因为太小了，连一个标准大小的活页夹都放不下。一些员工偷偷将文件藏在角落，还有一些员工把文件放在自己的车里，如果要归档或检索重要文件，他们还得跑去停车场。一名员工还曾开着一辆满载文件的小红货车在开阔的办公室里穿行。这个笑话被报道后不久，著名的迪尔伯特系列漫画中的角色韦利也推了一个装满文件的购物车，在办公室涂鸦、拉帮结派，刷存在感。

　　恰特设计的办公区确实很有趣，类似这样的前卫风格打破了办公室或格子间的传统设计，体现了一种独特的审美。但是研究办公室多元化和去权化的学者克雷格·奈特指出，如果这种乐趣是强加给员工的，那么所谓创新也就是换汤不换药，骨子里还是一回事，认为管理层和设计师至高无上，员工必须无条件遵从管理层和设计师的旨意。恰特的执着让人想起了奈特的实验：看到研究人员强行剥夺自己布置办公区的自主权，受试者气得想揍他们一顿。

　　恰特推崇的那种花里胡哨的后现代建筑风格和柯布西耶极简的现代主义理念相去甚远，不过，他们拥有一个惊人的相似之处：两人都不畏现实追求梦想，哪怕自己的坚持会惹恼其他人。作为老板，恰特坚信自己没必要理会员工的想法，他自己怎么想才是最重要的。"他从不听别人的意见，他要是想做什么，谁也拦不住。"恰特的高级助理鲍勃·库珀曼（Bob Kuperman）这样评价道。

Chiat/Day 的故事还算有一个不错的结局。虽然办公区的改头换面引发了混乱，但在照片上它还是很惊艳的，设计类杂志也为之疯狂，恰特甚至组织公众付费参观。成功引起注意之后，恰特将自己的股份卖给了奥姆尼康集团（后来与 TBWA 合并，成立了 TBWA/Chiat/Day，也就是现在的李岱艾广告公司），大赚了一笔。不久之后，个人工作区、纸质化办公和狗狗照片又都回来了。

盖里设计的 Chiat/Day 总部是为了象征创造力而建立的，但是真正具有创意的建筑作品往往一眼望去就与众不同。如果你问麻省理工学院的老校友，他们心目中的创意空间长什么样，有一栋房子一定会从学校里的众多建筑当中脱颖而出。这栋几年前被拆毁的建筑物甚至没有一个正式的名字，人们称它 20 号楼，它的外表和那种浑身闪着明星设计师光环的建筑作品有着天壤之别。

20 号楼的设计实际只花了一个下午的时间。那是 1943 年的春天，毕业于麻省理工学院的建筑师唐·惠斯顿（Don Whiston）接到母校打来的电话，请他为一栋占地 20 万平方英尺（约 18580 平方米）的建筑制定一个初步的设计方案和施工规范，当天就得提交。惠斯顿很快就完成了任务。没过多久，这栋奇形怪状的大楼就竣工了。它的主要建材是胶合板、空心砖和石棉。

半个世纪后，麻省理工学院的一位教授回忆说：“你看过那种记录摩天大楼建造过程的延时摄影吗？一眨眼工夫，镜头前面又展现出一个新进度。看 20 号楼一点点拔地而起的感觉，就像看那种延时摄影一样——几乎是真的一样，只不过，那不是摄影，而是眼前发生的真事。”

这不难理解，毕竟当时有一场世界大战正在进行，急需 20 号楼容纳辐射实验室，以便开展一个秘密军事项目。正是这个项目，把落后的雷达变成了战场上的重要武器。这是一项涉及领域相当广泛的研究工作，说它比"曼哈顿计划"还重要都不为过。

不出所料，由于仓促的设计和施工，20 号楼并不是一个舒服的工作场所，夏天太热了，冬天又太冷。刚完工时，大楼里全是灰，脏得不行。从外面看，这是一座长而简陋的三层建筑，混杂了一个军营和一个花园棚屋似的怪东西。从里面看，它的布局令人困惑，像一个错综复杂的迷宫，标识没什么用，连防火墙都没有——这样的建筑之所以能通过审批，只不过是因为原计划战争结束后 6 个月之内就把它拆掉的。

短短两年时间，20 号楼里安置了一大批优秀的科学家和研究人员，其中包括美国五分之一的物理学家。辐射实验室吸收了高达 20 亿美元的军事资助，其中只有 848513 美元用来修了这栋楼。然而从这座大楼的实验室里，走出了 9 位诺贝尔奖获奖者。他们和同事们一起取得了巨大的成功，研发的雷达帮助飞机搜寻到 U 型潜水艇，为 V–1 导弹空袭伦敦提供早期预警，协助飞机盲降，引导空袭。这个雷达系统足以令以往的技术黯然失色。当时有一种说法是，原子弹可以结束战争，雷达则可以赢得战争。

鉴于辐射实验室的战时性，很容易让人联想到 20 号楼在应用科学史上的辉煌应该只是昙花一现。你也许还会想，还好丑陋的外表没有影响科学家们出科研成果。麻省理工学院当时也是这么想的，所以战争一结束，就准备按原计划将其拆除——又难看又不安全的建筑留着有什么用？屋顶上的无线电塔首当其冲，之后是辐射实验室的办公室。20 号楼被更精致、更整齐的建筑取代是迟早的事。

然而，拆除计划意外流产了。1944 年，美国《退伍军人权利法案》出台，国家资助退伍军人去上大学，大量新生涌入麻省理工学院，导致教学场所供不应求。20 号楼这才幸免于难，继续投入使用。就这样，花了一个下午就敲定的 20 号楼在拆除边缘被拉了回来，开始了长达数十年的终章。

20 号楼的最后一章，堪称生命的绝唱。有人可能会说，其实无论把辐射实验室建在哪个地方，都会取得累累硕果。难道实验室的成功真和 20 号楼没有一点儿关系吗？事实上，第二次世界大战后，一项又一项科研成果陆续从 20 号楼里诞生：世界上第一个商业原子钟、最早的粒子加速器、哈罗德·埃杰顿（Harold Edgerton）拍摄的子弹穿过苹果的定格摄影照片。麻省理工学院的学生在这里成立了铁路模型技术俱乐部，黑客文化就此诞生。计算机鬼才们天天聚在楼里，漫无目的地异想、创新、畅游在技术的海洋之中。20 世纪 50 年代，就是靠着这种即兴发挥，这群人用电话交换机系统的组件成功搭建了一个铁路模型。20 号楼还诞生了第一个街机风格的太空战视频模拟游戏《星际飞行》（Spacewar）。科学家杰瑞·莱特文（Jerry Lettvin）也是在这栋楼里完成了认知科学领域的重量级论文《青蛙的眼睛透露了大脑的秘密》。语言学家诺姆·乔姆斯基（Noam Chomsky）和莫里斯·哈利（Morris Halle）在 20 号楼革新了语言学。

也是在 20 号楼，利奥·白瑞纳克（Leo Beranek）建造了世界上最早的消声室之一，一个可以吞噬声波的房间。美国先锋派作曲家约翰·凯奇（John Cage）有幸体验了白瑞纳克的杰作，发现在消声室他也能听到自己的血液流过身体的声音。① 凯奇意识到无处不在的环境噪声，于是谱出了著名的、极富争议性的曲目《4'33"》。该曲目的吊诡之处在于，整个音乐杳无声息，所有的演奏者包括指挥者凯奇，都将以不同姿态度过那静默的 4 分 33 秒。演奏完成时，全场掌声雷动。

白瑞纳克还和其他两人一起成立了一家公司，该公司从开发能够处理声音的计算机，转向建立第一批互联网络，还发明了今天我们熟知的电子邮件。20 号楼里走出的声学先驱可不止白瑞纳克一个。年轻的电气工程师阿玛尔·博士（Amar Bose）有一天买了一套音响设备，但对音质不甚满意。他沿着走廊来到了声学实验室，想看看是否有什么办法可以改进一下。在那里，博士革新了扬声器，并创建了博士（BOSE）音响公司。作为个人计算机时代之前计算机技术的中坚力量，美国数字设备公司（DEC）也是从 20 号楼走出的举足轻重的科技公司。

难以想象，20 号楼——这一混乱的代名词，居然孕育出一个又一个科学成就。20 世纪六七十年代，大楼里的库房长期被一位无家可归的植物学家占据，他整天像幽灵一样在走廊间神出鬼没。麻省理工学院想把他赶走，却输了官司。这事儿听上去就像一个现代都市传奇。但杰瑞·莱特文和莫里斯·哈利双双打包票说可以做证，此人并非虚构。"他（植物学家）拒绝了一份芝加哥菲尔德博物馆的工作，

---

① 也有资料称约翰·凯奇当时参观的可能不是 20 号楼的消声室，而是哈佛大学的消声室。

只想留在这里，继续做'幽灵'。"莱特文告诉《波士顿环球报》。

20 号楼外形丑陋，也并不舒适，但在那里工作的人是真心喜欢它。20 世纪 70 年代，当时的麻省理工学院院长杰尔姆·威斯纳（Jerome Wiesner）形容它是"最好的建筑"。莱特文也说 20 号楼"拥有独特的灵魂，能够激发人的创造力、产生新想法，某种程度上它确实是一团乱麻，但是上帝啊，它是麻省理工学院的子宫，孕育了那么多的科学成就"。这到底是为什么呢？

当人们赞扬 20 号楼时，常常会惊叹于它不知不觉就把人们凑到一起的独特属性——这正是乔布斯在设计皮克斯总部的时候想方设法要寻找的东西。20 号楼毫无规律可言。比如，它有一个令人费解的门牌号系统。美国海军研究办公室（前身是辐射实验室）的门牌号是 20E–226。这个房间究竟在哪里呢？现在，请在脑中想象一把梳子：20 号楼由 A、B、C、D、E 这 5 个翼楼组成，其中一翼（梳子的把）垂直于另外平行的 4 翼（梳子的梳齿），将 5 个翼楼连接起来。那么，很明显，E 翼应该是垂直的 4 栋楼中最靠边的那栋楼，226 很显然代表那栋楼的第 2 层的第 26 个房间。没错，按"正常"逻辑来说是这样，然而，用这套逻辑去找 20E–226，恐怕只会落得迷路的下场。事实上，由于采用了一种古怪的排序，E 翼夹在平行的 A 翼和 D 翼之间。226 号房间也不在 2 楼，而是 3 楼，因为 20 号楼是美国境内唯一采用英式楼层系统的建筑。在英国，底楼算平层，也可以说是 0 层，因此 226 事实上位于建筑物的第 3 层。

这种不按常理出牌的设计，使得人们不断地迷路，常常是绕了好久才发现自己走到了一个原本并不打算去的地方。还好 20 号大楼只有 3 层，电梯没多大用处，于是人们的偶遇不再局限于狭窄的电梯间，不用在那里面简单而苍白地寒暄。更多时候，人们在楼梯间和走廊相遇，进行更加深入的交流。

这种情况下的偶遇和交谈是怪异而美妙的。要知道，20 世纪 50 年代初期，20 号楼是聚集了各种战时部门的大熔炉，有研究核技术的，有研究飞行控制的，有研究导弹的，还有研究塑料、胶粘剂、声学和电子的，甚至还有一个建筑部门开的灯光设计店。之后的 10 年，又陆陆续续增加了麻省理工学院数据处理小组、冰体研究实验室、摄影实验室、人类学家的材料实验室、麻省理工学院出版社和由学生黑客组成的铁路模型技术俱乐部。20 号楼里还有人售卖核科学家和电子研究实验室用的搅拌器械。太阳能汽车研究人员将长长的走廊变成了车道和停车场。楼里甚至还有一个维修钢琴的车间，墙上贴了一个"无电脑区"的警告标识。后备军官训练队办公室的旁边，正好就是语言学家诺姆·乔姆斯基（Noam Chomsky）的办公室。[①]

20 号楼不可思议的混乱格局，使充满创意的研究人员得以彼此互动，从而产生了无限的创新生产力。谁会料到当电气工程师遇到铁路模型技术俱乐部的学生，会碰撞出黑客文化和视频游戏呢？谁又会料到电子学家、音乐家和声学家的互动，会诞生出博士音响和电子邮件呢？

没有人会料到这些结果，甚至没有人愿意去费心琢磨。本来，20 号楼的诞生就是图省事的权宜之计，无人管理，也没人上心。在 20

①　越南战争期间，20 号楼里住着不少反战人士，当时流传着一张纸条，上面强调"语言学系"旁边就是"后备军官训练队"，暗示反战人士看清楚了再扔垃圾。

号楼，科研人员不用承受压力，项目不用考虑赚钱，学生可以沉迷于自己的爱好，校规等于废纸，人人都可以放心、用心地做追随自己内心的事——麻省理工学院还找得到第二个这样的"乐土"吗？没有20号楼的混乱，不同领域的研究人员之间就不会展开合作，很多科技创新也可能化为泡影。

造就20号楼辉煌的另一个秘诀，便是它的灵活性，空间很容易被重组。大楼的水管、电线、电话线等统统暴露在外，被支架固定在走廊顶部的天花板上。丑是丑了些，改装起来却很方便。研究人员只管自己做实验所需的就可以了，别的什么也不用考虑。20号楼的"老住户"、工程学教授保罗·彭菲尔德（Paul Penfield）回忆说："如果你想牵一根电线从一个房间到另一个房间，用不着打电话给修理厂，浪费1000美元请一个电工或者木匠。一把电钻或者螺丝刀就够了。把螺丝抵在墙上，然后把线缠上去，马上就好，最多一个下午，而不是花上6个月等人来处理你的预约。"

如今，现代办公区的设计师多多少少都会认同20号楼的设计。现代化办公大楼的设计风格都比较模式化，隔断墙基本都可以按需求进行拆卸和重组。但就灵活性而言，没有一栋办公大楼可以比肩20号楼。当杰罗尔德·扎卡赖亚斯（Jerrold Zacharias）和他的团队研发原子钟时，仅仅拆掉了实验室的几块地板，体型庞大的原子钟就放好了。

提醒一句，20号楼的真正优势，其实并不在于可以通过其建筑设计对空间进行重新配置，而是身处其中的人拥有充分的自主权——哪怕会越改越乱。反正建楼的成本低，它又那么丑，借用《动态的建筑》(*How Buildings Learn*)作者斯图尔特·布兰德(Stewart Brand)的话来说，就是"把房顶掀了都没人心疼"。这和京瓷或 Chiat/Day 员工的待遇大不相同，20 号楼的使用者对他们所处的空间掌握了绝对话语权，"20 号楼真正属于我们，它由我们设计，为我们所用。"材料学家和考古学家希瑟·莱查曼(Heather Lechtman)教授告诉布兰德。1971 年，新上任的麻省理工学院院长杰尔姆·威斯纳悄悄地在 20 号楼设了一个办公室，因为"在那里我可以往门上钉东西，谁也不会揪着这个对我说三道四"。

无论是大学还是企业的研究中心，都可以而且应该打造一个类似于 20 号楼的跨学科空间。在这个空间里，不同科研小组可以携手，一起攻破共同面临的技术难题。然而，20 号楼的无组织无纪律性不断上涨，已经超过了多元文化最狂热粉丝的接受程度。是啊，接收黑客或者无家可归的植物学家，那得是多么勇敢的一家公司啊！

1998 年，20 号楼最终还是迎来了谢幕的那一天。麻省理工学院举行了只能称为"守夜"的纪念活动，由保罗·彭菲尔德主持，让不忍看见 20 号楼离去的人"互相勉励、淡化悲痛"。

如今，20 号楼的原址上耸立着一栋新建筑，20 号楼终究还是被取代了，取代它的正是大名鼎鼎的施塔特中心。该中心的设计正是由设计了 Chiat/Day 总部大楼的建筑师弗兰克·盖里掌舵，于 2004 年正式开放，它的设计体现了设计师对创新的追求。施塔特中心的倾斜塔造型和异常角度的墙壁使它看上去十分怪异，像被锤子砸过。建筑评论家被它那荒诞不经的外观折服，罗伯特·坎贝尔(Robert Campbell)在《波士顿环球报》上说："施塔特中心就是自由、无畏和创意的象征，它们也正是科学研究——这栋大楼的内部功能所在——所代表的那些精神。"

施塔特中心的立意虽好，现实却不那么美好。20 号楼是一位建筑设计师一个下午的辛劳成果，只有区区 80 多万美元的投入，它也算得上简陋又随性了。但其原址上的替代品，施塔特中心，则是盖里通过计算机软件煞费苦心地设计出来的，耗资 300 万美元——它看上去离经叛道，但更像是一个追求秩序井然的大脑对于什么是无序的一种想象。很快，施塔特中心就出现了一些问题，比如奇形怪状的窗户上堆满积雪，这些雪滑落之后造成不小的破坏。麻省理工学院的管理员为此很伤神，曾一度想把盖里和建筑承包商告上法庭。

但施塔特中心真正的问题并不在积雪。中心开放前，《连线》杂志联系上了麻省理工学院著名学者、计算机专家杰拉尔德·萨斯曼（Gerald Sussman），问他对于这一标志性新建筑的看法，萨斯曼轻蔑地笑了一下说："又不是我让学校修的。"难听的话就不用多说了。

不可否认，施塔特中心在创意方面确实很前卫，它效仿 Chiat/Day，安装了游乐场的设备，在办公室挂上了夸张的装饰品。过去 10 年中，曝光率最高的公司总部大楼要数谷歌的"谷歌校园"（Googleplex），它坐落于加州山景城，楼内设有乒乓球桌和溜冰场。媒体似乎对这种别具一格的办公环境有着非同寻常的热情。

这种现象很容易让人陷入一个误区，那就是，办公环境在某种程度上带领这些公司走向了成功。其实，谷歌在打造满是玩具和游乐场的"谷歌校园"之前，就已经很成功了。同理，Chiat/Day 在邀请盖里设计其总部之前，已经是 20 世纪 80 年代最受人追捧的广告公司。

仔细看看谷歌总部的发展史，就会发现其与麻省理工学院 20
号楼的相似度很高。在谷歌成立的头两年，谢尔盖·布林（Sergey
Brin）和拉里·佩奇（Larry Page）还在斯坦福大学读书，他们一边
上学一边做一些基础性的研究，谷歌根本没有总部这一说。1998 年
9 月，谷歌终于有了第一个办公区——车库，早期的硅谷传奇大多是
从这间车库里起步的。他们还在门洛帕克市圣玛利亚街的一栋房子里
租了几间房，其中一间挤着谢尔盖、拉里以及其他两位工程师。车库
里堆满了服务器。书桌是最原始、简单的那种设计：一扇门平放在
锯木架上，这就成了，还很容易拆分和组装。一天，房东苏珊·沃西
基（Susan Wojcicki）想着自己买的冰箱这会儿应该到家了，回家后
她却发现，冰箱早已被这几个谷歌人征用。他们将冰箱挪到了自己的
房间，里面塞满了饮料和小吃。创业阶段的谷歌人可谓是典型的拾荒
者，见到东西就往自己的地盘搬。好在沃西基并未将这些事放在心
上，后来她还加入了谷歌，最终成为 YouTube 的掌门人。

1999 年春，谷歌又迁址了，搬到了一个原本是卖自行车的地方。
锯木架上的门板再次充当了办公桌，随后工程师们又搬来了一张乒乓
球台。拉里和谢尔盖总是将红色和蓝色的充气健身球扔得到处都是，
倒不是因为他们想保持身材，而是他们喜欢这样"健身"。不久，谷
歌再次转移阵地，搬到了山景城的办公园区 NullPlex，这里便是谷歌
总部"谷歌校园"的前身。新的办公区仍然简陋无比，当时谷歌的设
备经理乔治·萨拉（George Salah）将它比喻成一个杂物堆，《连线》
杂志资深记者史蒂文·利维（Steven Levy）则将其形容为"混血风"。
搬迁之后亟待解决的技术问题之一便是如何让搜索引擎搜寻到最新消

息。谷歌找了一个"作战室"用来商量对策，风格依旧简陋。六位工程师随便找了一间会议室做办公室，按照自己的需要安装好电脑后，便一头扎进工作。一天，一位工程师觉得会议室的墙看着碍眼。第二天，来上班的设备经理乔治惊讶地发现这面墙已被这位工程师和他的同事拆掉了。乔治没有半句怨言。不久，工程师反悔了，觉得还是有墙好，要求把墙装回去。乔治依然没有任何怨言，他创造性地表示："这位工程师让谷歌的办公区更'谷歌'了。"

麻省理工学院 20 号楼的老用户绝对理解工程师的反复无常。2001 年，喜欢穿西装打领带的埃里克·施密特（Eric Schmidt）开始管理谷歌，他反复跟萨拉强调："不要让员工改变任何东西，要确保它看起来仍然像一个宿舍。"

利维可不赞同，他曾写道："无论如何，谷歌都不该剥夺员工的自主权。"

Chiat/Day 与京瓷办公室只是表面略有不同，但本质上的审美态度是一致的：上班的地方看起来应该是老板想要的那种样子。而"谷歌校园"和麻省理工学院的 20 号楼却完全不兴这一套，那里的人对外观没有概念。20 号楼的使用者拥有绝对改造权，就算按照荣誉学者们的严苛标准来审视，这一权利也绝对正当。并不是说一位学者地位越高，就越应该在昂贵、华丽还得有历史意义的地方工作。难怪麻省理工学院校长杰尔姆·威斯纳在他的校长办公室感到浑身不自在，反而躲进 20 号楼里凌乱的"避风港"。大多数学者都更愿意待在 20 号楼这样的地方，因为这样他们可以做任何想做的事情，不怕别人来干涉。

当一个人可以随心所欲地装点自己的办公环境时，他的积极性就会很高。如果上司非要把自己的审美强加于员工，便会挫伤员工的工作热情。然而，很多老板就是不明白这个道理，对他们来说，放手让员工改造办公环境比登天还难。为什么创造力总是在老板转身之后才出现？

罗伯特·普罗普斯特（Robert Propst）非凡的一生可以给我们一些提示。普罗普斯特是一位雕刻家、画家、美术老师，还是一个发明家，他的发明包括垂直林木采伐机和可读式牲畜标签等。作为一个训练有素的化学工程师，他在第二次世界大战期间还管理过南太平洋滩头阵地的后勤。1958年，他受雇于办公家具制造商赫尔曼·米勒公司，该公司经理赫尔曼·米勒（Herman Miller）认为普罗普斯特是个真正的天才。

普罗普斯特绝对是特立独行的典型：他的家住在密歇根州安阿伯市，距赫尔曼·米勒公司位于齐兰的总部150英里。他居然成功说服公司，在安阿伯市单独成立一个研究部门，供他上班。普罗普斯特投身于办公区域的创造发明，1968年，他创建了办公家具领域的"第二代活动办公室"，这是一个可以按不同角度切割分区的模块化系统，上班族可以按照自己的需求来组装办公区域，就像小孩搭建乐高积木一样。在普罗普斯特的想象中，办公区应该是自由平等的乌托邦：告别红木祭坛一样的老板桌、告别周围打字机噼里啪啦的声音；拥抱自由平等，让员工们也像上司一样随心所欲。

最初，普罗普斯特设计的格子间是呈大于120度角的扇形展开，方便员工在隔断上贴文件。后来，美国公司的管理层将角度调整到90度，四个格子间两两相对组成数个微型办公区。在管理者眼里，第二代活动办公室的隔断本质上属于办公设备而不能算墙壁。办公室少了，公司上缴的税也就少了。格子间就这样诞生了。

普罗普斯特一直致力于提高办公环境的民主氛围。他深知，好的办公设计会为使用者提供一项掌控环境的权利。但让他深感无奈的是，很多管理层根本不关心员工的意愿，他们更关心如何降低公司的运营成本。普罗普斯特暮年时一直谴责自己的发明被公司滥用，本该创意无限的格子间变成了"平庸呆板的空间""藏污纳垢之处""放鸡蛋的盒子"以及"简陋的老鼠窝"。

在"格子间之父"普罗普斯特离开人世的 2000 年，格子间的销量正在全世界高涨。公司民主本是一件好事，但是管理者们往往不在乎，他们眼里只有钱，考虑的永远是如何少交税、少交房租，员工快乐与否根本不重要。

众所周知，格子间大受欢迎是因为其价格低廉。但普罗普斯特明白，背后还藏着深层次的原因，那就是管理者们通常都希望自己的公司井井有条，他们觉得办公场所就该这样。1968 年，普罗普斯特写道："秩序对人类具有巨大的吸引力，人们追求井然有序，但它和人类与生俱来的对周遭环境的感悟方式背道而驰——而那是更原始的、对人类来说更得心应手的方式。"

到目前为止，社会上推崇井然有序的观念仍占上风。人们喜欢这种形式上的整洁有序，已经到了盲目的地步。混乱和意外增添了生活中的烦恼，所以就算它们在生活中不可避免，甚至还有可能带来益处，我们也选择视而不见。

《今日心理学》的资深记者和编辑乔治·哈里斯（George Harris）

早在 1977 年就注意到人类对形式有序的盲目崇拜：

> 办公室是一个高度私人化的空间，员工灵魂的寄居
> 所……这个事实听上去简单，但大多数建筑师、设计师、公司
> 规则的制定者显然并不明白。这些人对整齐划一的追求到了令
> 人发指的地步，他们看到人性中混乱无序的一面就如同见了鬼
> 一般，也不想想办公区已经整洁得像公墓一样恐怖。

哈里斯详细描述了一些公司制定的极为苛刻的规定。比如，在哥伦比亚广播公司，"制片人必须完成公司规定的两个步骤才可以在办公室观看电影幻灯片，一是调暗灯光，二是搬一把椅子"。你以为哈里斯是在开玩笑吗？来看看另一家公司，出版社麦格劳－希尔。想象中，这应该属于创意行业吧，然而该社专门成立了一个纠错委员会，如果有员工想调整原有的办公环境，必须向委员会提交申请。办公室原来是什么样，则被详细记录在厚厚一叠备忘录里。

以下是半个世纪前该出版社商务礼仪手册中的着装要求，大家可以看看：

> 禁止过度装饰你的办公桌或办公区域。当你的办公桌、书
> 架、墙面上摆满或挂满纪念品、照片、奖杯、幽默格言或其他
> 装饰品的时候，你并不是在美化办公室，而是让它显得乱七八
> 糟。恰当的办公室环境应该代表整洁和效率，而非舒适和惬意。

多年以来，人们理所当然地认为，混乱无序的办公室一定不好，整洁有序的办公室一定高效，却不曾考证这样的想法是否正确。许多

事例也恰好证明这是一种谬误。

50 年过去了，京瓷与必和必拓的官僚主义者仍在盲目推崇这种观点。

整洁的环境有助于提高工作效率，这种观点有什么事实根据吗？乔治·哈里斯对此进行了深入研究，但研究越深入，结果就越难以捉摸。哈里斯将一些人突然转移到井井有条的办公室里工作，可是，"这些员工并未因此就恍然大悟地突然爱上这个地方。"他写道。其实，人们热爱自己居住或者上班的空间，往往并非因为设计，而是自己对它的掌控。

这种掌控通常都会陷入混乱。心理学家克雷格·奈特也承认，员工们为自己设计的办公空间几乎毫无美感可言，"员工毕竟不是设计师，没有也不会有专业人士的品位"。

管理理论学家 A. K. 科曼（A. K. Korman）曾参观过一个乱糟糟的工厂，至今记忆犹新。

> 当我走进工厂，发现车间里的机器像万花筒一样，有橙色、蓝色、粉色、黄色、红色，甚至还有多色混搭。我的视觉受到强烈冲击。东道主看到我脸上吃惊的表情，不停笑话我，然后解释说，公司管理层告诉工人们，可以把机器刷成自己喜欢的颜色，只要工人们肯自己动手，公司就免费为他们提供油漆。结果，工人们把工厂变成了我眼前这个极不寻常的样子，但对于那些每天都来厂里干活的工人来说，这只是一个令人还算愉快的工作环境罢了。

凌乱不堪的办公桌的确碍眼，但这乱哄哄的后面是可贵的民主。管理层要领悟的道理其实很简单：忍住伸手的冲动，还下属一方净土。

只要史蒂夫·乔布斯有什么新创意，是很难听进别人的意见的。当乔布斯计划整个皮克斯总部只修建一个超大洗手间以便增加员工之间的互动时，他在做一个相当重要的决定。偶遇很重要，乔布斯这样想确实是对的。但是，比起强迫大家一天穿过休息大厅好几次上洗手间来增加偶遇机会，还有没有更好的方式呢？

"乔布斯当时有很强的预感，他是对的。"皮克斯总经理帕姆·克尔温（Pam Kerwin）说道。

在一次视频会议上，乔布斯远程向皮克斯的工作人员解释了这个计划，但是几乎没有员工表示能接受。克尔温回忆称："一位怀孕的女员工说公司不应该强迫她步行 10 分钟去洗手间。之后争论就更激烈了。"

皮克斯的创意总监约翰·拉塞特（John Lasseter）当时也是站在孕妇这边的。乔布斯为此感到非常沮丧。当时，员工们完全不能理解乔布斯的想法，他们不清楚这个想法的真实意图。

意外的是，一向都很坚持己见的乔布斯做出了让步。最终，皮克斯大楼一共修建了四个而非一个超大洗手间。

新总部带给员工们的偶遇机会并不少。大楼中庭连接了正门、咖啡馆、游戏区、邮筒、电影院、三个戏院，还有会议室和放映厅，不同部门的员工仍经常在这里打照面。拉塞特说乔布斯的理念无可指责："我经常碰到好几个月都没见到的同事。建筑促进协作、激发创造力——我还没见过别的房子能像它那样。"

皮克斯的老板埃德·卡特穆尔也非常赞同："一天下来，员工们在不经意间相遇，大家可以更频繁地沟通。你可以清晰地感受到这栋建筑带给你的活力。"

除了偶遇，还有一件事也很重要：员工的自主权。纵然史蒂夫·乔布斯是大老板、传奇人物、极品控制狂，但在苹果公司资历较浅的员工还是敢跟他较量，为自己在意的事物争取相应的权利／权力。这一点，恐怕比皮克斯总部镶金瓦银，更加重要。

皮克斯的主会议室里静静地立着一张华丽的会议桌，一天，卡特穆尔盯着它开始反思。这张桌子其实是乔布斯最欣赏的一位设计师挑选的，长、薄且优雅，但它猛地让卡特穆尔想起，在一个喜剧小品中，一对富有的夫妇坐在一张餐桌吃饭的情形。丈夫在餐桌一端，夫人在另一端，一顿饭吃得索然无味。餐桌中心摆了一个巨大的树枝状烛台，夫妻二人毫无对话可能。卡特穆尔意识到，尽管会议桌很漂亮，但从皮克斯宣扬自由、开放、平等的精神内核出发，这样的设计是失败的。

以往开会，30名员工分别坐在长桌两侧。为了听清楚每个人的看法，高层领导不得不选择中间位置，包括卡特穆尔、拉塞特、电影导演和制片人。职级低一点的员工坐在离中间位置更远一点的地方，因此很难在会上畅所欲言。这种等级分明的座位顺序越来越正式，桌上出现了座位卡。

卡特穆尔承认十多年来他都没有注意到这个问题，反倒觉得会议开得都挺顺利的。但后来有一次，他们换了一个会议室。当天的会议桌不算高档，但那一次的沟通却更有成效，卡特穆尔这才幡然醒悟。没过几天，主会议室里那张高档长桌就被搬走了，因为创造力远比高档的会议桌更重要。①

"员工自主权"这个概念在皮克斯继续发扬光大。最著名的例子是一个隐蔽的房间，只能通过一条很窄的通道到达，最初只是为了放置空调阀门。皮克斯的一位动画师偶然发现了进入这个小屋的秘密通道。后来，他给这个小屋装上了圣诞灯、熔岩灯、动物图案的装饰、鸡尾酒桌、吧台，还配上了印有"爱的休息室"标志的餐巾纸。当史蒂夫·乔布斯发现这个"爱的休息室"后，瞬间就爱上了它。

"皮克斯允许——不，应该说是鼓励公司的动画师按照自己的喜好布置自己的办公区，"卡特穆尔解释说，"他们在自己设计的粉色玩具屋办公，天花板上挂着树枝状吊灯，地上放着用竹子搭建的棚屋，墙壁上画了一个色彩精美的城堡和一个15英尺（约4.57米）高的泡沫炮塔，看上去像石头雕成的。"这听起来着实有点儿像个"烂摊子"。

---

① 从那以后，高级主管安德鲁·斯坦顿（Andrew Stanton）没再按员工级别摆放名牌，而是将名牌的顺序打乱，随机摆放。这和伊诺的"另辟蹊径"有异曲同工之妙。当一个公司的等级制度越来越牢固，重新洗牌的时间便到了。

第四章　即兴创作

"没时间考虑了，现在开始由你全权负责。"

伟大的民权运动领袖马丁·路德·金：即兴创作成就了我

1963 月 8 月 28 日，美国民权运动史上最伟大的一天，来自全国各地的 25 万美国公民为了"工作和自由"向首都华盛顿进军，其中四分之一是白人，四分之三为黑人。他们希望通过大规模的游行示威向国会施压，投票通过肯尼迪总统的《民权法案》，让黑人在经济领域享有同白人一样的权利。这便是由美国著名民权运动领袖马丁·路德·金（Martin Luther King）领导的华盛顿大游行。

其实，华盛顿大游行早在 1962 年年底就开始酝酿，经过数月的努力，终于实现。8 月的华盛顿正值盛夏，热浪好像在帮着国会和群众作对，只有极个别人实在坚持不下去，离开了游行队伍躲到了阴凉处，但是仍然有 25 万民众没有放弃。从林肯纪念堂到正前方的反思池再到华盛顿纪念碑，这一条轴线上站满了示威人群，游行队伍一直延伸到美国国会大厦。面对如此大规模的游行，国会大厦以往给人的那种高高在上、颐指气使的感觉消失得无影无踪。

美国黑人歌唱家、世界著名福音歌手马哈丽亚·杰克逊（Mahalia Jackson）曾经唱道："我曾被欺辱，我曾被嘲笑。"她用歌声道出了美国黑人公民受到的不公平对待。游行当天，美国三家广播公司都进行了实况转播。马丁·路德·金站在林肯纪念馆的台阶上，就在这里，他将发表一篇即将对美国乃至对整个世界产生重大影响的著名演讲。站在马丁眼前的是 25 万美国公民，他们来自美国各地，马丁从未面对过数量如此庞大的观众。他清楚，这是属于他的时刻，他必须做到完美。

就在前一天晚上，马丁和几个信任的助手一直在打磨演讲稿，仔细权衡每一个单词。他知道，自己身后是亚伯拉罕·林肯的纪念雕像，伟大的总统林肯将庄严地坐在椅子上，注视着他、聆听着他。再往前 100 多年，林肯公布了《解放黑人奴隶宣言》，废除了美国的奴隶制，为了向这位美国历史上最伟大的总统致敬，马丁在演讲开篇写道："100 年前，一位伟大的美国人——今天我们就站在他象征性的身影下——签署了《解放黑奴宣言》。这项重要法令的颁布，对于千百万灼烤于非正义残焰中的黑奴，犹如带来希望之光的巨大灯塔，恰似结束漫漫长夜禁锢的欢畅黎明。"

在此之前，马丁已经累积了很多公共演讲的经验。马丁的记忆力惊人，5 岁的时候就可以背诵《圣经》里面的段落。马丁告诉父母，他长大后一定会成为一名出色的演讲家。他确实做到了。

马丁的父亲是一位牧师，他常常听父亲布道，很早就开始接触演讲。14 岁的时候，马丁乘大巴离开亚特兰大，前往佐治亚州的另一个城市参加一场演讲比赛。比赛结束回程的车上，白人司机要求他口中的"黑鬼"马丁，还有陪同马丁的老师萨拉·布拉德利（Sarah Bradley）把座位让给刚上车的白人乘客。马丁生气地拒绝了，但生怕出事的萨拉还是说服了马丁。那天晚上，马丁辗转反侧，熊熊怒火在他心中燃烧，他从未感受过如此不公。

还好，马丁赢得了演讲比赛，这给他带来了些许安慰。他的演讲题目是"黑人和宪法"，年少的马丁把演讲稿全背下来了。在此之前，马丁已经总结了一套自己专属的演讲秘诀：查阅资料要详尽、撰写草稿要仔细、修改工作要耐心、背诵稿子要努力、演讲感情要充沛。

这些口诀马丁一直铭记在心。三年后，马丁在父亲的教堂里出色地完成了他人生中的第一次布道。据马丁的父亲回忆，"马丁的会众越来越多，最后不得不换到更大的教堂"。大学期间，马丁又赢得了一次演讲比赛，那时他梦想成为一名律师，多次在镜子前模仿律师庄严宣读誓词。毕业后，马丁申请去亚拉巴马州蒙哥马利县的浸礼宗教堂做牧师，面试的时候，他用一篇旧稿模拟一次布道，凭借出色的表现，马丁被录用了。成为牧师后，马丁总是花大把时间撰写布道词，尽管他还有好多别的事情要处理。此外，马丁还在攻读神学博士。他每天早上5点30分起床，煮咖啡，把胡子修剪成整齐的八字形，工作3小时，然后和刚刚醒来、怀着身孕的妻子科雷塔吃早餐。

马丁的布道定于每周的星期天，通常每周二他便开始着手准备，一边查资料一边孜孜不倦地修改。他常常旁征博引——哲学家柏拉图、精神分析之父弗洛伊德、神学家阿奎纳以及民族解放运动领袖甘地等人的观点被他信手拈来。快到星期天的时候，马丁把所有内容抄在一张印有整齐黄色线条的纸上，背个滚瓜烂熟。演讲当天，马丁会把稿子带到教堂，但上讲坛之前，他会把稿子留在自己的座位上，全凭记忆讲上半个小时或者更长时间。教堂的会众很喜欢马丁，因为他身上总是闪烁着智慧的光芒，教堂的同事也认为马丁"相当了不起"。

为了更精彩、更动人，马丁花在一份布道上的时间多达 15 个小时。

如果把英语语言艺术比作银河系，那么毫无疑问，马丁便是这银河系中一颗璀璨夺目的行星。马丁不但才华出众、受过良好教育，做事还十分仔细。他容不下任何差池，所有细节都必须在控制之中。他演讲时的每一个音节都经过深思熟虑。

接下来，我们来看一些反面教材。三度当选得克萨斯州州长、现任美国能源部长的里克·佩里（Rick Perry）曾经是 2012 年美国总统大选呼声最高的共和党候选人，支持率一度居首，但由于在一系列预选辩论中频频失误，支持率迅速下滑。一次辩论会上，成竹在胸的佩里闹了大笑话。佩里想告诉选民他当选后准备废除的三个政府部门，结果却卡了壳，怎么也想不起第三个部门的名字，让观众大跌眼镜。等他终于想起，已经是整整 15 分钟以后。换了谁，估计都会尴尬得想钻地缝。一位看了辩论的记者在推特上嘲讽：里克·佩里可能中风了吧。

无独有偶，2014 年英国首相候选人、工党领袖埃德·米利班德（Ed Miliband）也在一次拉票演讲之后遭遇滑铁卢。这位候选人对自己相当有信心，所以并未背诵团队为其准备的演讲稿，现场也没有按照惯例安装提词机。结果证明米利班德的自信过于盲目，他演讲的时候竟然忘了提及"财政赤字"这一热点话题，将自己置于对手的"枪口"之下。

"我之所以没背稿子，是因为我认为稿子只是演讲的基础。"第二天，米利班德接受电视采访时说，"演讲是我与选民沟通的工具，所以有时候我会临场删减一些内容，有时候又会增添一些内容，我知道这样做存在风险。"的确，风险还不小。米利班德遗漏什么不好，偏偏漏了选民们普遍关心的财政赤字问题。米利班德的竞选对手趁机大做文章，将他形容成根本不关心热点问题的无能政客。作为政治家，米利班德竟然犯了如此低级的错误，有口也难辩。几个月后，米利班德在竞选中惨败，苦心经营的政治生涯毁于一旦。

20 世纪 80 年代，英国最大的珠宝零售商拉特纳斯的首席执行官杰拉尔德·拉特纳（Gerald Ratner）也因为口无遮拦跌至人生谷底。1991 年，拉特纳当着 5000 位企业家的面，将自家门店售卖的一款玻璃瓶形容为"垃圾产品"，还说某对售价 99 便士 [①] 的耳环和 M&S 零售店卖的对虾三明治价格一样，但"对虾三明治更实用"。第二天，拉特纳"满嘴的火车"跑上了各大报刊头条，珠宝连锁店的销售额直线下跌，闯下大祸的拉特纳被迫辞职，公司像躲瘟疫一样躲避他的名字。据估算，拉特纳的自嘲造成了 50 亿 ~75 亿英镑的巨额损失，他本人到头来也一无所有。

既然有马丁·路德·金这样的榜样在前，谁还会蠢到去重蹈杰拉尔德·拉特纳的覆辙？很明显，在演讲前像马丁那样好好准备演讲稿、倒背如流才是万全之策。

事情真的这么简单？如果万全之策并非上策呢？万一精心准备不如放手一搏来一次即兴演讲、想到什么就说什么更好呢？马丁、拉特纳、米利班德和佩里的故事所揭示的表象不一定是人人必须奉行的真理。对比精心准备，即兴发挥也许不一定处于下风。

---

① 99 便士约合 10 元人民币。——编者注

1959 年 3 月 2 日，一个爵士乐团来到位于曼哈顿 30 号大街的录音棚录制专辑，这个录音棚是由教堂改建的。① 乐团的灵魂人物是素有"黑暗王子"之称的迈尔斯·戴维斯（Miles Davis），20 世纪六七十年代爵士乐坛的标杆人物。他的音乐甫一问世，就成为乐手追捧的对象，形成一股风潮。录音时，迈尔斯的乐谱只有潦草几行，尚未成章。一天，迈尔斯带来一位新成员，钢琴师比尔·埃文斯（Bill Evans），尴尬的是，迈尔斯没有提前把这事儿告知乐团另一位钢琴师温顿·凯利（Wynton Kelly）。

即兴创作是爵士乐的灵魂，但通常情况下，一首歌至少会录好几遍，然后再把各个版本中最好的部分剪辑在一起。大部分的乐手都是这么做的。但是，比尔·埃文斯告诉爵士乐作曲家阿什利·卡恩（Ashley Kahn），迈尔斯的方法不一样，他从不剪辑："每一首歌都是一次性录制完成的……那些音乐真是清新脱俗。我想这是因为第一次的感觉是最特别的，如果感觉对了的话，第一次往往是最好的一次。如果错过，你会很难受的。"

在录制《那又怎样》（So What）的时候，好几次都被迈尔斯立刻否定，因为"可以听到乐手翻动乐谱的沙沙声"。但是，当制作人担心吉米·科布（Jimmy Cobb）敲打小鼓的余音，伴随着低音吉他和钢琴声被收进话筒里，迈尔斯又表示无所谓，"那样很好，鼓声是音乐

---

① "改建"一词意味着耗费大量人力、物力和财力，但用在这里实属夸张。当时负责改建的工程师弗雷德·莱克（Fred Laico）说唱片公司"连打扫都懒得，更别提装修了。事实上，老教堂一切保持原样，包括那幅歪歪倒倒、铺满灰尘的帷帘"。用"脏乱差"形容这个录音棚也不为过。

的一部分"。

　　再次录制的时候，比尔·埃文斯的钢琴和保罗·钱伯斯（Paul Chambers）的低音吉他拉开的开场，透出一丝悬疑紧张的气氛。吉他做主旋律，钢琴的速度则一会儿快一会儿慢，像一根伸缩的皮筋，松散又柔韧有余。接着，迈尔斯的小号、约翰·克特兰（John Coltrane）的萨克斯和"炮弹"坎农鲍尔·阿德利（Cannonball Adderley）的独奏加进来，用一种更传统的方式你应我和，顺水推舟地支撑起了演奏的大梁。

　　90秒后迎来了一个关键时刻。吉米·科布快速切换鼓槌，给铙钹来了一下重击，但这一下敲得有些太重了。科布原以为迈尔斯会喊停，然而小号手反而随着由洪亮逐渐减弱的铙钹声，开启了一个新的独奏。小号与铙钹碰撞出了令人振奋的火花，但重重槌下的一瞬间，大家一定都在想：完了，出错了。然而结果是，迈尔斯的那段小号独奏，成为爵士乐史上最著名的独奏之一。

　　两次录音之后，迈尔斯制作出了《泛蓝调调》（*Kind of Blue*），这张专辑获得《企鹅爵士唱片指南》最高评价五星，也是各乐评人一致推荐的伟大作品。自1959年发行至今，美国当地销量超70万张，全球销量高达200万张。弗兰克·辛纳屈（Frank Sinatra）和迈克尔·杰克逊（Michael Jackson）的唱片制作人、备受爱戴的黑人音乐艺术家昆西·琼斯（Quincy Jones）说："我每天都听《泛蓝调调》，它给我的生命注入了活力。每一次欣赏它，我都有不同的体会。"美国电声爵士乐大师奇克·科里亚（Chick Corea）说："创作新的音乐作品是一回事，创造新的音乐形态是另一回事，《泛蓝调调》都做到了。"

《泛蓝调调》之所以成为不朽的经典，正是因为它首次发展了调试爵士乐这一概念，也就是乐手根据他拿到的一个或一系列音阶（或调式）来即兴创作，而不是根据排好顺序的和弦或和声。[①] 从那以后，和弦与个人技巧不再是最重要的，乐手间的默契、音乐营造的气氛、乐手彼此激发出的火花才是重点。

让《泛蓝调调》的粉丝万万想不到的是，这根本不是迈尔斯的本意。迈尔斯在他的自传中写道："我录制这张专辑的时候，其实想尝试用非洲的传统乐器拇指钢琴演奏，但拇指钢琴的音量比其他乐器小很多，所以总是录不好。每次我跟大家说这件事的时候，别人都觉得我在开玩笑。"迈尔斯继续写道："每个人都说《泛蓝调调》是杰作，我也很喜欢这张专辑。但我在录制《泛蓝调调》的大部分歌曲时，都试图加入拇指钢琴的伴奏，特别是在录制《那又怎样》和《纯布鲁斯》时，可我没能成功。"

失败了没关系，来日方长，迈尔斯完全可以继续他的尝试。塞翁失马，焉知非福，无心之失却成就了意外的杰作。

---

① 《泛蓝调调》并不是一朵凭空绽放的花。和科学家埃雷兹·利伯曼·艾登（Erez Lieberman Aiden）一样，迈尔斯也付出了很多努力，尝试了很多音乐风格才创作出了调试爵士乐。迈尔斯曾就读于茱莉亚音乐学院，制作过欧洲古典音乐，还在不同乐队演奏过不同风格的爵士乐。在《泛蓝调调》发行之前，迈尔斯已经开始开垦适合"花朵"绽放的土壤。

就在《泛蓝调调》发行前一年，迈尔斯去巴黎见了他的旧情人、法国演员朱丽叶·格雷科（Juliette Greco）。朱丽叶介绍迈尔斯认识了年轻导演路易·马勒（Louis Malle）。马勒抓住这次见面的机会，成功说服迈尔斯为其第一部电影《通往绞刑架的电梯》（Ascenseur pour L'Échafaud）配乐。于是迈尔斯临时组建了一支乐队，花了一个晚上一边看电影一边即兴为其配乐。

和钢琴家基思·贾勒特、吉他手阿德里安·比劳一样，迈尔斯和他的乐队都是音乐界的奇才。这些传奇音乐人的创作好像离普通人很远，但是我们依然可以从他们身上受到启发。不妨思考一下：为什么迈尔斯喜欢即兴创作而不是精雕细琢？即兴创作意味着音乐家失去了对音乐的掌控，很可能换来一声"可我没能成功"的无奈叹息。

正如不完美的贝森朵夫钢琴给基思的音乐会带来了挑战，电影配乐也给迈尔斯带来了挑战，这一挑战迫使迈尔斯离开自己的舒适区，寻找新的爵士乐风格。《通往绞刑架的电梯》是一部黑色电影，讲述了巴黎一对奸夫淫妇谋杀女子的丈夫后，在逃亡中被诬陷成杀害一对老夫妻的凶手的故事。此前，迈尔斯一直在创作波普爵士乐，它起源于 20 世纪 30 年代末至 40 年代初，节奏明快、跌宕起伏，技术难度很高。而《通往绞刑架的电梯》基调荒凉，节奏缓慢，还有大段人物内心独白，与波普爵士乐格格不入。因此，迈尔斯不得不放弃自己熟悉的爵士乐风格，在三个小时内即兴创作出和电影风格一致的爵士配乐。走出舒适区的迈尔斯偶然来到一个全新的音乐领域，他开拓这一领域，成就了《蓝色调调》，由此登上创作巅峰。

其实，即兴创作一首爵士乐要比一般作曲速度更快、成本更低。《泛蓝调调》的录制只花了不到 9 个小时[1]，却在商业和艺术上取得了巨大成就。要知道，披头士乐队录制《佩伯军士孤寂的心俱乐部

---

[1]　1956 年，迈尔斯签约了哥伦比亚唱片公司，但是他还没有履行完和名望唱片公司的合约条款，于是迈尔斯在两天的时间内赶录了四张专辑：《戴维斯五重奏——放松》《戴维斯五重奏——发泄》《戴维斯五重奏——工作》《戴维斯五重奏——烹饪》。单从专辑的名字，就可以看出录制的匆忙，但是这四张专辑仍然广受好评。

乐队》时一共花了 700 个小时。可见，速度快、成本低并不等于质量差。

即兴创作的另一个优势是灵活。前面说过，"即兴创作意味着音乐家失去了对音乐的掌控"，其实这话并不准确。因为从来就没有所谓的掌控，它只存在于人类的幻想之中。演讲者脱稿演讲确实存在风险，看看佩里和米利班德这对难兄难弟就知道了。但是，没有草稿的限制，演讲才能更加灵活，演讲者才能更好地和观众交流，才能在时间不够的情况下提前结束。即兴发挥的演讲人可能无法全面把控一场演讲，带着稿子的人也很容易因为意外情况的发生陷入慌乱而不知所措。

速度快、成本低、灵活性强这三大优势加在一起，难道还不足以表明即兴创作虽然充满混乱和挑战，但比精心准备更有价值、更有意义吗?! 在即兴创作的过程中，我们的大脑会迸发一种神奇的火花，这个原理最近终于有了科学解释。

"它（火花）具有一种魔力，却不是一种魔术，"查尔斯·利姆（Charles Limb）说，"它是人类大脑的产物。"

利姆是旧金山加利福尼亚大学的外科医生兼神经科学家，他还很喜欢玩爵士萨克斯。对利姆来说，除了即兴爵士乐以外，神经科学家目前能够研究的艺术创作领域十分有限。小说家完成一部作品通常需要几个月时间，而爵士音乐家只要灵感一来，便能在数秒至数分钟的时间内创作出一个作品。神经科学家认为即兴爵士乐的创作条件是可以被人为模拟的，因此即兴创作也可以被视为一种操控，类似于提前准备演讲稿。

目前，科学家可以通过功能性磁共振成像（fMRI）观察到即兴创作时大脑的变化。fMRI 的原理是利用磁振造影来测量神经元活动所引发的脑血流的变化，类似一台扫描仪在扫描人的大脑。想象自己平躺在一个巨型甜甜圈或者老式 iPod 的白色圆圈之中，头部被固定，膝盖上有一小排塑料琴键（琴键不可掺杂任何钢质，否则扫描仪产生的强大磁场能让琴键瞬间爆炸，击碎扫描仪和受试者的脑袋）。实验中，你弹奏琴键，通过上方的镜子看见自己的双手，琴键发出的声音被直接传送到另一个房间的扬声器里，然后再传回你的耳朵，听上去还不错吧。

尽管这项技术有其局限性，不过利姆和其他几位神经科学家还是发现了一些即兴创作时大脑的有趣表现。科学家邀请了 6 位职业爵士钢琴师参与实验。实验的第一阶段，钢琴师即兴创作了一些爵士乐片段，第二阶段他们则弹奏了提前记忆过的乐谱。利姆和艾伦·布朗（Allen Braun）对比分析了 6 位钢琴师在即兴弹奏和非即兴弹奏时大脑呈现的变化，发现了大脑前额皮层的变化规律。人的大脑和动物之间最大的区别就在前额皮层。"前额皮层控制我们的意识，"利姆说，"包括高级记忆、自我认识、道德感和幽默感。较复杂的认知过程都有前额皮层的参与。"科学家发现，即兴创作时，位于额头顶端左右两侧的背侧前额皮层和覆盖于眼眶之上的眶额皮层不但没有被进一步激活，反而关闭了。相反，位于鼻梁处的腹内侧前额皮层则变得更加活跃。这一变化规律不仅存在于即兴爵士乐的创作过程，布朗展开的另一项研究揭示出，这一变化规律同样适用于自由式说唱。

这一变化规律说明了什么？音乐人在即兴创作的时候，会努力摆脱自己的意识，压制控制的欲望。生活中，绝大多数人无时无刻不在控制着自己。我们尊重标准和规则，待人接物彬彬有礼，即便气得想揍人也绝不会轻易动手，这些都是通过意识实现的自我约束。利姆认为，一定程度的自控是必要的，但过度自控则不可取，"一旦走向极端，自控便会成为创造力的毒药，而即兴创作则是一剂解药"。

音乐人在即兴创作的时候，不用理会所谓的标准，他们关闭了意识，任由出现在脑海中的声音流动。这时大脑好像进入了一种微醺状态，思维得到释放。状态极佳的时候，音乐人的灵感会像泉水一样汩汩而出，最终幻化为一段美妙的旋律。对普通人来说，关闭大脑意识听上去很恐怖，我们又不是音乐家，干吗让自己的生活和工作失控，风险会不会太大？这种想法其实不必要，接下来我们就来看看即兴发挥能给普通人带来什么。

2012 年 7 月 11 日，英国最大的电信公司之一 O2 居然戏剧性地断电了，伦敦地区首先受到影响，然后迅速蔓延至其他地方，断电持续了整整 24 个小时，波及用户达几十万，移动电话、座机和宽带都受到了影响。很多用户开始在推特上发泄自己的不满，有些人简单地抱怨几句，有些人则骂得相当难听，O2 顿时成为众矢之的。

用户对 O2 的声讨一浪高过一浪。"当天涉及 O2 的推特评论数量是平时一周的 20 倍，"时任 O2 通信部经理尼古拉·格林（Nicola Green）说，"数万条推特评论一下子涌向我们，将我们淹没。"

面对这次危机，O2 的公关团队开始启动标准程序：在推特上给用户留言道歉，添加有关最新情况的链接，公关人员机械式地复制粘贴"我们为造成的不便向您道歉，最新情况请登录 http://status.o2.co.

uk/"。对那些骂得很难听的键盘侠，公关人员选择直接忽略。

　　这种公关方案过于脸谱化、缺乏诚意，网友自然不买账。公关团队有一位性格内向的工作人员名叫克里斯，他决定另辟蹊径，来看看他是怎么处理的。

　　　　用户 1：我不想撒谎，我恨不得立刻甩了 O2@O2。
　　　　克里斯：可是我依然爱你！

　　　　用户 2：去你的，去死吧！
　　　　克里斯：我发完这条推特就去。

　　　　用户 3：@O2 我接受你的道歉，那是不是我下月不交电话费的时候，也可以说句"对不起"了事？滚回你妈妈那去吧。
　　　　克里斯：她说"不，谢谢"。

　　克里斯的做法其实存在很大风险，只要一个字没说对，矛盾便会升级，抱怨和谩骂的巨浪便会排山倒海般向公关部袭来。他的上司格林一边应对不断涌入新闻办公室的媒体提问，一边和行政总裁制定统一公关策略。如果克里斯和同事没有擅作主张，只是乖乖地继续等待上级的决定，风险肯定小得多。克里斯的任何一条回复都可能火上浇油，给用户留下厚颜无耻、贫嘴耍贱的印象，到头来还得给网友解释道歉。但是直觉告诉他，这样做无论如何比戴着一张脸谱要好。

　　克里斯发的推特很快吸引了大批网友，同事也纷纷加入战线，模仿他的语气，O2 账户一下子多了几万粉丝。一些围观群众看热闹不嫌事儿大，假扮用户模仿克里斯的无厘头推特。一位网友说："我的

O2 手机突然长出了胳膊和腿，把我妈妈推下了楼梯，请 @O2 立刻处理！"O2 先是表达了同情，然后问："你的手机当时正在运行'愤怒的小鸟'吗？"

还有一个网友发了一张鸽子照片，上面用图像处理软件写了一句广告语"飞鸽也能传书"。O2 公关见了，一本正经地询问："飞鸽多少钱？给我来一只！"

另一位网友凑趣说："我一个问题也没有"。O2 秒回："可我有99 个。"还有一位网友说："不管今天谁在打理 O2 的推特账号，O2 都得给他的盒饭加鸡腿。看好你哟！"O2 回复："不要鸡腿，要抱抱。"

这些回复的共同之处是它们不再模式化、脸谱化，而是散发出人性的幽默。原本 O2 只是一个让广大用户失望透顶的运营商，现在又多了一个身份：一个灵活应对公关危机的统一战线。其实那些极端的、口出恶言的键盘侠，根本不是什么受害者，而是网络世界的"恐怖分子"，克里斯和他的团队结成统一战线用幽默给予回应。没错，O2 确有过错，确实给用户造成了麻烦，但是这些"恐怖分子"的口诛笔伐让围观群众对 O2 产生了怜悯之心。

很快，克里斯的故事传遍全国，人们对他的应变能力纷纷竖起大拇指。当时忙得不可开交的格林事后告诉媒体，克里斯和公关团队承担着巨大的风险，一不小心便会沦为箭靶，仿佛高空走钢丝的人，一不小心便会摔得粉身碎骨。

需要注意的是，克里斯的方法并不是万能的，也就是说一个公司不是每次陷入公关危机都可以效仿克里斯的策略。自从一些用户因为和 O2 的互动被网友大量转发而上了电视脱口秀节目，不少投机者发现了成名捷径，于是他们故意在推特上责难 O2，希望能够得到幽默机智的回复，网友一旦大量转发，自己就可以去电视上露脸了。面对这部分人群，O2 又会重新戴上脸谱，一小段时间后那些人便也消停了。由此可见，具体情况的确需要具体分析。

O2 的公关团队之所以能够成功应对这次危机，还离不开公司对他们的信任。公司从未对团队所发推特逐条监管，也没有规定团队什么情况下使用什么样的策略，只是隔上几周才进行一次评估，确保团队还在正轨上。这种管理方式给了克里斯和他的同事很大的发挥空间，让他们能够根据情况随机应变。格林告诉我："我根本不知道他们在发些什么，监管过细可不明智。作为上司，我们应该相信自己的员工。"

接下来，我们再来看看另一些有关信任的故事。

一天，美食评论家凯特·克拉德（Kate Krader）和大学好友在曼哈顿一家高档餐厅用餐，她们回想起了大学时代一种名叫"啤里麦"的学生套餐，包含啤酒和麦片，言语之中满是怀念。一个服务员无意间听到了，他悄悄根据克拉德的描述临时准备了两份，准备给两位客人一个惊喜。这位美食家品尝了一口巧克力味道的波特啤酒，不由得赞叹"鲜香可口、回味悠长"。这位服务员用两份简单的套餐便成功"收买"了客人，让那些费尽心机讨好顾客的顶级餐厅又是羡慕又是嫉妒。这位服务员只是运气好吗？当然不是，他之所以能够打动顾客，是因为他能够随机应变去迎合顾客的口味。同时，这也和餐厅的管理离不开，试想如果餐厅禁止服务员即兴发挥，他还敢擅作主张为客人奉上惊喜吗？

　　一家公司想获得竞争优势，就必须学会放手，必须给予员工即兴发挥的空间，美国最大的卖鞋网站 Zappos 便是榜样。一位女顾客为丈夫买了一双鞋子，但是她丈夫却在一场车祸中不幸去世了，于是她想退货。接电话的客服代表知道情况后，不但接受了请求还立刻定了一束鲜花送给失去丈夫的她。一位伴郎网购了一双鞋子参加婚礼，结果邮递出了问题，没有按时送到，眼见婚礼的日子马上就到了，Zappos 客服赶紧又用特快专递免费寄出了一双。还有一次，一位拉斯韦加斯顾客从离 Zappos 公司总部不远的地方打来电话，因为他想买的鞋子已经没有库存了，客服代表在附近的购物中心、自己的竞争对手那里找到了同样的型号，挂断电话后，客服立刻跑去购物中心买下那双鞋子然后亲自送到顾客那里。

　　当然，这样的待遇并不是每一位客户都有，否则 Zappos 迟早要破产。以上这些情况都具有特殊性：鞋子是买给我丈夫的，可是他去世了；明天就要举行婚礼了，可是你们的邮递出了问题；我就住在离你们总部几公里远的地方，可是我买不到我想要的型号。这些特殊情况意味着 Zappos 的客服代表必须随机应变，根据客户的具体情况具体应对，如果继续按照标准流程办事，公司只会失去客户的信任，给人留下不近人情的印象。客服客服，最重要的难道不是倾听客户、服务客户吗？

　　迈尔斯曾把爵士音乐的即兴创作过程描述为"给耳朵创造空间和自由"。请注意，并不是给演奏创作空间和自由，而是给耳朵——聆听其他乐手的弹奏，内心产生一番共鸣，然后通过手中的乐器给予回应。如果我们愿意静下心来仔细聆听，我们都可以获得这样的空间和自由。不管我们是在做演讲，在餐厅做服务员，还是在公司做客服，很多时候都需要随机应变：周围的声音，顾客的语气，观众的反应，甚至天气，这些都是影响因素。有时候，演讲者才说完第一句话，便能从观众的肢体动作、笑声甚至呼吸中判断接下来该讲些什么了。

有一种喜剧表演形式叫即兴喜剧，又称"假面喜剧"，源自16世纪的意大利。训练有素的即兴喜剧家都养成了"从不拒绝"的习惯，比如在与人对话时，他们会不断打开新的话题，而不是将其终结。即兴喜剧家从不说"不"，相反，他们总是说"是的，而且……"。这种对话方式能够帮助他们"进入对方的世界"。

"从不拒绝"这一习惯，并不局限于客服和喜剧领域，它还有更加广泛的用途，比如——带孩子。

> 周五的时候，我正在厨房刷盘子，8岁的女儿萨曼莎冲到厨房两眼发光，冲我尖叫："妈妈，妈妈，衣柜里藏着一只怪兽！"要是以前，估计我会立刻将女儿带回现实，直接告诉她："宝贝儿，世界上哪有什么怪兽，那只是你的想象而已"。但是，我想起了即兴喜剧家的习惯——"从不拒绝"。我放下盘子，转过身对女儿说："真的吗？赶紧，我们去抓怪兽！"我陪女儿走到衣柜，和怪兽来了一次"正面交锋"：我们一把抓住怪兽，又兴奋又紧张，我们不停给怪兽挠痒痒，怪兽受不了逃走了。我和女儿一起经历了一场刺激的冒险。在此之前，我总是直接否定萨曼莎的想象，失去了很多和女儿相处的乐趣。感谢"拒绝说不"，我学会了如何在带孩子的过程中即兴发挥。

我们再来看看另一段有趣的对话。

> 维吉尼亚：（小狗格斯正在花园里刨坑埋一块骨头，维吉尼亚指着格斯）它好拼命。
>
> 蒙迪：没错儿，格斯在忙着挖洞，你知道吗，格斯想开一个煤矿，你愿意去它那里工作吗？
>
> 维吉尼亚：（咯咯地笑）我……
>
> 蒙迪：要去格斯的煤矿工作吗？
>
> 维吉尼亚：煤矿？可是我从来没有在煤矿工作过。
>
> 蒙迪：我知道。可是你得去呀！不然你拿什么付账单，你需要钱啊。
>
> 维吉尼亚：（笑着说）我不去。
>
> 蒙迪：好吧，那我们得通知格斯停止作业。过来，格斯，别挖了，维吉尼亚不想去当矿工，听见没有，别挖了。

蒙迪是一名即兴表演家，而维吉尼亚是蒙迪的岳母，可怜的她患有阿尔茨海默病（俗称老年痴呆），饱受折磨。蒙迪通过这段有趣的即兴对话走进了岳母的世界，他没有"拒绝"岳母。医学上，这种疗法被称为"确认疗法"，虽然目前没有确凿的证据证明该疗法行之有效，但是就已经搜集到的证据而言，它确实能够减轻阿尔茨海默病患者的不安、抑郁和狂躁。和确认疗法相比，传统疗法总是一遍又一遍告诉患者今天是星期几、他们住在哪里、他们的名字叫什么、家庭照片里谁是谁，这样做会让患者感到沮丧、生气，本质上这是一种告诫，是在拒绝进入患者的独特世界。相比之下，"确认疗法"有趣、人性得多。

记者查纳·约菲－沃尔特跟踪记录了蒙迪、维吉尼亚以及蒙迪的妻子、维吉尼亚的女儿凯伦·斯托布之间的相处。凯伦也是一位即兴表演家。查纳发现"确认疗法"也是有代价的，特别是对于凯伦而言，简直是一种心理折磨。凯伦的生活充满了有关维吉尼亚的美好回忆，要进行确认疗法，就得全盘否定这些美好回忆。而蒙迪没有这一烦恼，维吉尼亚也没有，因为她的记忆已是一片空白。所以，蒙迪可以很好倾听、接受并进入维吉尼亚的新的世界，但是凯伦不行。虽然无法帮助自己的母亲，但凯伦现在在教阿尔茨海默病患者的护理人员怎么实践确认疗法，怎么和患者展开一段有趣的即兴对话。

倾听，说起来容易做起来难，尤其对于处境和凯伦一样的人来说，要失去的太多。一次美好的对话对人的大脑要求相当高，倾听之后的即兴反应过程会相当混乱、充满挑战和刺激。一次美好的对话是一次难得的享受，充满惊喜。英国哲学家吉尔伯特·赖尔（Gilbert Ryle）说："戏剧性的场合需要戏剧性的对话，否则便不能称之为对话。"

从《泛蓝调调》到那对挠痒赶走怪兽的母女，即兴创作的过程短暂、刺激、充满人性。但是，即兴创作也有危险的一面，珠宝大亨拉特纳的口无遮拦令人记忆犹新，他的笑话就是一个悲剧。失去珠宝帝国后，拉特纳尝试东山再起，开了健身连锁店，但是他依然是人们茶余饭后的笑柄，拉特纳最后得了重度抑郁。事情已经过去了整整25年，拉特纳依然懊悔不已："总有人问我是否后悔说出那些话，这不是明知故问吗？我失去了一切！"

即兴发挥涉及的风险让我们犹豫不断、畏缩不前，因而不敢冒险放手一试，可是，不去冒险就真的不会有风险吗？

拉特纳脱口而出将自家产品形容为"垃圾"，这个可不是即兴创作的错，相反，这个玩笑是他精心准备的，拉特纳在不少场合都讲过，只不过都没给他造成麻烦。可这一次，侥幸不再。演讲之前，拉特纳征求了不少意见，几个人建议他还是小心为妙，还有几个人鼓励他放开胆子讲，他们认为拉特纳可以利用这一自嘲让观众爱上他，演讲的那天晚上，拉特纳确实赢得了观众的掌声。可是，当第二天他讲的笑话登上各大报刊头条时，事情变质了。当时美国正处于经济危机中，很多珠宝商都朝不保夕，拉特纳的笑话被认为是在嘲笑竞争对手。

拉特纳的下场并不是没有准备好导致的，而是他的判断力太糟糕。这一笑话是拉特纳特意为之，错就错在他没能审时度势，他的下场和即兴创作真没有因果关系。

那米利班德和佩里呢？他们的不幸同样和即兴创作无关。米利班德在演讲之前就把稿子打印下来发给了各大媒体，媒体记得清清楚楚，他自己反倒忘词了。这不是即兴创作的错，这是健忘症的错。同样，如果佩里实在记性差，就不应该逞能，他完全可以用"小政府"这一模糊概念去替换更加具体、对记忆力要求更高的三个政府部门的名字，这样就能避免尴尬。从拉特纳和米利班德的经历中我们可以看出，精心准备并不能完全杜绝风险。

如果从未做过公共演讲的你需要在挚友的婚礼上致辞，你并不奢望语惊四座，不让自己沦为笑柄就心满意足了。面对这种情况，与其即兴发挥倒不如老老实实提前准备。但是，如果你的演讲并不是很正式，同时你需要和观众互动，这时候你就需要一些即兴发挥了。如果你总是死死盯着幻灯片，努力重复背诵过的内容，观众会觉得你不够自信、没有说服力。再比如，如果你是一位销售经理，在电话销售时还照着手里的稿子读，你的下属会相信你的领导能力和销售能力吗？

那么，怎样才能降低即兴创作的风险，提高成功率呢？

首先，便是练习。这听上去难免有些矛盾，既然是即兴为什么又要练习？其实，练习是在积累实力，为即兴创作打基础。即兴喜剧家和音乐人都会反复练习一段表演或一段音乐，直到将表演或音乐融入自己的灵魂。奥地利作曲家、钢琴家、音乐教育家卡尔·车尔尼（Carl Czerny）曾在 1839 年写道："你的演奏必须是潜意识的、自然而然的，在演奏过程中你必须忘记自己的存在。"对普通人来说，最常见的即兴创作练习便是对话，它贯穿于我们生活的每一天。

其次，即兴创作过程充满混乱，我们要心甘情愿拥抱这种混乱。迈尔斯在录制《泛蓝调调》的时候，鼓手是吉米·科布。科布是 1958 年加入迈尔斯的乐队的，他是来紧急替换因为严重毒瘾突然辞职的前任鼓手，他的救场过程也充满了混乱。

"早上 6 点半，我接到了迈尔斯的电话，他说'今天晚上我们就开始录制'，我问'好，什么地方？'迈尔斯答'波士顿'。可我当时还在纽约，我得在晚上 9 点准时出现在录音棚。"

科布背上鼓包，火速赶往波士顿。他到达录音棚的时候，所有乐器已就位，就等他的鼓了。科布刚刚在舞台后侧安装好爵士鼓，《午夜旋律》（Round Midnight）的录制便开始了。低沉、浑厚、饱满的大号吹响了，伴随着这一旋律，科布开始轻轻敲鼓予以回应，就在这一刻他正式成为乐队的一员。

当时科布面临的混乱可想而知，如果一个人能应对这样的混乱，那么没有什么是他应对不了的。"拒绝说不"这一习惯再次大显神威。

再次，学会聆听。不管你是爵士小号手，是推特公关段子手，是Zappos 的客服代表，还是在和朋友约会，你都需要学会聆听。

最后，我们必须勇于放手，敢于冒险。这一点，光脚的要比穿鞋的更容易做到，但是即便如此，对穿着鞋子的人来说，即兴创作也不失为最好的进攻策略。2016 年美国总统大选共和党候选人之一马尔科·卢比奥（Marco Rubio）将在 2016 年 2 月 6 日进行最后一场党内辩论，紧接着便是同月举行的新罕布什尔州总统初选。当时卢比奥被视为共和党的救星，势头很猛，在最后一轮辩论中，卢比奥只要不犯错就可以保持竞选优势，所以他把竞选稿背了个滚瓜烂熟。结果辩论那天，卢比奥突然遭到了对手的质疑，他立刻慌了神，满头大汗的他在回应对手时竟然在短短 51 秒之内重复了 4 遍"奥巴马清楚地知道他在干吗"，像是出了故障的机器人。这刚好印证了特朗普对他的抨击，特朗普蔑称他为"小马尔科"，嘲讽卢比奥太年轻，经验不足。很快，各大媒体都开始挖苦"卢比奥机器人"，推特上出现了一个新账户"卢比奥故障"。3 月 15 日，卢比奥宣布退出总统竞选。

有时候，演讲稿就像防弹衣，能给演讲人带来安全感；而有时候，演讲稿更像紧身衣，将演讲人勒得喘不过气来。即兴发挥能激发人的创造力，让观众觉得演讲人有新意、很诚恳，觉得离他更近了。最重要的是，即兴发挥能增加演讲人和观众的互动，将单调的独白变成有趣的对话。

1955 年 12 月 1 日，亚拉巴马州蒙哥马利市，42 岁的黑人女裁缝罗莎·帕克斯（Rosa Parks）坐上了一辆公共汽车准备回家。根据美国内战后实施的黑人法律，当时整个南部地区在公共场合仍实行种族隔离制度。按照规定，在公共汽车上黑人必须给白人让座。当帕克斯上车后，找了一个座位坐下。汽车继续向前行驶，车上的空位渐渐坐满了人，这时上来了一名白人男子。当司机发现这名白人男子只能站着时，他开始命令坐在车厢里的黑人乘客离开座位站到车厢后面去。其他黑人乘客都站了起来，只有帕克斯没有动。司机要求帕克斯站起来，帕克斯则只回答了一个简单的"不"字。于是，司机找来了警察，帕克斯因违犯种族隔离法而被捕。民权运动因此爆发。

当时，马丁·路德·金已经是当地的教会领袖，还是一位小有名气的演说家，因此一位很有影响力的民权运动领袖 E.D. 尼克松想请马丁带头组织一次公交车抵制运动，马丁很犹豫。当时，他的女儿才出生，整夜哭个不停，马丁既要忙工作又要照顾家庭，已是精疲力竭，所以他想再考虑考虑。尼克松可管不了那么多，他直接对马丁说："没时间考虑了，现在由你全权负责。"就这样，马丁成了新成立的民权运动组织——蒙哥马利改善协会（MIA）的主席。

突然，马丁发现自己陷入从未有过的混乱。MIA 的就职演讲就在当晚，可是他还没有做一点儿准备。和尼克松等民权运动家见完面后，马丁到家已是 6 点半，而 20 分钟后又得赶去霍尔特街教堂参加就职仪式。马丁告诉妻子自己不吃晚饭了，其实马丁早饭过后就一直没吃东西。他一头扎进书房，关上房门。此时，恐惧向马丁袭来，他形容当时的自己"已被恐惧吞噬，不知所措"。就职演讲的时候，记者和电视台的人都会来，马丁从未如此冒险。长久以来形成的精雕细琢的演讲习惯此刻帮不上任何忙，他去哪里找时间。

马丁看了下手表，已经过去 5 分钟了。以前每个星期天的布道，他都会花上 15 个小时精心准备，而留给他人生最重要演讲的时间却只有 15 分钟。马丁用颤抖的双手在纸上快速写下一个大概思路，停下笔，在脑海中反复琢磨。6 点 50 分转眼就到了，马丁默默地祈祷，开车驶向霍尔特街教堂。

教堂四周已被一万多名观众团团围住，他们将通过扬声器聆听马丁的演讲，蒙哥马利的警方也出动了，到场维持秩序。马丁迈着紧张而又沉重的步伐走上讲台，摄像机齐刷刷地对准了这位牧师，演讲开始。

"今晚，我们为了一个伟大目标相聚在此。"第一句结束后，奇迹出现了。虽然马丁只有 20 分钟的准备时间，但讲台上的他依然思路清晰、言语流利。就在那天，马丁明白了演讲的最高境界，用迈尔斯的话说就是"给耳朵创造空间和自由"。马丁一边演讲，一边用耳朵聆听观众，用心感受观众，通过观众的反应即兴搜寻一个合适的基调和主题。他会仔细聆听脱口而出的每一个单词，仔细观察观众对每一个单词的反应，然后确定接下来讲什么。他的演讲不是一场独角戏，而是一场和观众合作的双簧。

顺利开场后，马丁将话题转移到罗莎·帕克斯这位"虔诚的基督教徒"身上。马丁告诉观众可怜的罗莎被逮捕了，"就因为她勇敢地拒绝将自己的座位让给白人乘客"。听到这里，观众纷纷表示对罗莎遭遇的不满和同情。成功引起观众的共鸣后，马丁再次掉转矛头。

"是时候了，是时候对歧视和压迫说不了。"台下几位观众立刻响应："是时候了！是时候了！"瞬间，场内所有观众的情绪被点燃，全场高呼着，那是一种愤怒，也是一种看到同胞如此团结的喜悦和自豪。马丁只用了一句话，便将观众的情绪推向了高潮。随即，守护在教堂外的观众也被带动起来，人群的声浪一浪高过一浪，响彻天际。待人群逐渐冷静下来，马丁的声音再次响起："是时候了，是时候对冬季的寒冷说不，是时候为七月的阳光而斗争。"观众的情绪再一次被推向高潮。

就像任何一场即兴演讲一样，马丁的演讲并不是完美无瑕的，他的结尾缺乏气势，语句稍显平庸："我认为我之所以，之所以要和当局交流，并不是因为这是法律赋予我的权利，而是因为当局从未对现行的法律、法令、城市的法令做出合理的解释。"

这样的瑕疵在马丁此前的演讲中从未出现过，长达 15 个小时的准备杜绝了这一可能。但是瑕不掩瑜，马丁在霍尔特街教堂的演讲是他到那时为止最成功、最打动人心的一次。

"这是一次伟大的觉醒，"一位观众说，"马丁带给我们内心的震撼难以言表。"

"在当时，没有人想到马丁竟然具有如此大的感染力。"另一位观众说。

别说别人没有想到，就连马丁自己都不曾想到会有如此效果。起初，即兴演讲让马丁慌乱不安，因为他早已习惯有条不紊地精心准备，混乱的即兴发挥剥夺了他的安全感。可是，当时的情况让他别无选择，也是在那时他突然明白了老一辈牧师对他说的话："放开讲吧，上帝与你同在！"

自从马丁成为 MIA 的领导人之后，他每天都奔波于不同教堂之间，要做的演讲一场接着一场，基本上都没有时间准备，所以从那以后马丁总是即兴发挥。然而就在 7 年半之后，也就是 1963 年，马丁不得不求助于放弃已久的习惯，因为这一次，马丁面对的是 25 万观众，美国各大电视台都会直播。这一次，必须精心准备，事关重大，不容有失。

马丁和他的助手提前准备了一份打印稿，标题为"和所谓的'秩序'说再见"。马丁希望通过演讲尽可能联合白人盟友，反驳马尔克姆之流在争取民权时煽动散布暴力、仇恨、黑人优越主义和种族主义，同时马丁还要响应肯尼迪总统提出的《民权法案》，要考虑的政治因素实在太多了。马丁的内心忐忑不安，他不知道自己的演讲会带他走向成功还是毁灭。当时还有其他几位演讲人，每个人只有 7 分钟的时间，马丁也不例外。所有这些客观因素都要求马丁做好充足的准备。

"和所谓的'秩序'说再见"听上去过于正式，不够好。"和……说再见"像是一首散文诗，"所谓的'秩序'"又过于笨拙。果不其然，观众听着马丁的演讲内心却未起波澜。还好，演讲接近尾声的时候，打动人心的时刻终于姗姗来迟："直到公平和正义像一股洪流在美国的国土上自由奔流，否则，别想让我们放弃！"观众沸腾了。马丁低头看了看稿子，接下来要说的话显得苍白而做作："所以今天，让我们以国际民权运动一分子的身份回到自己的城市"。马丁实在开不了口，他决定放手一搏、即兴发挥："让我们回到密西西比去，回到亚拉巴马去，回到南卡罗来纳去，回到佐治亚去，回到路易斯安那去，回到我们北方城市中的贫民区和少数民族居住区去，要心中有数，这种状况是能够也必将改变的，我们不能陷入绝望而不能自拔。"

马丁的身后站着他的朋友和同事，他们意识到马丁已经脱离了原稿，眼看观众的情绪已经高涨，接下来马丁要说的每一个字都至关重要，决定性的时刻到了。这时的马丁正在脑海中苦苦搜寻能将观众的情绪进一步推向高潮的话语。

也就在这时，马哈丽亚·杰克逊向马丁喊道："告诉他们你的梦想！"马哈丽亚是指前几个月马丁一直对教堂会众所讲的梦想，这是一个关于美好明天的梦想，是一个关于黑人和白人和谐共存的梦想。面对着直播镜头、面对着满心期待的观众，马丁知道该怎么做了：

> 朋友们，在此时此刻，我们虽然遭受种种困难和挫折，我仍然有一个梦想，这个梦想深深扎根于美国的梦想之中。
>
> 我梦想有一天，这个国家会站立起来，真正实现其信条的真谛："我们认为真理是不言而喻，人人生而平等。"
>
> 我梦想有一天，在佐治亚的红山上，昔日奴隶的儿子将能够和昔日奴隶主的儿子坐在一起，共叙兄弟情谊。
>
> 我梦想有一天，甚至连密西西比州这个正义匿迹、压迫成风、如同沙漠的地方，也将变成自由和正义的绿洲。
>
> 我梦想有一天，我的四个孩子将在一个不是以他们的肤色，

而是以他们的品格优劣来评价他们的国度里生活。

今天，我有一个梦想。我梦想有一天，亚拉巴马州能够有所转变，尽管该州州长现在仍然满口异议，反对联邦法令，但有朝一日，那里的黑人男孩和女孩将能与白人男孩和女孩情同骨肉，携手并进。

今天，我有一个梦想。

"和所谓的'秩序'说再见"已被所有人遗忘。马丁的即席之作震撼了整个20世纪，被人们永远铭记于心，它的名字叫"我有一个梦想"。

第五章　出奇制胜

"只要能拔掉这颗眼中钉，其他都无所谓！"

沙漠之狐隆美尔、商业奇才贝佐斯、美国总统特朗普：在战场、商场和政坛中，如何制造混乱去迷惑敌人、取得胜利。

1915 年 1 月末的一个深夜，德国决定对法国东北部马恩省比纳尔维尔市附近的法国军营发动突袭，负责行动的是德国陆军第三营，共有千名士兵。同时，三营九连接到命令，要求其 200 名士兵作为先锋队，穿过一条阴湿、冰冷、宽 4 英尺（约 1.2 米）的地下掩体向敌军推进。第九连的连长渴望升官晋爵，毫不犹豫地接受了任务，他的名字叫埃尔温·隆美尔（Erwin Rommel），时任陆军中尉。

接到命令的隆美尔迅速率领手下向法军前线推进。九连士兵曾一度被敌方的枪林弹雨困在原地，但隆美尔觉得越是这种时候，越要火速推进，趴在原地无异于等死。法国士兵见到德军如此勇猛，吓地落荒而逃。德国士兵在硝烟中隐约看见穿着红色上衣和蓝色裤子的法国士兵四处逃窜。隆美尔乘胜追击，带领手下迅速攻破法军第一道防线，紧接着是第二道、第三道，途中遇到法国逃兵统统击毙。为了进一步深入敌营，隆美尔钻进了法军构筑的带刺铁丝网，就在此时，他发现手下没一人跟上，这些士兵心里清楚穿越铁丝网意味着送死。隆美尔被迫折回，他威胁副连长："要是再敢违抗命令，我立刻枪毙你！"

　　在隆美尔的威逼下，第九连终于成功深入敌阵，他们接连占领了四处掩护阵地。随后，隆美尔向第三营总指挥发去消息请求派兵支援。隆美尔和手下埋伏好，趁法军整营撤退时从左侧伏击他们。但是毕竟寡不敌众，法军很快发现了隆美尔，向他逼近。隆美尔知道如果援军再不出现他就会沦为法军俘虏。这时，隆美尔的手下向他喊道："我军第三营放弃了进攻，第九连已经被法军包围了！"

　　进退两难的隆美尔面临两个选择：要么继续坚守，直到弹药耗尽后投降；要么冒着来自四面八方的敌军炮火，穿越重重障碍撤退。隆美尔两个都没有选，相反，他带领手下发起了新一轮的进攻，法军目瞪口呆，没反应过来。隆美尔抓住时机带领手下再次穿越铁丝网向德军阵地撤退。等到法军回过神来，隆美尔他们已经逃到了300码（约275米）开外的地方，想追也追不上了。这次突围中，隆美尔手下没有一人阵亡，也没有一位伤员掉队。

　　比纳尔维尔一战为隆美尔迅速成长为一位机动作战大师奠定了基础。隆美尔认为，在战场上，将领不仅应该从混乱中寻找机会，还应该主动制造混乱、制造机会。隆美尔行动敏捷，经常独立作战，趁敌人还未反应过来迅速找到突破口，他会利用每一个突破口给敌人制造更多混乱，为自己争取更多机会。

　　隆美尔的战术虽然敏捷、迅速、出敌不意，但是也有一定的风险，在迷惑敌人的同时可能也会迷惑自己人。于是，隆美尔经常陷入孤立作战的危险境地，此时他的手下四处分散、彼此失联，甚至精疲力竭、弹尽粮绝。然而，隆美尔却很少吃败仗，因为他的手下只是些许迷惑，而他的敌人则是十分困惑。

隆美尔善于制造混乱，创造战机，因此在战场上所向披靡，他总是能在敌人迷惑他之前成功迷惑对方，因此赢得了"沙漠之狐"的称号。军事奇才隆美尔的战术不仅适用于战场，还适用于其他领域。

在任何竞争中，你只有打败敌人才能获得胜利。有时候，你的对手可能只是一个物理参照，比如百米短跑运动员只需盯着终点线奔跑，不用去理会其他选手。但是更多时候，你的对手是活生生的人——围棋手、拳击手、军事指挥官、商业领袖、政治家，你可不能忽视他们，想赢就得制造机会让他们输。

由史泰龙导演兼主演的电影《龙拳虎威2》（*Rocky II*）里面，左撇子拳击手洛奇在对阵拳王阿波罗时，改用右手出拳，结果把自己变成了一个人肉沙包。但是在最后一个回合里，洛奇突然改成左手出拳，来不及反应的阿波罗被打得落花流水。暂时的失利并不要紧，只要最后的胜利属于自己。虽然在前面的回合里，阿波罗的拳头如雨点般打在洛奇身上，但是最后一回合左右手的突然切换让洛奇坐上了新一代拳王的宝座。

如果你觉得这只是好莱坞电影中才有的桥段，那么我们来看看弗拉基米尔·克里钦科（Wladimir Klitschko）。克里钦科生于乌克兰，一共获得了28次拳王头衔，由于其重拳杀伤力巨大，所以绰号"钢锤博士"。2004年至2015年的11年间，克里钦科比赛从未失利，连续18次成功卫冕重量级拳王头衔。然而就在2015年11月，统治职业拳坛重量级十多年的克里钦科王朝走向灭亡。打败他的是来自英国曼彻斯特的重量级职业拳击手泰森·福里（Tyson Fury）。此人很喜欢出风头，有一次他把自己打扮成蝙蝠侠去参加新闻发布会。赛前很多拳迷都不看好福里，但是福里却在比赛中途效仿洛奇，突然改用左手出拳，成功抢走了克里钦科的金腰带。

弗拉基米尔的哥哥维塔利·克里钦科（Vitali Klitschko）接受媒体采访时说："我弟弟很厉害，我清楚他的优势所在，只是面对福里，他完全没有发挥出自己的优势。"维塔利曾经也是一名拳王。拳击解说员史蒂夫·邦斯（Steve Bunce）说："弗拉基米尔今晚的表现糟透了，是泰森·福里让他如此狼狈。"

拳击界流传着一种假说，由劳丽·雷蒙德（Faurie Raymond）提出：尽管左撇子总是处于下风，吃了很多败仗，但是他们总能在右撇子统治的拳击世界里一次又一次爆冷门。不管这一理论是否严密，它揭示的道理恐怕没人质疑：想要打败对手，关键不仅仅在于你的行动，更在于你的行动给对手造成了什么样的影响。

我们再来谈谈国际象棋。要问谁是当今最伟大的棋手，人们自然想到芒努斯·卡尔森（Magnus Carlsen）。卡尔森 1990 年出生，挪威人，最年轻的世界第一。卡尔森 13 岁时就战胜了当时的世界棋王卡尔波夫，被誉为神童，人称"棋坛莫扎特"，他书写的神话至今无人能超越。卡尔森的每一次问鼎似乎都轻而易举，他的后半盘尤其令人称道，好像一位凭空变出一座城堡的魔术师。但是有一点特别奇怪，卡尔森的每一步棋其实并不能算完美，但就是能杀敌于无形之中。

究竟是谁竟敢如此质疑当今棋王？——计算机国际象棋，也称弈棋机，也就是用计算机下国际象棋。这是现代科学与棋艺相结合而产生的一个计算机程序。目前能下国际象棋的计算机已能战胜 90% 以上的人类棋手，达到象棋大师的水平。通过对比计算机国际象棋和棋王卡尔森，便能得到上面的结论。

纽约州立大学布法罗分校计算机科学教授、前职业国际象棋手肯·里根（Ken Regan）对比了弈棋机和世界一流棋手的表现。里根发现卡尔森的走棋和其他选手——比如另一位大师弗拉基米尔·克兰尼克（Vladimir Kramnik）——比起来并无明显优势，那为什么卡尔森能蝉联棋王宝座，而棋艺可以比肩计算机的克兰尼克就不行？答案其实和卡尔森的走棋没有多大关系，而是他的走棋给对手造成的影响。简单而言，卡尔森总是能够阻止对手发挥他们的最高水平。没错，卡尔森的头衔确实能震慑对手，给对手造成心理压力。没错，卡尔森还年轻力壮，在拉锯战中优势明显，经常拖垮对手。但是，这些都不是根本原因，卡尔森之所以是卡尔森，是因为他的每一步棋都能给对手制造不小的麻烦。

另一位弈棋机研究学家盖伊·霍沃思（Guy Haworth）发现，卡尔森的战术是尽量让棋局复杂化，尤其是在对手承受时间压力的时候。霍沃思统计了棋手的"错误"，即棋手走棋逊色于计算机推荐走棋。卡尔森比赛时，错误主要集中在前40步。他很享受在比赛接近时限时，将对手和自己拉进一个错综复杂的棋局，好像一片迷雾密布的森林。卡尔森并不需要完美发挥，他只需要让对手发挥得比自己差即可。

作为军事家，隆美尔也有自己的战术，那便是在战场上制造混乱、寻找机会。这一战术使隆美尔从第一次世界大战初期的小小连长成长为第二次世界大战时最令人敬畏的元帅之一。

1917年，作为德军第三营第九连的连长，隆美尔带领手下800人隐藏在威尼斯北部山区一带，他们的任务是帮助野心勃勃的德军攻破由老练的意大利军队驻守的三道防线。其实狡猾的意大利本属同盟国，和德国处于同一战线，但是后来在英法的利诱下转投了协约国。

抵达山区后，隆美尔迅速开始侦察地形。他们发现了一条通向意军根据地的隐蔽山道，俘获了几个意军，不费吹灰之力占领了意军一处防守阵地。一场暴风雨突如其来，恶劣的天气加上复杂的地形使得进攻难上加难，但是隆美尔却将其视为天赐良机，因为肆虐的暴风雨恰恰可以掩护部队的行动。于是，隆美尔决定提前进攻，他率领全部手下通过那条隐蔽的山路向意军推进。第二天，隆美尔发动了突袭，捕获了很多战俘，占领了意军的根据地。

隆美尔率领区区800人便捕获了1500名意军战俘，大大挫伤了意军的士气。接下来，隆美尔在夜色的掩护之下又发动了多次突袭，投降的意军成倍增长。

一个黎明，隆美尔和意军因为抢夺一处有利地形——马塔杰尔山而交火。隆美尔冒着敌人的子弹在没有任何掩护的情况下带着几百人冲向山顶，凭借猎豹一般的速度抢占了这块高地。但是，隆美尔和战友高兴得太早，意军开始从四面八方向他们逼近，比纳尔维尔的悲剧再次上演。那一次，隆美尔利用法军排兵布阵之际，火速突破了敌人的包围。这一次，隆美尔是否能够再次战胜死神呢？

隆美尔的上级看到他们已经捕获数千俘虏，以为隆美尔已经打了胜仗，于是发出撤兵的命令，一些士兵听从了命令。隆美尔和手下再次被抛弃。这种情况下，大多数将领都会选择服从上级命令，立刻停火，集结剩余兵力，但是隆美尔可不属于大多数。相反，他认为尽管眼前十分混乱，逼近的敌军人数 10 倍于自己，但是优势依然在自己这方，必须立刻进行下一轮进攻，不能给士气低落的敌军喘息的机会。于是下一轮交战开始，隆美尔和手下冒着生命危险夺取的马塔杰尔山帮了大忙。

恶战持续了两天半，隆美尔和手下几百士兵以少胜多，又俘虏了9000 多名意军，而隆美尔一方只牺牲了 6 位战友。隆美尔又一次准确判断了战情，在混乱中寻找时机突破了敌军的封锁。

隆美尔清楚机会稍纵即逝，为了抓住宝贵时机而制造一些混乱是值得的，尤其是对于善于利用混乱的一方来说。隆美尔的军事战略还可以启迪那些在商界和政界摸爬滚打的人。

1994 年年初，万维网（World Wide Web）的网络流量比同期增加了 2000 倍，这一爆炸性增长预示着无限商机。而当时，微软作为软件开发巨头却连自己的门户网站都没有，更别提开发网络搜索引擎了。如果隆美尔是商人，他一定不会放过这个赚钱的机会，准会笑话微软的迟钝。结果，一个在华尔街工作的年轻计算机科学家接住了这块馅饼，他就是杰夫·贝佐斯（Jeff Bezos），全球最大网上书店亚马逊（Amazon）的创始人。

"将创意付诸实践的过程往往充满混乱。"贝佐斯告诉《一网打尽：贝佐斯与亚马逊时代》的作者布拉德·斯通（Brad Stone）。外部人士听到这话，肯定觉得一头雾水，不敢相信亚马逊也有混乱的时候。对消费者来说，亚马逊就是整齐高效的代名词：想买东西的时候，直接登录亚马逊，下单付款后商品便会被快递到家。对于竞争对手来说，亚马逊的每一个决定、每一个计划都毫无漏洞，就像一台杀人不眨眼的机器总是能毫发无伤地将对手打趴在地。其实，消费者和竞争对手只看到了亚马逊的一面，亚马逊发展的每一个重要阶段都和混乱挂钩，只不过外界看不到。

贝佐斯在创立亚马逊时，眼前只有一副宏伟的蓝图，并不知道如何去实现。他之所以给自己的公司取名亚马逊，是因为亚马孙河是世界上流量最大的河流，他希望自己的公司能够成为世界上最大的零售商，能够满足顾客的一切需求。1995 年，亚马逊从卖书起步。

第一周，亚马逊销售额为 12000 美元，但是只成功配送了 846 美元的书籍。到了第二周，亚马逊虽然配送了 7000 美元的书籍，但是销售额也上升到 14000 美元。一大半的订单来不及处理，贝佐斯急得焦头烂额。管理层每天晚上都要加班，那时公司的办公桌不够用，再加上谁也腾不出时间买桌子，他们干脆直接坐在地板上工作。

贝佐斯曾对顾客夸下"海口"，亚马逊存书多达上百万册，如果顾客不满意，还可以享受 30 天内无条件退货退款。这一承诺很能打动人心，但是贝佐斯根本就没想过如何去贯彻，他只是一厢情愿地认为自己的管理人员肯定能帮他搞定。

既然订单已经堆积如山，为什么亚马逊不暂停下来，稍微缓一缓，想想应对策略呢？和隆美尔一样，贝佐斯也相信机会蕴藏于混乱之中，稍有松懈只会错过良机。亚马逊开张第二周，贝佐斯收到了来自雅虎（Yahoo）创始人大卫·费罗（David Filo）和杨致远的一封电子邮件，他们希望贝佐斯同意雅虎在其主页添加亚马逊的链接。贝佐斯团队的专家警告贝佐斯不要玩火自焚，和雅虎合作必然会过度刺激销售，使订单远远超出亚马逊的承受能力。即便团队明确反对，贝佐斯依然接受了雅虎的提议。

订单如洪水般向亚马逊的员工席卷而来。贝佐斯的办公室也一团糟，像个垃圾堆。有一次贝佐斯喝了一口放在办公桌上的卡布奇诺，差点儿把自己毒死，原来这杯咖啡是一周以前的，已经发霉了。布拉德·斯通在给亚马逊和贝佐斯写传记的时候，想采访员工有关那段异常混乱的时期，结果他们什么也不记得了，睡眠严重不足导致记忆力直接"丧失"。

为了创立亚马逊，贝佐斯放弃了华尔街的高薪工作，不顾家人反对，连年终奖都不要就辞职了。亚马逊开业才两周，他就敢和雅虎合作。这就是贝佐斯！

1999 年，亚马逊开始卖厨具。由于仓库的设计主要是满足书籍的存放、分选和派发，所以当裸装刀具沿着滑道进入分选机时，分选机总会询问："这本'书'是精装还是平装？"

同年，亚马逊还开始销售玩具。公司在纽约举行了媒体见面会，希望通过媒体向公众炫耀其库存的玩具。但是贝佐斯却发现下属采购的玩具太少，根本不足以震撼媒体和观众，他勃然大怒，训斥员工："你们想让竞争对手笑话我们吗？可悲至极！"老板发火了，亚马逊的管理人员不得不分头行动，冲到曼哈顿能够找到的所有"玩具反斗城"。玩具反斗城是目前全球最大的玩具零售商，为了尽可能扩大库存，亚马逊的管理人员刷爆了自己的信用卡。

圣诞节到了，亚马逊再一次掀起采购浪潮，美国各地的公司员工从"好市多"超市和"玩具反斗城"大批购入各种类型的玩具存入亚马逊的仓库。亚马逊还从刚刚开始营业的玩具反斗城在线商城那里买空了精灵宝可梦系列玩具。和亚马逊相比,后者显然缺乏市场敏感。

一时间,亚马逊的仓库堆满了精灵宝可梦等各种各样的玩具。由于要派送的商品实在太多,分拣机的滑道经常被一些商品卡住,进而影响整个分拣线。亚马逊内部已经溃不成军,管理层启动了"圣诞老人拯救计划":所有员工不能回家,必须连续奋战 14 天,晚上就在仓库附近的旅馆休息,两个员工共享一个标准间。圣诞节终于过去了,亚马逊库存的玩具只卖出去了 60%,剩下的不得不降价出售,亚马逊损失巨大。但是不管怎样,圣诞大战总算是挺过来了,亚马逊也赢得了顾客的一致好评。

2000 年夏,美国硅谷由于投资过热而引起的网络泡沫破裂了,导致经济低迷,失业率大增,平均工资下降,办公楼空置率达到十年来最高水平。那时亚马逊已经成为网络巨头,按理说根基很稳不会受太大影响,但还是因为急于扩张遭受了巨额经济损失,一些经济学家直接预言亚马逊难逃破产命运。

为了占有更多市场份额,贝佐斯经常用打折销售来吸引顾客,这让亚马逊的金融团队很是头疼。当时正处于经济低迷时期,银行收紧了贷款政策。如果亚马逊不能从银行借到钱,便不能抵消公司因为低价竞争而遭受的损失。重量级金融刊物《巴伦周刊》(Barron's)刊登了一篇文章,题为《定时炸弹亚马逊》。亚马逊的供应商看到后,纷纷要求亚马逊先付款再发货,以防它破产受到连累。

即便如此，贝佐斯依然没有放缓扩张的步伐。还好亚马逊有一位聪明的财务总监，帮助亚马逊渡过了难关。斯通在传记中写道："亚马逊能够摆脱破产危机全凭坚定的信念、灵活的政策和一点点运气。"

亚马逊不只卖产品，它还喜欢自己研发产品。比如电子阅读器Kindle，一上市便被抢购一空，并断销数月，没抢到的网友怨声载道。还有土耳其机器人（Mechanical Turk），这是一种众包网络集市，能使计算机程序员调用人类智能来执行目前计算机尚不足以胜任的任务。然后就是智能手机 Fire Phone，其颜值遭到网友大量吐槽。之后便是 Marketplace，这是一种电商平台，支持第三方店家在亚马逊开店。随后是云服务 AWS，它为顾客提供了一系列安全可靠的、可扩展的、价格低廉的云计算平台，可进行数据的备份与存储、网站托管及游戏开发等服务，仅按使用量付费。亚马逊的 AWS 领先微软Azure 四年、谷歌 Compute 六年。

贝佐斯曾说："在商业世界，哪怕只提前 20 分钟准备都是在浪费时间。"贝佐斯做任何决定都匆匆忙忙，难怪亚马逊帝国总是陷入混乱。

1940 年年初，德国对法国发动闪电战 ①，隆美尔率领第四军第七装甲师突破了法军的缪斯河防线，给法军造成了严重威胁，法军遂放

---

① 德军发明的闪电战（德语为 Blitzkrieg）要求将领在混乱之中随机应变、出奇制胜。德国军事历史学家卡尔 – 海因茨·弗里泽尔（Karl-Heinz Frieser）在其著作《闪电战传奇》（*The Blitzkrieg Legend*）一书中写道："德军在西线作战时并没有一个具体的行动方略，相反，每一次胜利都来自陷入绝境的德军的奋起反抗。"自从隆美尔和他的战友发明了闪电战，这一战术便成了德军的行动指导。

弃缪斯河防线向后撤退，隆美尔乘胜追击，俘获 97000 名法军。隆美尔通过法国战役取得了赫赫战功，进入了他军事上的黄金时代。他神出鬼没、难以捉摸，法军把隆美尔率领的第七装甲师称为"魔鬼之师"，就连德军的最高指挥部都不知道隆美尔的下一步行动。

1940 年 6 月，正当法西斯德军进攻法国的时候，其盟友意大利则乘机出兵北非，进攻英属埃及和索马里，企图夺取苏伊士运河，控制地中海直通印度洋的通道。同年 12 月，英军开始反攻，意军被迫撤退到利比亚境内。1941 年年初，英国将军理查·欧康诺（Richard O'Connor）率领一小支部队在北非以少胜多大败意大利，捕获了 13 万战俘。北非战线告急，希特勒紧急任命隆美尔为"德国非洲军"军长，率领一个轻装师、一个装甲师前往北非援救一败涂地的意军。

1941 年 2 月，隆美尔率军抵达特里波利。他的手下毫无沙漠作战经验，大批装甲车还在地中海上。隆美尔很怕英军趁此机会进攻德军，他给柏林发去电报："如果英军不计代价也要拿下特里波利，北非战局必然告急，进而威胁整个战线。"隆美尔急中生智，他让手下开着为数不多的全部装甲车在特里波利的大街上循环，这一障眼法使当地人误以为德军装甲车很多。隆美尔还改装了几百辆假坦克，希望骗过英军的空中侦察，为自己争取更多时间。隆美尔在给妻子露西的信中写道："只要再撑两到三周，情况便会好转！"

运气再一次站在了隆美尔这边，他的虚张声势成功蒙蔽了英军，导致英军不敢贸然进攻。隆美尔嗅到了英军的犹豫，带着手下沿着北非海岸刺探敌情，寻找英军的弱点。他们发现一个重要情报：大批英军正在向希腊撤退。

就在隆美尔抵达北非的几周后，英军就开始在利比亚的马萨勃利加挖战壕，此地属于防守要地，保护着利比亚东部的昔兰尼加。昔兰尼加连接了利比亚内陆和地中海，具有很重要的战略意义，其海岸建有图卜鲁格港，港口储备了大量石油和军火，还有不少机场，水资源也充足，对于沙漠作战意义非凡。

当时，隆美尔的直接上级是伊塔洛·加里波第（Italo Gariboldi）上将，他胖胖的，蓄着花白的八字胡。加里波第希望隆美尔按兵不动，隆美尔不想这样做，但是当时德军的最高指挥部也下令隆美尔等待命令、不要贸然反击英军。隆美尔很是不解，殊不知当时希特勒即将启动"巴巴罗沙计划"，攻打苏联。

但隆美尔从来就不是一个无条件服从上级命令的人，眼看着英军在马萨勃利加修筑的防御工事日益坚固，隆美尔决定必须立刻采取行动，如果日后攻击，德军将付出更大代价。隆美尔率领手下从侧翼包抄马萨勃利加，夺取了很多军用车辆。

隆美尔发现大批英军正在向希腊撤退之后，便计划亲自率领左翼部队从后方追赶英军，同时派另一地点的右翼部队直接穿越内陆沙漠和左翼汇合。

隆美尔不是胆子大，他就是个疯子。此前下属就告诉隆美尔内陆全是沙漠，无法通过，隆美尔亲自实地勘察后也得出同样的结论，但是他依然一意孤行。结果，他的右翼推进部队没有汽油了，补给车往返德军供给站需要四天时间。接到这一消息后，隆美尔当机立断，他命令部队卸下所有卡车和汽车，全部开去供给站取汽油，其他士兵和所有装甲车则留在原地。这一决定风险很大，一旦英军获悉发动攻击，困在沙漠深处的德国士兵变会因为手无缚鸡之力而全军覆没。当时隆美尔是这么想的：英军正在全线撤退，他们不会为了区区几个敌军大动干戈搜索沙漠。

隆美尔率领左翼部队赶上了英军，双方展开了一场混战。昔兰尼加一带经常遭遇红色沙尘暴，此地还埋有许多地雷。德军不断在漫天黄沙中失去方向，隆美尔乘坐的侦察机在上空盘旋，要是发现蜷缩在地面上躲避风沙的士兵，直升机便会靠近士兵，一张纸条飘下来，上面写着："再不前进，我就下来收拾你——隆美尔。"由于能见度实在太低，隆美尔不小心将一张纸条扔给了英军。事后，隆美尔的下属抱怨战场之混乱，隆美尔还老是改变战术。1941 年 4 月下旬，德军指挥部的一位将军在日记里无奈地写道："这些天来，指挥部没有收到隆美尔的一份报告，直觉告诉我那边已经乱套了。"

这位将军的直觉是对的，战局确实混乱至极。但是，虽然德军这边乱套了，他们的英国敌人更惨：被德军夹击的英军像热锅上的蚂蚁，疯了一般地寻找撤退路线。很多英国士兵沦为俘虏，包括欧康诺将军本人，英军剩余的兵力仓皇而逃。隆美尔只用了 6 天时间，便夺取了昔兰尼加，扭转了法西斯在北非战局的初期局势。

在隆美尔到达北非后一年半的时间里，他便率领仅仅由一个轻装师、一个装甲师组成的远征部队横扫绵延 1000 英里的北非沙漠，从西边的特里波利到东边的亚历山大港，威逼英国舰队退到了苏伊士运河，英军最高指挥部害怕会被德军逼降，提前准备了一份清单，罗列了投降之前必须毁掉的物件，以免泄露过多机密。英国首相丘吉尔被隆美尔害得差点儿丢了乌纱帽，他焦虑地在走廊上来回踱步："隆美尔，隆美尔，隆美尔！只要能拔掉这颗眼中钉，其他的都无所谓！"

2015 年，唐纳德·特朗普（Donald Trump）宣布自己将参加2016 年美国总统选举，整个世界都以为他在开玩笑。此前，特朗普是一位很成功的地产商，他还是真人秀《名师学徒》的制作人，担任过"环球小姐"选美大赛的主席，从政经验为零，还特别喜欢吹牛，自然没人看好他能当选，共和党人都把希望放在另一位候选人、来自布什家族的杰布·布什（Jeb Bush）身上。布什曾任佛罗里达州州长，父亲和兄弟都做过美国总统，显然比特朗普靠谱。

然而事情的发展远远出乎所有人的意料。2015 年秋的民调显示，杰布·布什在共和党选民中的支持率跌至 4%，而特朗普的支持率则上升到 24%，领先其他共和党候选人。如果你仔细观察共和党候选人的唇枪舌剑，便会发现以下套路：先是特朗普发表有关移民的煽动性言论，迎合部分共和党选民的反移民倾向，然后其他党内竞选人便会跳出来一起反对特朗普，先是表达他们理解特朗普支持者对移民问题的担忧，但是他们不会向特朗普那样煽动反移民情绪。

尽管杰布想和特朗普这个"疯子"划清界限，想显示自己是理智之人，但他还是暴露了本性。2015 年 11 月 24 日，杰布造访得克萨斯州，在被记者问及"定锚婴儿"[①]言论是否会导致拉美裔选民的

---

① 根据美国宪法第 14 修正案的规定，任何在美国本土出生的婴儿均为美国公民。依靠该条款获得"出生公民权"的婴儿可以在 21 岁后为自己的父母申请绿卡。美国有人把这些婴儿称为"定锚婴儿"，意指像轮船上的锚一样帮助整艘轮船停泊。——译者注

反感时，杰布说其实我老婆就是墨西哥人，"定锚婴儿"言论并不是说拉美裔，而是针对亚裔。杰布这一言论招致美国亚裔社区的强烈反对。特朗普赶紧发推文落井下石，顺便回击了一位女记者。这位记者控告特朗普的竞选助手科里·莱万多夫斯基（Corey Lewandowski）殴打自己，特朗普在推特上为科里辩护，暗示女记者故意栽赃。很快，"大嘴"特朗普又一次惹火烧身，他在一次演讲中模仿《纽约时报》的残疾人记者谢尔盖·考瓦里斯基（Serge Kovaleski）。考瓦里斯基患先天关节弯曲症，特普朗此举遭到各界炮轰。特朗普又跑去推特试图转移话题，指责《纽约时报》的"笨蛋"低价出售《波士顿环球时报》，亏损了十多亿美元。

特朗普的竞选对手都是老练的政客，会精心准备每一篇新闻稿并提前和媒体通气，这样可以最大限度地避免出丑、维护政治形象。但是，无论他们的演讲或声明如何精彩，特朗普随随便便一条推文便抢去他们的风头，民调支持率也不断上升。

2015 年的一天，我收到一位朋友发来的消息，只有一个链接和一句评论："特朗普在干扰竞选对手的 OODA 循环。"

"OODA 循环"是一个军事术语，首次出现在一份长达 196 页的文件里，文件名为"冲突的模式"。OODA 代表 Observation、Orientation、Decision、Action，即观察、判断、决策、行动。该术语的提出者是退役的美国空军上校约翰·伯伊德（John Boyd）。尽管伯伊德已经去世 20 多年，但他依然是无数军事家的崇拜对象。这一理论的基本观点是：武装冲突可以看作敌对双方互相较量谁能更快更好地完成"观察—调整—决策—行动"的循环程序。双方都从观察开始，观察自己、环境和敌人。基于观察，获取重要外部信息，及时调整对策。最初，伯伊德运用 OODA 循环来阐述空战战术，但是之后他把 OODA 循环发展为一种战略，一种让敌人心理瘫痪的战略。^①我们可以借助伯伊德的理论去理解隆美尔、贝佐斯和特朗普。

伯伊德出生在美国一个普通家庭，年纪轻轻便已成为美国空军最优秀的飞行员。凭借非凡的军事智慧，他总是能在空中打败对手。伯伊德把自己的经验总结成册，供参加空中演习的其他飞行员使用。册子里详细解释了怎么利用飞行动作迷惑敌方，这本册子后来成了指导空战的"圣经"。

20 世纪 60 年代，伯伊德提出了能量机动论，用来评价战斗机的机动性，即飞机在一定时间内改变飞行速度、高度和方向的能力。朝鲜战争时期，美国 F–86 佩刀一次又一次击落苏联米格 –15。这一结果令人不解，因为米格在最大飞行高度、爬升速度和机炮威力方面都更具优势。伯伊德建议美军飞行员利用各种机动动作迷惑苏联飞行员，由于佩刀的视野更清晰，他们完全不用担心迷惑敌人的同时也迷惑了自己。这一战术直接使苏联和朝鲜的飞行员感觉自己在和幽灵对决。伯伊德的能量机动论刷新了美军对空中作战的传统认识，同时影响了整个第三代战斗机的设计方向。1975 年，伯伊德离开了美国空军，他有更伟大的理想要去实现——进一步发展 OODA 循环理论和能量机动论。

---

① 伯伊德的理论和中国古代的军事家、《孙子兵法》的作者孙武的军事思想有异曲同工之妙。在他们所主张的军事斗争策略中，都包含协调作战、兵不厌诈、动如脱兔、行云流水、攻其不备、一招制胜、上兵伐谋。——译者注

年轻的时候，伯伊德有一个绰号——"40 秒钟伯伊德"，因为他最多需要 40 秒的时间便能搞定对手。离开空军后的他，变成了"6 小时伯伊德"，因为他需要 6 个小时的时间介绍经过完善的"OODA 循环"。伯伊德很是享受退役后的自由，因为他不再需要为政府部门卖力。他每天穿着一双拖鞋、一身磨破的衬衫和运动裤到处走动。政府部门不乏对伯伊德的理论感兴趣的高管，可是他们腾不出来 6 小时，于是要求伯伊德做个简报即可。可伯伊德从不妥协，要么细讲，要么拉倒。有一次，伯伊德直接对五角大楼海军总司令的助手说："既然你们老板日理万机，我倒有个办法不耽误他的时间，连简报都别听了。"说完就挂断了电话。

尽管伯伊德脾气如此臭，他的理论还是掀起了一股浪潮，本来最开始只有一小群人听过伯伊德的讲座，但是到了 20 世纪 70 年代末，"你必须听听伯伊德"传遍了华盛顿的大街小巷。每次举办讲座的时候，国会的工作人员和各大媒体的记者都挤满了报告厅。《大西洋月刊》（Atlantic Monthly）的记者詹姆斯·法洛斯（James Fallows）、"商界教皇"汤姆·彼得斯（Tom Peters）、美国未来的国防部长和副总统迪克·切尼（Dick Cheney）都成了伯伊德的忠实听众。

OODA 循环理论是如何形成的呢？它源于伯伊德对朝鲜战场的思考。佩刀之所以能够战胜米格，是因为佩刀能够更迅速地变换蛇形机动的方向，换句话说，佩刀的瞬间机动能力更强。随后伯伊德进一步联想到历史上的战役，总结出战场上的 OODA 循环。伯伊德的讲座涉及很多历史战役，从公元前 216 年的坎尼会战（汉尼拔指挥的迦太基军运筹帷幄，以少胜多，击溃了罗马大军），到 1976 年夏天的恩德比突袭（以色列特种部队成功从巴勒斯坦军方手上解救出一百多名人质）。从汉尼拔到特种部队，从隆美尔到历史上其他有名的军事家，他们总是率先完成 OODA 循环，然后迅速采取行动，干扰、延长、打断敌人的 OODA 循环。

我的一位朋友在绿色和平组织工作，这一环保组织为了和石油公司较量，所有成员都要学习 OODA 循环。政治评论家乔什·马歇尔（Josh Marshall）把杰布的退选归因于特朗普对其 OODA 循环的干扰。特朗普巧妙利用推特攻其不备，谁也摸不清他的节奏。

竞选期间，特朗普被爆出了很多丑闻，但是他总是能通过制造新的话题转移公众关注的焦点，将负面影响最小化。特朗普只在主场作战，只能由他牵着对手的鼻子走，决不允许对手牵着自己的鼻子走，这也是为什么他直接缺席在艾奥瓦州举行的最后一场共和党总统竞选人辩论，由福克斯新闻频道直播。特朗普以辩论主持人梅金·凯莉对他"有偏见"为由，拒绝参与这场游戏。第二天，特朗普独霸各大媒体头条。对特朗普来说，兵贵神速，行动的及时比行动之前的准备更重要，他必须确保敌人没有时间做出正确反应。

而杰布·布什显然不同意特朗普的观点，他从不打无准备之战。1941 年，德军最高指挥部和隆美尔通话时，用了一个形容词描述英军指挥官——迟钝。这个词也可以用在特朗普的竞选对手身上。历史学家戴维·弗雷泽（David Fraser）给出了详细解释："英军的行动反复证明其思想之僵化、反应之迟钝，他们总是跟不上战情的变化。"

英军将领和隆美尔形成了鲜明对比，英军迟钝、笨拙、不愿冒险，隆美尔迅速、灵活、英勇果断。尽管英军最初有欧康诺，但是100 个欧康诺也不及一个隆美尔。在和隆美尔的较量中，欧康诺沦为战俘。

1997 年，贝佐斯在哈佛大学商学院演讲，他向台下的师生介绍了亚马逊。那个时候，亚马逊还只是一股溪流，尚未发展为网络巨头。大部分美国人都没听说过它，即使知道的人，也不太敢用信用卡在亚马逊买东西，怕被盗取个人信息。哈佛商学院的学生都是未来的商界精英，他们能够判断电子商务的巨大发展潜力，只不过，他们并不看好亚马逊，他们看好的是亚马逊的强劲对手——巴诺书店。

几个月以前贝佐斯就和巴诺书店的掌门人莱恩·雷吉奥（Len Riggio）、史蒂芬·雷吉奥（Stephen Riggio）交过手，当时贝佐斯带着一位同事和雷吉奥兄弟在西雅图一家餐厅吃晚餐。雷吉奥兄弟的父亲是一名拳击手，莱恩继承了父亲的铁血，将巴诺书店发展为全美最大的连锁书店。要知道创立之初，巴诺书店只有一家店面，位于曼哈顿，可谓困难重重。1996 年，巴诺书店的销售额高达 20 亿美元，而亚马逊只有 1600 万美元。在出版商眼里，巴诺书店可以决定一本书的命运。无论是在北美各地的购物中心还是在热爱读书的人心里，巴诺书店都占据着很重要的地位。从 1992 年到 1997 年，巴诺书店抢占了独立书店占领的半壁江山。

用餐时，莱恩"亲切地"告诉贝佐斯，他应该接受巴诺提出的收购方案，因为不久巴诺书店也将发展线上业务。贝佐斯的助理回忆莱恩的原话是："你做得很好，至少到目前为止，可是一旦我们上线，你们的好日子可就到头了。"

似乎哈佛商学院的学生和莱恩想到一块儿去了。他们都知道网上书店的发展潜力巨大，只是他们都认为亚马逊要和巴诺抗衡，无异于以卵击石，一旦巴诺上线，亚马逊便会成为历史。

"我无意冒犯，但是我觉得您真的应该把亚马逊卖给巴诺书店，然后退出。"一位工商管理专业的学生对贝佐斯说。

贝佐斯承认和巴诺作对确实有风险，但是他做好了承担风险的心理准备。他相信只要他不放弃，敢于制造混乱，根据外界情况随机应变，他就能成功地迷惑对手。这不仅仅是针对雷吉奥兄弟，还包括其他零售业巨头——玩具反斗城、塔吉特，甚至沃尔玛。

贝佐斯对台下的观众说："你们可能高估了巴诺。其实这些拥有数家实体零售店的大型企业过于习惯现有的运作模式，这导致他们无法灵活应对网络这一新的销售渠道。不信就等着瞧吧。"

贝佐斯的预测完全正确。首先，由于巴诺书店的经营状况良好，发展线上业务会浪费很多资金，雷吉奥不想投入太多，破坏公司的财务状况。其次，巴诺书店的配送网络虽然强大，但是其主要功能是将大批书籍打包送往美国各地的零售店，而不是将单独一本书送到某一个客户手里。另外，雷吉奥希望管理人员仍然把重心放在实体店，而不是被网店分心，这直接导致巴诺线上业务管理不善。巴诺积累了丰富的实体书店管理经验，面对网络销售这一充满混乱的新渠道，他们犹犹豫豫，反而成就了亚马逊。

玩具反斗城在和亚马逊的较量中同样也败下阵来。1999 年圣诞节，亚马逊不计成本地疯狂采购玩具，在反斗城的眼里，这种行为太疯狂了，尽管反斗城也承认亚马逊确实有一些收获：赢得了更多客户，同时也把自己变成了最好的玩具网店。

当时，玩具反斗城也有自己的网店 ToysRUs.com，但是他们最火的玩具都被亚马逊洗劫一空。圣诞节前几天，媒体就爆料"玩具反斗城快没玩具卖了"。很多客户订购了玩具却收不到货，反斗城因此被联邦商务委员会罚款 35 万美元，因为他们没有提前告知客户实情。还有其他几家公司也因为供货不足挨了类似罚款，但是亚马逊没有。亚马逊这番抢购虽然让公司损失巨大，但是他们也赢得了更为宝贵的东西：顾客的信任。在这些顾客眼里，玩具反斗城放了他们鸽子，而亚马逊则兑现了自己的诺言。

亚马逊的竞争对手输就输在过于轻敌。2007 年，外界谣传亚马逊要发售电子阅读器 Kindle。当时巴诺的行政总裁是史蒂芬·雷吉奥，他此前也尝试过开发电子阅读技术，但是失败了，浪费了很多资金，所以他也没在意谣传，觉得亚马逊未必会成功。"现在或者未来好几年，巴诺都不适合继续开发电子阅读技术，因为市场还没有准备好。什么时候有市场，什么时候再说吧。"史蒂芬慢吞吞地对其管理层说。

出版商也意识到自己犯了一个致命错误：他们在和亚马逊商谈电子书版权的时候，忘了规定图书电子版在 Kindle 上的最低售价。一本售价 30 美元的精装图书，在 Kindle 上只卖 9.99 美元，价格差这么大，谁还买纸质书。Kindle 一上市便在数小时内被抢购一空，由于生产商出了问题，Kindle 一度脱销。在一些行家眼里，亚马逊显得业余而可笑。但是后退一步再想一想，观点便会发生改变。没错，Kindle 确实脱销严重，但是亚马逊已经抢先占领了电子阅读市场。2009 年，亚马逊在电子书市场的占有率为 90%。

　　亚马逊进军云计算领域的时候，也经历了同样的过程。前期的准备并不充分，初期阶段的一些技术问题也没有解决，定价不合理导致亏损。然而，在短短几年内，亚马逊，一个卖书的，变成了云计算的领头羊。一些分析家认为云计算的市场价值要高于网上书店。机会就在眼前，可是 IBM（国际商业机器公司）、谷歌、苹果和微软之类的顶级企业纷纷与之失之交臂，唯独亚马逊抓住了机会。

　　亚马逊不断进军新的领域，不畏亏损，努力克服每一个问题，占领了一个又一个市场。多亏了亚马逊的坚决果断、敢于创新、不畏混乱，反应总是慢半拍的竞争对手只有望尘莫及。

　　从隆美尔率领手下以少胜多击溃英军，到贝佐斯以弱胜强赶超巴诺书店，再到特朗普敢于抗衡布什家族，处于劣势的人总是利用混乱取胜，这不是他们的特权，处于优势的人同样可以采用这一策略。伯伊德的理论从未说过强大的部队就不能机动作战、迷惑敌人，打乱对手的 OODA 循环。然而事实是，如果能够按顺序组织、准备、协调，就没人愿意冒险了。

　　需要注意的是，机动作战并不能保证一定胜利，却必定会带来错误、指责和压力。1941 年，隆美尔试图攻占筑垒坚固的托布鲁克港口，这一次他没有得逞，意志力顽强的 27000 名澳大利亚士兵成功抵抗住了德军的攻击。要是隆美尔没有像往常一样依赖他的灵活机动战术，而是制定更加详细的策略、做好更加充分的准备，托布鲁克港口可能就是德国的了。隆美尔的手下伤亡惨重，隆美尔依然坚持强攻，直到他的下属拒不服从命令。是人就会尝到失败的滋味，隆美尔也不例外，然而，绝大多数时候速度和灵活给隆美尔带来的是成功。

贝佐斯也尝了很多苦头。2013年春，亚马逊英国官网一个第三方卖家开始在亚马逊卖T恤，上面印着诸如"保持冷静、尽情抢夺"之类的反社会口号。有些卖家利用亚马逊平台卖垃圾书，里面的内容全是抄袭的。2015年1月，警察搜查了日本亚马逊办公室，因为有人举报第三方卖家在亚马逊向儿童出售色情产品。2015年夏，亚马逊发现自己的网站上出现了恐怖组织"伊斯兰国"（ISIS）制作的宣传手册。这些事件都将亚马逊推上了风口浪尖。

既然亚马逊欢迎第三方卖家在其平台上进行销售，这些情况就很难避免。设计师蒂姆·马利（Tim Maly）评价亚马逊："它不是通常意义上的书店，它是一个集市，集结了大批有潜力的商品，它还是全球供应商，书店只是它众多身份之一。"

亚马逊最开始尝试集市的时候，其产品经理很是头疼，因为第三方卖家的商品很多时候比亚马逊自营产品价格低。除此以外，一些卖家不断让亚马逊颜面扫地，比如上面提到的那种T恤就堂而皇之挂在亚马逊官网，上面就是亚马逊的图标。

贝佐斯总是愿意尝试，愿意冒险，不管这些尝试会给亚马逊制造多少麻烦，也不管外界如何质疑。到目前为止，他的尝试还是取得了很好的效果。亚马逊集市卖出的商品接近亚马逊卖出总商品数的一半。一些分析学家认为亚马逊集市可能比亚马逊自营产品利润空间大。尽管亚马逊的不断扩张使公司利润微薄，但是从金融角度讲，亚马逊是一个巨大的成功。

现在我想你已经明白了混乱的形式能带给你的裨益是大于随之而来的风险和代价的。假如你正在参与竞争，你要怎么做才能打乱对手的 OODA 循环，让他变得迟钝呢？

要找到答案，我们先来认识一个人，这个人曾是北非战场上最让隆美尔头痛的对手，他曾带领手下 60 来人在 8 个月内摧毁了数百架德国飞机、数百辆车辆和大量物资弹药。他神出鬼没，是德军的噩梦，德军给他起了个绰号叫"幽灵少校"。他本人成了德军元帅隆美尔的头号打击目标，也让希特勒大为愤怒。

这位幽灵少校名叫大卫·斯特林（David Stirling）。这家伙运气背，还没来得及上战场，就在一次跳伞训练中摔断了腿，还差点儿摔断脊椎。躺在病床上的斯特林灵机一动：为什么不用小股部队突袭德军的机场，摧毁他们的飞机？刚刚出院，斯特林便拄着一对拐杖来到位于埃及的英国陆军中东司令部，身高近两米的他这会儿像只笨拙的黑熊。斯特林没有通行证，他面带微笑、镇定自若地想混进去，但是还是被哨兵赶了出去。于是，斯特林一瘸一拐地走到附近的一棵树下，背靠着树佯装休息，他趁哨兵没注意，迅速从栅栏的一个缺口钻了进去，跟跟跄跄跑过前院。哨兵回过神来的时候，斯特林已经溜到前门了。

斯特林随便闯进了一间办公室，里面坐着一位军官。斯特林告诉这位军官，他可以带领小支精锐部队空降在德国和意大利的前线，然后偷袭德军机场，切断德军的供给。斯特林运气不好，这位军官其实认识他，而且不喜欢他，因为有一次斯特林在军官的课上睡着了，碰巧这个大高个儿又如此扎眼，军官不仅否定了这一提议，还警告说他不会让斯特林得逞。军官接到了哨所的电话报告有人（斯特林）闯了进来，当军官放下电话的时候，斯特林已经消失得无影无踪。

从办公室溜走的斯特林又撞见了一位高级军官——尼尔·里奇（Neil Ritchie）将军。斯特林总算遇见了伯乐，里奇对他的计划很感兴趣，见他如此有想法和魄力，答应给他一支 60 人的部队试试身手。很快，他们便开始了魔鬼式的跳伞训练。这支部队的名字叫特种空勤团（SAS），全球第一支特种部队的前身。

斯特林勇闯英军司令部 ① 给我们带来了不少启示。首先，你得主动争取机会。斯特林并不知道自己会遇见哪位军官，他唯一确定的是总会遇见一位的。贝佐斯在创办亚马逊的时候，也不可能预测未来究竟会怎么样，他唯一确定的是总会有一些令人兴奋的事发生的。

其次，兵来将挡，水来土掩，灵活应变，突破一切障碍。既然骗不了哨兵，斯特林就干脆偷溜进去。既然第一位军官不买账，那就溜之大吉寻找下一位"买家"。

最后，兵贵神速。要是斯特林没有跑过英军司令部的哨兵，他恐怕就见不到自己的伯乐里奇将军了。

兵贵神速也就意味着一个团队在确定总体目标的基础上，不应该

---

① 这种事可不是斯特林第一次干。有一次，斯特林和战友没有装备了，他们偷了自己的盟友、装备精良的新西兰士兵的装备，趁着夜色将偷来的装备悄悄装上自己的卡车。遇到有新西兰士兵问，他们就撒谎糊弄过去。曾经有一位空军上尉质疑斯特林偷袭德军机场的计划，斯特林便和这位上尉打赌，如果斯特林能偷偷溜进位于开罗附近赫利奥波利斯的英军机场，并且神不知鬼不觉地将炸弹照片贴上所有飞机，这位上尉就得给他 10 英镑。尽管上尉提前警告了机场的哨位，但还是输给了斯特林，还写了一封道歉信。这之后，斯特林又进行了另一次演习，偷偷把假炸弹装进英军的舰艇。

浪费过多的时间做协调工作。斯特林经常把自己的小股部队分成更小的团队让他们独立作战，隆美尔也是这样，贝佐斯也不例外。贝佐斯曾经告诉自己的管理层少花些时间在沟通上，因为贝佐斯认为一个部门的首要目标是完成自己的职责，而不是随时了解另一部门的情况。这也是伯伊德反对军队"完全同步"的原因，他说应该同步的是钟表，而不是军队，如果每一个计划都要互相通报，只会浪费时间、拖延行动。他的这一观点在军方引起了很大反响。

特种空勤团早期执行任务时，严格遵守了以上原则。他们第一次行动的目标是炸毁德军机场的飞机。当时，两军之间隔着大片不易通行的沙漠，所以要袭击机场，首先要解决交通问题。斯特林一开始选择的交通工具是飞机。行动之前，斯特林的队员一直在接受跳伞训练，但他没想到，还没到目的地，他们的飞机就被德军发现了。好不容易摸到机场的时候，德军早就架好了机关枪恭候。结果，65 人里，只有 22 个活了下来。斯特林认识到，问题主要出在交通工具上。他随即改变了战术，放弃了飞机和降落伞，采用轻型越野车，由经验丰富的驾驶员驾驶。

突袭时，他们又被德军盟友意大利的侦察机发现了，但是斯特林并没有因此取消行动。他将手下分成两组，分头袭击两个机场。第一个小组失败了，但是由其副手帕迪·梅恩（Paddy Mayne）率领的第二个小组成功了。梅恩和手下引爆燃烧弹，几乎炸毁了机场上的所有飞机。

斯特林和梅恩甚至认为如果他们再少花些时间在侦察上，德军的损失会更加惨重。一定的侦察确实有助于熟悉对手，但同时也给了敌人准备和反应的时间。他们决定以后的秘密行动要更加迅速，即使没有充分了解对手。这样才能做到攻其不备，速度比充分准备更重要。

在特种空勤团成立以前，很多军队就已经将偷袭作为一种战术使用，只不过成功率并不高。英国另一特种部队陆军突击队比空勤团早一年组建，负责沿法国和挪威海岸突袭法西斯力量。和空勤团不同的是，陆军突击队每一次行动都有几百至几千人参与，而且要求行动必须高度统一。虽然他们也取得了一些成功，但是也失败了很多次，伤亡率高得惊人。由于行动人数过多，突击队无法做到机动作战、灵活应变，又何谈"突击"，倒是给了对手还手之机。

斯特林带领的特种空勤团恰恰相反，他们只有 60 来人，能够不断根据变化的战况调整战术，他们不在乎是否每个人的行动都能同步。1942 年春，特种空勤团深入到敌方势力范围，斯特林计划将一条小船放到敌方驻守的港口附近海岸，然后趁着夜色划着小船潜到敌人的眼皮底下，悄悄将水雷安装在敌方的邮轮和其他船只上。数周准备之后，他的计划泡汤了，他们的车开进了一个大坑，小船也被撞坏了，之前的希望全部落空。

斯特林安慰手下："没关系，如果我们不能炸掉那些船只，我们就去炸德军港口的那些军事设施。"他骗手下他此前就这样打算过，只不过只能选择一个方案，要么炸船只，要么炸港口。

斯特林的口气听上去让人觉得小船没了反而是一件好事，事实证明确实如此。接下来几个小时，空勤团的人将炸弹绑在水管上，毁坏了库存的食物和供给车，炸掉了近 20 辆装满石油的油罐车。这对隆美尔是致命的，比失去所有船只还致命。后来，特种空勤团才发现当晚敌军港口并无油轮停靠，即使小船没有被撞坏，也无用武之地。

在另一次偷袭中，特种空勤团将燃烧弹安置在了 40 架德军飞机上，但是这一批炸弹出现了问题①，只有一半爆炸了，火势不够猛，被德军地勤扑灭了。

斯特林和梅恩坐在黑暗之中看着烟火弥漫的机场，他们决定利用这一失误制造另一个机会。空勤团有一辆吉普车，配有机枪，可以直接扫射飞机。"我们为什么不开着吉普车冲到机场把那些飞机击成碎片？"想到做到，他们又摧毁了 12 架德军飞机。

看到这一方案如此奏效，他们又找来了 18 辆（或 20 辆）吉普车，给它们装上 68 挺机枪，然后驱车前往敌军的一个重要机场，扫射了所有能看到的飞机，爆炸导致的大火甚至把斯特林的眉毛都烧焦了。一晚上下来，他们干掉了整整 40 架飞机，而损失仅仅是一个人和一辆车。

和隆美尔、贝佐斯、特朗普一样，斯特林也是趁乱夺取了胜利。如果机会就在眼前，他会立刻抓住，方案什么的之后再说吧。遇到障碍的时候，他会果断放弃先前的计划，临时想出新的应对方法。他力求用行动的敏捷让敌人陷入慌乱。人们常说不打无准备之战，可是如果准备意味着给敌人喘息的机会，又有什么意义呢？

斯特林的军事才能最终还是被头脑过于整洁的上级给毁了。英军司令部见斯特林如此有才，便将他叫到开罗，命令他加入一次规模更大的行动。这次行动有很多士兵参与，对德作战目标也更大。斯特林

---

① 这批炸弹其实是由空勤团的一个士兵临时设计的，他毕业于剑桥大学理工专业。英军炸弹专家设计不出来斯特林想要的那种燃烧弹，只有赶鸭子上架让自己人出马了。

不想参加，可嘴皮说破了也没用。由于队伍庞大，行动花了很多时间在交流和协调上面，结果情报很快便被传到了德军那里。

隆美尔最出名的败仗要数阿拉曼战役，也许这场失败是不可避免的。首先，开战的时候，隆美尔正在休病假，他的代理将军刚一开战就丢了性命，隆美尔被紧急召回；其次，双方实力相差悬殊，由将军伯纳德·蒙哥马利率领的英军补给线路更短、空中支援更强，坦克数量是德军的 4 倍，兵力是德军的 7 倍。但是隆美尔失利的主要原因还是他此次过于重视物资运输时间，这在以前是从来没有过的。德军的燃料几乎就要耗尽，隆美尔坚持要求指挥部提供从意大利赶来的油轮的线路和抵达时间。他不知道布莱切利园 ULTRA 破密小组的专家正在秘密破译他和德军指挥部的通信，掌握了情报的英国空军直接炸毁了油轮。当你的敌人对你的行动了如指掌的时候，要破坏他们的 OODA 循环等于天方夜谭。

1943 年，德军逮捕了斯特林，把他扔进了监狱。斯特林逃跑了好几次，但都很快被抓了回去，因为他两米的身高实在太扎眼，腿又是瘸的。第二次世界大战结束之前，他一共逃跑了 8 次。1990 年，75 岁的斯特林被英国皇室封为骑士，不久便辞世了。

隆美尔的结局相当讽刺。第三帝国（希特勒统治下的德国）就要灭亡之际，希特勒派了两位将军来到隆美尔的家里，他们告诉隆美尔他被卷入刺杀希特勒的行动之中。[1] 两位将军拿出一颗氰化物胶囊，

---

[1]　不少人都希望隆美尔参与了刺杀希特勒的行动，但是目前还没有证据证明这一点。隆美尔曾计划秘密会见老对手、英国将军蒙哥马利商讨议和，这是希特勒绝对不允许的，所以站在纳粹的角度，隆美尔怎么说都是一个叛徒。

并传达了希特勒的允诺：如果服毒自尽，将为他举行国葬，否则，他
将受到法庭审判。隆美尔悲哀地认识到，这不是战场，因为这一次他
没有反击的机会。隆美尔吞下了毒药，他万万不会想到，在他自尽之
前希特勒就已经命人为他准备国葬，他的棺材现在就放在军营里，静
静地等待着它的主人。这位帝国之鹰一生杀敌无数，为德军立下赫赫
战功，却终究败给了希特勒为他精心布置的死局。

第六章　监管机制

"你需要的不是一支庞大的军队，
而是一支特警队。"

英国前首相布莱尔的经历告诉我们：给复杂的世界确立一个简单的目标，有时只会适得其反。

英国的全民医疗服务制度（NHS）是由英国政府资助的、具有社会福利性质的公共医疗制度。这一制度自第二次世界大战结束后开始实施，迄今已有 60 余年历史。它的基本原则是：全民享有，免费医疗，按需服务。《泰晤士报》曾经做过一次调查，询问 20 世纪英国最伟大的成就是什么，近半数的受访者毫不犹豫地回答：全民医疗体系。不过，尽管许多英国人谈起全民医疗制度都为之骄傲，但它的具体操作办法可把这些民众气到内伤。最主要的麻烦浓缩起来就一个字——等。预约就得等，时间还挺长。1997 年，托尼·布莱尔（Tony Blair）上台，其执政目标之一便是改进 NHS，比如缩短就诊周期。医改方案规定，病人电话预约成功后，医生必须在 48 小时内给病人看病。在布莱尔的体系中，提供医疗服务的每一个人、每一个机构都变成了责任人。

然而，这个方案存在一个致命漏洞。2005 年英国大选期间，滔滔不绝谈论医改方案的布莱尔，被直播间的一位现场观众问得下不了台。这位女观众称她给医生打了一周的电话都没有接通："每天早上我一起来就打电话，一打就是三小时，可就是没有人接，没有人接我就不能预约。"布莱尔一脸错愕。

这位观众和她的注册医生都注意到了一个布莱尔没有察觉的漏洞：事有轻重缓急。一旦预约过多，谁来抢救那些急诊病人？为了不影响急救同时避免违反"48 小时"规定，医生只能拒接电话、拒绝预约。由于病人只有在打通电话之后才能预约，没有预约也就不存在违规。未接通的电话不会被记录在案，于是，很多患者只有每天不停打电话，希望能接通。那些打通电话的病人，确确实实在 48 小时以内得到了治疗——布莱尔定下的目标以这种方式实现，医疗服务质量大打折扣。

听完观众的苦水之后，布莱尔想找个台阶下，便说这也许只是个例。主持人询问现场观众是否有过类似经历，结果，三分之一的人举了手。布莱尔慌了，只好尴尬地说："事情不应该这样啊。"确实不应该啊！

1763 年，林业员约翰·戈特利布·贝克曼（Johann Gottlieb Beckmann）召集了一群工人一起干活儿。这些人每人手头有一条多功能腰带，上面有 5 个皮袋，里面分别装有固定数量的钉子，颜色各不相同。工作的时候，工人们肩并着肩形成一排，缓缓走在林地里，好像在寻找丢失的钥匙或是受害者的尸体。

其实他们是在统计这片林地。每经过一棵树，工人便根据树的大小钉入不同颜色的钉子，一种颜色代表了一个尺寸（从 1 到 5）。待他们走完这片茂密的树林，数一数皮袋里还剩下多少钉子，这种方法可以统计出这片林子共有多少棵树以及它们的尺寸分布。

　　如果你喜欢林中漫步，森林的繁杂反而是它独特的魅力。树木的生长受到土壤、坡度和阳光的影响，自然而然，一片林子里的树木各有千秋：有的饱经风霜，长满了树瘤；有的直耸云霄，尽情沐浴在阳光之下；还有的细细长长，零散分布在整片林子里。如果你是一位商人，恐怕难为美景所动，只关心这片林子的出材量。如果你是一位林业员，关心如何根据树木的情况向木材厂征税，那么森林的杂乱就不再是风景，而是你工作的障碍。要计算树木的数量，比较不同种类的商业价值，可是一件再苦不过的差事了。

　　政府部门总是固执地以为对这个世界了解得越透彻，就越有利于开发它、控制它。于是政府和大型企业联手，最大限度地量化这个世界：从无人机和卫星拍摄的高清照片，到社交软件（如推特、微博、微信）的定位功能，到手机跟踪，再到"物联网"①……我们尝试一切可能去了解这个世界，测量这个世界，给它钉上五颜六色的钉子。这样做的后果便是，我们会按照自己的测量结果对世界进行改造。这究竟意味着什么呢？

　　起初，18世纪的林业员在测量森林的时候，只能使用微积分同时利用木柴堆做一些实验，从而算出一棵"标准树"的出材量，毕竟经济利益才是他们关心的。但是这样太麻烦了，于是约翰·贝克曼想出了一个改造方法，就是挪走不同年龄、不同品种的树木，取而代之

---

　　①　物联网（Internet of things）指物物相连的互联网。它是新一代信息技术的重要组成部分，也是信息化时代的重要发展阶段，包括两层意思：第一，物联网的核心和基础仍然是互联网，是在互联网基础上的延伸和扩展的网络；第二，其用户端延伸和扩展到了物品与物品之间进行信息交换和通信。

的是同一年龄、同一品种的树木——比如，相当受欢迎的挪威云杉。贝克曼称这为"科学造林"。这些云杉排列整齐，不仅方便林业员测量，还方便护林和采伐。死掉的树木被砍掉，地上的朽木被清走。"标准树"原本只是一个理论概念，它的提出只是方便林业员测量，贝克曼却把它变成了实践。终于，这片林子越来越接近林业员为它绘制的地图和表格了——它们如此整齐，让林业员赏心悦目。

这一工程带来了巨大的经济效益，但对当地的农民来说却是莫大的不幸。他们再也不能去森林拾柴火，不能取树液做胶水、药材和点火液，也不能捡橡子喂猪。对他们来说，森林蕴藏着无数宝藏，只是掉进钱眼儿的林业员和商人看不上，更别说——记录在案了。也正因为没有官方记录，农民的损失直接被政府忽略了，一分钱赔偿也拿不到。

布莱尔是英国的首相，他的医改自然有政府作后盾。贝克曼虽然只是一个林业员，但是如果背后没有政府和大地主撑腰，他的"科学造林"恐怕也难以实施。政府永远不可能了解世界的全部，却掌握了改变这个世界的权力，这种改变有时是负面的、毁灭性的。

接下来我们来学习一个专有名词——阿普加评分（Apgar Score）①。其分值范围为 1—10，得分越高，表明新生儿身体越正常。新生儿出生后，熟练的产科医生和护士只需要看一眼便能给出得分，从而判断新生儿是否能正常发育。新生儿全身皮肤呈粉红色得 2 分，大声啼哭得 2 分，心搏有力得 2 分，呼吸规律得 2 分，肌张力正常

---

① 这是一个首字母缩略词，第一个 A 代表肌张力（Activity），P 代表心率（Pulse），G 代表对刺激的反应（Grimace），第二个 A 代表肤色（Appearance），R 代表呼吸（Respiration）。

得 2 分。20 世纪 50 年代，阿普加评分由美国的弗吉尼娅·阿普加（Virginia Apgar）提出，她其实是一位麻醉师，并不是产科医生。奇怪吗？完全不，如果新生儿阿普加评分太低，便会由医院的麻醉师主导，联合产科进行抢救，手术后阿普加评分呈现的变化直接反映了新生儿情况转归是否良好、抢救复苏是否有效。

按标准给新生儿打分，如同给森林的树木钉钉子，带来了不可预料的后果。根据外科医生兼作家阿图尔·葛文德（Atul Gawande）在《纽约客》（New Yorker）文章里的解释，阿普加评分"将错综复杂的新生儿的身体情况变成了一个个简单的、方便统计和比较的数字"。

产科医生之间竞争激烈，每个人都想提高自己负责的新生儿的阿普加评分，产科主任也开始关注这些数字。"当产科主任将注意力集中在这些数字上时，他们把自己变成了面包厂的经理，暗地里观察着每一个面包师烘焙了多少面包。"葛文德在文章里写道，"产科主任也好，面包厂经理也好，都希望提高员工的效率——无论是职场新手还是经验丰富的老手。他们会想方设法达到这一目标。对他们来说，工作不用做到完美，达标才是最要紧的。"

于是，剖宫产开始流行起来，医生直接剖开孕妇的腹部和子宫取出胎儿，而不是使用操作难度较大的手术钳进行顺产。其实如果顺产的话，产妇可以少挨这一刀。但是和顺产相比，剖宫产更简单，医生只要按照标准流程操作即可，实习医生学起来也很容易。剖宫产可以用到每一个孕妇身上，完全不用担心难产。难产时，胎儿很可能会因为脐带绕颈、供血不足而出现缺氧、窒息，这会损害脑细胞、影响智力，甚至发生死亡。也就是说，难产儿的阿普加评分有可能偏低。据统计，在美国剖宫产手术占总生产手术的三分之一，在英国是四分之一，而产科专家认为只有 10%~15% 的孕妇真正需要剖宫产。其实，受生产方式影响最大的是产妇，顺产对她们的伤害比剖宫产小得多，但是医生并不关心，反正产妇产前产后的身体情况又不会像新生儿那样被打分。弗吉尼娅·阿普加发明阿普加评分的时候，可没想到会发生这样的情况。

20 世纪 90 年代初期，纽约和宾夕法尼亚开始试行"分数卡"制度，这是一项针对医院和外科医生的打分制度。和阿普加评分不一样，医院和外科医生的得分会被美国医疗系统公开，这样一来，患者就可以根据这些信息选择自己喜欢的医院和医生就诊。通过"分数卡"将某一位外科医生的得分情况告知患者、保险公司等利益相关方，美国医疗系统的背后意图是奖励医术精湛的医生，惩罚庸医，同时激励每一位医生提高自己的业务能力。分数卡制度激化了医生之间的竞争，游戏进一步升级。

赢得游戏的方法有很多，然而并不是每一个都正大光明。四位经济学家戴维·德兰诺夫（Dowid Dranove）、丹尼尔·基思勒（Daniel Kessler）、马克·麦克莱伦（Mark McClellan）和马克·萨特思韦特（Mark Satterthwaite）研究了分数卡制度对老年心脏病患者的影响。他们发现，对这一特定人群来说，分数卡有一个致命副作用：外科医生会尽可能避免给病危患者做手术，而对那些还没到手术程度的老年心脏病患者，他们又会极力推荐手术。

分数卡制度下出现这一结果并不难理解。病危患者的手术死亡率高，会毁了医生的名誉。相反，给未到手术程度的病人做手术则是一箭双雕。一方面，术后病人康复快，生活质量更高；另一方面，医生的手术成功率会上升，医生的名气会更大。

最后，德兰诺夫和他的同事得出结论：分数卡制度不仅让医生过多追求手术的经济利益，还让很多病危患者得不到及时的救治。借用布莱尔的话来概括，"事情不应该这样啊"。

布莱尔的"48小时"目标让医生不敢接电话，不敢给病人预约；贝克曼的"科学造林"破坏了森林的生物多样性，损害了当地居民的利益；阿普加的评分导致剖宫产比率上升；美国医疗系统的"分数卡"制度导致心脏科医生给不需要手术的患者做心脏搭桥手术。当人们尝试用数字去测量、去评估，甚至将一个简单的数字作为终极目标时，招致了严重的恶果。细心的读者可能已经发现这四个案例中有三个和医疗有关，这并不是巧合。医疗行业的监管一向严格，对于难以估量的复杂问题又必须给予明确的答复，例如患者会问"我还要等多久？""我会死吗？"。

接下来，我们来看看教育领域是否也存在同样的情况。美国第三大新闻杂志《美国新闻与世界报道》每年会在其官网发布美国高校排行榜，其中一项指标是各个大学的录取率。录取率越低，在一定程度上说明了这所大学申请人数越多，录取标准越高，大学就越好。每一所大学都希望自己的排名尽量靠前，于是他们打起了录取率的主意。

2012年，媒体披露了波士顿的东北大学，称东北大学一共给美国高中的管理人员发出了20万封信，随后还有6~8封电子邮件跟进，恳请这些管理人员能够大力向学生推荐东北大学，以增加申请人数。之后东北大学便可以在计划录取人数不变的情况下拒绝更多的申请人，这样录取率便降低了，自己在排行榜上的排名也靠前了。

在美国，大学的申请也被标准化了。学生统一通过通用申请系统
（Common App，或者 CA）填写申请表，上传相关材料，然后系统便
可以将学生的申请同时向多所大学投递。包括芝加哥大学在内的一些
高校曾经联合反对这种申请方法，结果发现申请自己学校的人数下降
了，录取率上升了，名次下跌了。2007 年，芝加哥大学终于决定采
用 CA，紧接着，申请人数同比上涨了数千人，录取率终于降了下来，
名次也随之前移了。

在英国，也有这样一个针对高校建立的评价体系——科学研究卓
越框架（REF），它是英国高校资助机构用来评价英国高等院校科学
研究项目质量的一个行动计划。这一评价体系实行没多久就出现了一
个明显的漏洞：大学可以通过聘请兼职教师去分享他们的科研成果。
兼职教师的工作时间仅为全职教师的 20%，薪水也只有全职教师的
20%，但是他们的科研成果却可以全部纳入其兼职机构，这买卖确实
划算。最近，英国的伯明翰大学在哲学研究领域拿了全国第一，却被
爆料其哲学系好几位教授都只是兼职，更多时候他们在哈佛大学和纽
约大学做研究。

接下来我们离开教育领域来看看国际发展。2000 年，联合国 189 个
成员国签署了《联合国千年宣言》。这一行动计划本意是帮助贫困国
家脱贫，却很快被一些国家当成了争夺发展援助的工具。《联合国千
年宣言》共有 8 项目标，其中最广为人知的是在 2015 年之前，将世
界上每一个国家的极端贫穷人口比例减半。这一目标对于像保加利亚
和墨西哥这类中等收入国家而言比较容易实现，因为他们的极端贫穷

人口率只有 2%。而对那些极端贫穷人口率高达 20% 的国家来说，实现这一目标谈何容易。由于中等收入国家能够更好地完成联合国定下的目标，它们的"表现"更佳，所以不少援助国更愿意把资金投入这些国家，而那些最需要扶持的区域却被遗忘了。据联合国报告显示，近几年仅有三分之一的援助总额流入最不发达国家。

为什么上文那些看上去合情合理的目标却总是带来意想不到的后果呢？这是因为从一开始这些目标就是错误的！人们很容易制定错误的目标，这是为什呢？设立正确的目标就那么难吗？

1995 年，约克大学的经济学家彼得·史密斯（Peter Smith）进行了一项研究，他想归纳出所有可能导致制定的目标引起灾难性后果的因素，以指导人们在制定目标时及时避免错误、规避风险。

史密斯搜集的一系列证据都指向一个事实：人们制定的目标过于简单，而世界过于复杂。任何可以计量的事物都无法全面反映所涉及的真实情况的复杂性。阿普加评分就是这样：新生儿的阿普加评分并不能说明全部问题，其身体真实情况要比一个简单的数字复杂许多。阿普加评分之所以受到医护人员的重视，是因为它实在太省事了。

再比如一位因为严格遵守时间表而受到公司表彰的公交车司机。他为了能在规定时间内跑完全程，很可能会为了抢时间而直接开过某一个公交车站，看都不看排队等候的乘客。这些事例都是因为管理者的视野太过狭隘，制定的目标也太过狭隘。

在一些极端情况下，狭隘的目标还会造成毁灭性的后果。戴维·德兰诺夫针对纽约和宾夕法尼亚分数卡制度的研究有力地证明了这一点。分数卡的初衷只是为了衡量某位心脏科医生是否擅长心脏搭桥手术，却没想到一些病危患者却因此丧了命。由于患者直接在分数卡的数字和医生的能力之间画等号，导致医生一味追求手术成功率。这意味着他们只愿意选择情况不那么严重的病人做手术，由于这种手术难度不高，于是医生也懒得提高自己的医术了，得过且过。还有更讽刺的。两位统计学家哈维·戈尔茨坦（Harvey Goldstein）和大卫·斯皮格豪特（David Spiegelhalter）在搜集、分析分数卡的数据后发现，决定手术是否成功的并不是医生的医术——反正都差不多——而是运气！第一年成功率最高的医生第二年很可能变成垫底的，反之亦然。那么，究竟是什么原因导致人们在制定目标时频频出错？

第一，狭隘的目标制定者总是为了追求眼前的利益而不计长远。比如，一位经理可能为了节省开支而减少员工的培训，或者干脆直接克扣员工工资。短期内，公司的盈利确实能上升，但是长期呢？长期下来，公司必然会走下坡路。

第二，目标也具有时效性，你不能指望用昨天的目标去解决明天的问题。世界的变化速度之快，不是官僚主义者能够把控的。那些制定了狭隘而僵硬的目标的机构或个人肯定会在事物的变化发展之中遭受重重打击。试想有这样一家公司，他们的目标是清楚地解答每一个致电客户的疑问，却完全没有想到发展线上客服。我们生活的时代是一个互联网时代，这家公司的目标无疑是狭隘的，制定这一目标的人想当然地以为客户只会打电话，而不是使用电子邮件等网络工具。

俗话说上有政策，下有对策，下面总能找到方法应付上面——撒谎和作假。当一个员工明明没有完成上司定下的目标又不想被责骂时，他很可能选择撒谎。然而还有更可怕的，造假。想想纽约和宾夕法尼亚的医生，为了提高手术成功率，直接拒绝给危重病人做手术；想想布莱尔的医改，医生干脆不接病人的预约电话。如果纽约和宾夕法尼亚没有推行"分数卡"制度，布莱尔没有规定"48 小时"，医疗服务的质量不说会提高，起码不会下降吧。

接下来的一个案例也发生在布莱尔的医改过程中，它给上文提到的研究目标如何造成严重后果的彼得·史密斯提供了很好的研究对象。

20 世纪 90 年代，英国的医院有这样一条规定：救护车在接到市区范围内的急救电话后，如果病人情况十分危急，那么救护车必须在 8 分钟之内抵达现场。布莱尔上台后，进一步强调了这项规定。

结果呢？相关医护人员为了不违反规定，只能撒谎、作假。我们来想象这样一张曲线图，曲线的绘制是基于急救电话接线员所提供的救护车用时。线条的走向基本比较平缓，然而在 7 分 50 秒这个时间点却突然开始陡峭上升直至 8 分钟最高点，在 8 分 1 秒以及之后的区间段的数据为零。这怎么可能?! 不言而喻，包括电话接线员在内的相关医护人员撒谎了。

几秒之间的差别确实不打紧，不会影响医护人员抢救病人，但是还有一些情况可就严重多了，直接危害了病人的利益。

很多医护人员错误地将"救护车必须在 8 分钟以内赶到现场"理解为"越快越好"。想象一辆救护车正在公路上疾驰，时间在一分一秒地流逝。6 分钟过去了，7 分钟过去了，很快便到了 8 分钟的时限。这意味着救护车没能达到"8 分钟"目标，或者按专业人士的话来说"违规了"。接下来该怎么做？既然是"越快越好"，那就直接改道去还在时限以内的病人那里吧。最开始打电话的那位病人被无情地抛弃，他发现自己怎么等都不见救护车的踪影。医护人员被病人投诉时，可以辩解说当时另一位病人的情况也很紧急。

医护人员还可以在病人的病情分级上打主意，也就是怎么去定义濒危、危重、急诊、非急诊等。这种分级非常主观，同一病人的病情可能出现多种分级，这给了急救人员一个很好的借口。由于 8 分钟时限主要是针对濒危或危重病人，医护人员如果没有及时赶到，完全可以将病人的病情降级而敷衍过去。

救护人员能够钻的漏洞实在太多了。有时候，一辆救护车上的两名救护人员会兵分两路，特别是在交通拥堵的时候，由一位骑摩托车甚至自行车先赶去现场。救护人员确实是在 8 分钟以内赶到了，但是如果病人需要送到医院，总不能用摩托车或自行车载着去吧。

其实，救护人员内心也很憋屈。无数个夜晚，医院会安排他们以及救护车通宵守在急救高发区域，这样一旦有事，他们可以更快赶到现场。短期来看，急救服务确实提高了，但是长期下来，救护人员疲惫不堪，士气低落。这便是所谓的"短期主义"。

救护车的 8 分钟时限还受到了另一指责，只不过目前还没有确凿的证据：管理人员会抽调乡村地区的救护车到城区，因为 8 分钟时限仅仅针对城区。很明显，这一规定将乡村地区的急救放在了不利地位，尽管这并非布莱尔的本意。

总结来说，8 分钟的时限造成了太多意料之外的后果，从数据造假，到病情分级，到自行车登场，到乡村地区急救受损，再到救护人员士气低落。政府的本意是提高急救服务的效率和质量，却没想到南辕北辙，造成了这么多负面影响，引来一片骂声。

那怎么才能制定更加合理的目标呢？有人提出可以尽量让目标复杂化、标准具体化。这样真的能奏效吗？

1988 年，巴塞尔委员会通过了第一个有关如何监管银行以避免金融危机的国际协议——《关于统一国际银行的资本计算和资本标准的协议》(简称《巴塞尔协议 I》)。它将所有的国际银行纳入其监管体系，规定了银行应该具有的最低资本额度。只有资本充足的银行才有能力承受巨额损失，避免破产；相反，缺乏资本、主要靠借贷经营的银行则很容易受到经济危机的冲击。[①] 简而言之，《巴塞尔协议 I》

---

　　①　银行资本是指商业银行自身拥有的或能永久支配、使用的资金，它来自银行的盈利或者银行股东。它有别于客户在银行的存款，因为客户可以随时支取；它也有别于银行从其他机构获得的贷款，因为银行必须在到期前偿还贷款的本金和利息。

　　如果一家银行严重依靠向其他机构贷款来维持经营，那么这家银行随时随地都面临破产的风险。相反，如果一家银行主要依靠自己固有的资本运营，那么它更有可能渡过艰难时期。

　　现在我们假设有两家银行，分别叫"冒险银行"和"安全银行"。两家银行都借出去了 1 亿美元，但是都出现了点儿意外，最后两家银行都只收回来 9800 万美元。亏损的 200 万美元导致了"冒险银行"的倒闭，而"安全银行"则没有。为什么？两家银行的区别在于："冒险银行"放出去的 1 亿美元中，有 9900 万是它借来的，只有 100 万美元是它自己的资本。而"安全银行"的 1 亿美元中，9000 万是借的，还有 1000 万是自己的。"安全银行"和"冒险银行"的差别可以简单概括为："冒险银行"的负债总额是其资产总额的 99 倍，而"安全银行"的负债总额是其资产总额的 9 倍而已。

　　"冒险银行"之所以倒闭是因为它无法偿还 9900 万美元的贷款，而"安全银行"可以动用自己的固有资本还贷。尽管"安全银行"的股东会大发雷霆，但是至少他们的银行还可以继续运营。留得青山在，不怕没柴烧嘛。

不允许银行借款太多或者举债过重。①

《巴塞尔协议 I 》被视为建立一个稳定的全球金融体系的第一步，然而它却忽略了一个事实：银行投资行为所涉及的风险是完全不一样的。比如，有一家银行给硅谷一家新公司放款 1 亿美元，而另一家公司给美国政府贷款 1 亿美元，前者承担的风险肯定远远大于后者。如果只考虑银行的举债而忽略其投资所涉及的风险，显然是不合理的。

虽然《巴塞尔协议 I 》确实划分了 5 个风险档次，对银行资本的要求会根据风险档次的变化而变化，但是监管人员很快发现这 5 个风险档次的相关规定过于简单，存在很多漏洞。银行在评估风险时，都是利用高端计算机技术建立风险模型，而《巴塞尔协议 I 》提出的模型简单到用一张纸、一支笔就可以搞定。因此，银行想方设法钻空子，希望能举债最大化。② 考虑到银行风险模型和巴塞尔模型之间的差距，想找到漏洞轻而易举。银行会去寻找一些看似安全的投资蒙混过关，但是这些银行家心里比谁都清楚表面安全的投资其实风险很大，回报率也很高。

鉴于这些教训，2004 年，巴塞尔委员会修改了协议，对风险的

---

① 有人可能觉得一家银行能有多少资本，为什么非要人为进行监管，交给市场不就好了，谁也不会蠢到借钱给一家负债累累的公司。全部交给市场调控的结果会怎样，我们无从得知，因为监管体系认为全部交给市场太草率了，毕竟银行在整个经济体系中的作用举足轻重。

② 有举债就有风险，那么为什么每家银行都执着于将其固有资本最小化、举债最大化？就不怕还不起吗？这是因为投资的风险越高，收益就越大，银行就赚得越多。再加上一些资深的银行家自信过头，过于相信自己的投资眼光，因此没能准确判断风险。

划分和规定更加详细了。修订后的版本被称为《巴塞尔协议Ⅱ》，长达 347 页，而之前的版本只有 30 页。新协议的风险模型是在银行的模型基础之上建立的，其风险参数多达上百万种，不仅有数据支撑，还经过了市场的检验。

旧协议的漏洞虽被填补了，但是现在回过头去看，《巴塞尔协议Ⅱ》依然是一个失败：这一号称全球最复杂的金融稳定协议签署 4 年后，便爆发了史上最复杂的金融危机。这究竟是为什么？

《巴塞尔协议Ⅱ》的修订紧紧围绕风险评估，如果投资的风险越低，银行的举债就可以越高。最小风险系数为"0"。如果银行可以找到一个投资项目，不仅风险为 0，收益还很可观，那么《巴塞尔协议Ⅱ》便鼓励银行贷款投资。但是，去哪里找既没有风险、回报又高的项目呢？答案是希腊政府债券。《巴塞尔协议Ⅱ》的制定者都是经济实力雄厚的政府，规则的制定自然也会偏向这些政府。欧盟的银行借钱给欧盟国家的政府时，风险评估都为 0。

因此，欧盟的银行便放开胆子举债，然后用借到的钱大批买入希腊政府发行的债券。按照《巴塞尔协议Ⅱ》的规定评估，希腊政府债券的风险系数为 0，而且回报很高。然而市场规律告诉我们，风险越低，收益越低，风险越高，收益越高。这也就意味着，希腊政府债券的实际风险并不低。《巴塞尔协议Ⅱ》的死穴之一就在于它会鼓励银行往表面风险为 0 而实际风险很高的金融产品上大把大把砸钱。

银行对这类金融产品的需求巨大，于是新的金融产品纷纷上市，这其中就包括风险极高的次级抵押贷款。这类投资具有黑天鹅效应——或许是巧合，或许是人为，风险全被挤压到最次一级的贷款上面。也就是说，这些投资通常都是安全的，投资回报记录看似也很稳定，但一旦危机爆发，后果就是灾难性的。

《巴塞尔协议Ⅱ》的死穴之二就在于它会让所有银行出于同一原因而陷入同一危机。各大银行之间不再是一种自然竞争的状态，它们失去了在全局范围内寻找投资项目的兴趣，而是争先恐后地往《巴塞尔协议Ⅱ》的漏洞钻——借钱给希腊政府，购买次贷衍生品，最终不可避免地都被困在同一个泥潭。

金融危机之后，《巴塞尔协议Ⅲ》出台，它比《巴塞尔协议Ⅱ》更保守，也更复杂，内容也增加了一倍，而一些国家出台的金融监管改革法案则更长（比如美国的《多德－弗兰克法案》），长达上万页。那么，《巴塞尔协议Ⅲ》是否能够解决《巴塞尔协议Ⅱ》产生的问题呢？《巴塞尔协议Ⅱ》已经明确表明了规则再复杂，银行也能找到漏洞钻，充其量银行和巴塞尔委员会之间的过招更复杂、更难以预测而已。

金融危机爆发后的几年，英格兰银行首席经济学家安迪·霍尔丹（Andy Haldane）提出了一个大胆假设：假如巴塞尔委员会在量化风险方面做出的努力其实都是徒劳无效的呢？霍尔丹可以算是各大央行里最敢想的人物之一了。

霍尔丹仔细分析了在此次金融危机中破产银行的风险数据。在金融风暴来临之前，根据《巴塞尔协议Ⅱ》和《巴塞尔协议Ⅲ》的标准，这些银行都是很安全的。霍尔丹对比研究了《巴塞尔协议Ⅰ》和史上最简单的风险评估标准——银行负债，想看看哪一个在控制银行风险方面更有效。

在美国怀俄明州杰克逊小镇举行的全球央行行长年会上，霍尔丹向与会者公布了他的结论：无论从哪一个角度分析这些数据，我都发现这些看上去极为细致、严密的风险管理方法还不如一个简单的标准有效——警惕那些负债过高的银行。这一衡量标准在很多情况下出人意料得可靠。心理学家格尔德·吉戈伦泽尔（Gerd Gigerenzer）搜集了很多领域的案例，这些案例都反复证明一条简单的标准要比一套复杂的、理论上最佳的标准有效。接下来我们看看其中三个案例：雪崩、心脏病发作以及投资组合。

雪崩这一自然灾害是很难预测的，它源于降雪、气温、坡形和其他因素间微弱而又复杂的相互作用。那些造成极其重大损失的雪崩发生频率并不高，所以很难预测。这可苦了那些滑雪爱好者，因为他们随时都面临着生命危险。然而，这并不意味着他们就没有办法保护自己，他们可以使用一个简单、有效的工具——"雪崩迹象"检查清单，滑雪的人都知道。这份清单的内容包括：过去 48 小时内这一区域是否发生过雪崩，表层积雪是否有融化迹象，过去 48 小时是否下过雪或阵雨，等等。如果有几项的答案是肯定的，则说明滑雪者应该远离所涉及区域。研究人员分析了美国的一个数据库，其中包括 751 次雪崩的数据，他们发现绝大多数雪崩都符合检查清单上好几项描述，换句话说，这份清单拯救了很多滑雪爱好者的生命。

霍尔丹提出在管理银行面临的风险时，最有效、最直接的方法就是看这家银行资本多少、举债多少。其实这一点就好比滑雪者预测雪崩时手上那份检查清单。

如果一份简单的清单就能预测雪崩，那是否也存在一份清单能预测心脏病呢？如果急诊室的医生收到一位有严重胸痛的病人，医生要如何迅速判断病人是否处于心脏病发病初期呢？如果是，那么医生需要迅速将他转移到冠心病加强监护治疗病房（CCU）。但是 CCU 的费用很高，而且病人还可能感染上耐药菌株（医院是这种病原菌的温床）。如果医生判断错误，病人并没有心脏病突发的危险，他只需要吃点儿消食片然后休息一下，那这位病人岂不是成了冤大头？其实要迅速诊断病情，医生可以采用很多方法。

由李·格林（Lee Green）带领的密歇根大学研究小组观察了在以上情况下医生是如何做出决定的。他们发现医生总是过于谨慎，也就是说，无论病人的胸痛是不是心脏病突发初期的征兆，绝大多数情况下，医生为了保险起见都会将胸痛病人转移到 CCU。他们还不如直接扔骰子算了！

为了减少医生的误诊，研究人员设计了一套复杂的诊断指南，里面有一张概率表和一个便携式计算器。这份指南要求医生对胸痛病人做一些测试，然后查看概率表，将测试结果对应的数字输入计算器，便可以计算出一个病人心脏病突发的概率。这份指南成功地使医生大大减少了误诊次数，但是被医生错误忽略的、处于心脏病发病初期的患者数量也上升了一些，这便是这份指南的副作用，不过是药就有副作用。这份指南真正的问题在于它使用起来太麻烦了。

于是，李·格林和他的同事又设计了一棵决策树，将重点放在几个最明显的心脏病发病征兆之上，概率表中的很多细节都被省略了。决策树只有三个问题：问题一，病人的心脏监护器是否显示有异常？如果有，立刻送 CCU，如果没有，请看问题二；问题二，病人只是主诉胸痛吗？如果不是，不用送 CCU，如果是，请看问题三；问题三，病人有以下五个症状之一吗？如果有，立刻送 CCU。决策树的问题简单明了，一张明信片大小的卡片就可以放下，不像此前的概率表，复杂到还要使用计算器。事实证明，这棵决策树很有效。它比经验丰富的医生和此前的指南都厉害，基本上有心脏病突发危险的病人都被及时送到了 CCU。更重要的是，它节省了急诊的时间以及急诊医生的精力。正因为它如此方便有效，很多医生都用它（而不是此前那份指南）来判断胸痛病人的病情。

接下来我们再来看看最后一个完全不同的问题——如何用我们的养老钱选择最佳投资组合。1952 年，一位年轻的金融领域的教授哈里·马科维茨（Harry Markowitz）发表了学术论文《资产组合选择——投资的有效分散化》，提出了一个如何选择最佳投资组合的复杂方法，其目的是在收益一定时将风险最小化，或者在风险一定时将收益最大化。背后的理念非常简单：如果你同时购买雨伞公司和太阳镜公司的股票，那么不管气候怎样变化你都会安然无恙。理念虽然简单，但是运算方法却很高深——高深到让马科维茨获得了诺贝尔经济学奖。

然后，在马科维茨身上发生了一个有趣的故事。他的论文发表之后不久，马科维茨换了一份工作，同时开始计划养老。这可是检验他投资理论的好机会，他可以利用自己的理论为退休生活选择一个最佳投资组合。然后，马科维茨直接用一半的钱买了股票，另一半的钱买了债券。通过这一故事，人们发现很多经济理论都过于烧脑，烧脑到没人可以运用到实践中，理论的提出者也不例外。

作为一个小小投资者，马科维茨并没有错；而作为获得诺贝尔奖的理论家，他却大错特错。原因很简单，他的理论是构建在无数数据之上的，而在实际投资中，上哪里去找这么多数据。

比如，我们现在要考虑两家石油公司的股票。马科维茨的理论预设了我们已经知道这两只股票的相对走势，然后会建议我们同时购买两只股票。但是，这两只股票的相对走势究竟如何？回顾它们的历史，我们看到有时候两只股票的价格波动趋于一致：油价上涨，股价便上涨；油价下跌，股价便下跌。但是还有一些时候——诸如2010年发生的"深水地平线"漏油事故——涉事公司的股价会暴跌，从而便宜了竞争对手。这些历史给我们提供的数据确实有一定指导意义，但是这种指导意义是十分有限的，因为我们完全无法根据如此有限的数据预测诸如漏油之类的事故何时会再次上演。

最新的研究表明当数据有限时，马科维茨的经验法则——把资金分成等额数份，分别投资股票、债券和房产等等——要比他的诺贝尔获奖理论有用得多。

《巴塞尔协议Ⅱ》和马科维茨的获奖理论存在一个相似之处，它们都需要大量的数据支撑才能行之有效。然而，难就难在这里。21世纪初期，银行使用的风险评估模型——《巴塞尔协议Ⅱ》也鼓励它们使用——是建立在过去短短几年的数据之上，然而涉及的参数却多达上万种，也就是说这一风险模型将极其复杂的统计结构建立在了极其单薄的基础之上。说得简单一点，就好比在不稳的地基上盖高楼。

这一问题就叫"过拟合"。想象眼前有一幅散点图（即数据点在直角坐标系平面上的分布图），上面有一条拟合曲线，它表明了数据的大致走势（拟合曲线并不会穿过每一个数据点，它只是模拟数据的走势）。而过拟合曲线更像是一个点到点的谜题，想找到一个根本不存在的规律，例如心脏病突发和雪崩。一旦有了新的数据，其在直角坐标系上对应的数据点很可能都不会靠近这条过拟合曲线。过于复杂的规则就好像过拟合曲线：后见之明有余，先见之明不足。相反，一个简单的原则就好像一条拟合曲线，虽然它不会穿过所有历史数据点，却能更好地预测新数据点的位置。

让游戏的规则复杂化并不是防止玩家钻空子的方法。不管规则如何复杂，都有漏洞存在，而一条简单的经验法则往往更可靠。

雪崩和心脏病突发确实很危险，但是它们至少不会撒谎，也就是说它们不可能像人那样和规则玩捉迷藏。如果巴塞尔委员会接受了霍尔丹的说法，把其制定的数百页协议撕个粉碎，取而代之的是一个再简单不过的风险评估方法——银行的负债率（银行负债总额和其资本总额的比例），那么会发生什么呢？结果将会和布莱尔的"48 小时"规定一样，银行迟早会找到漏洞。

"通过银行的负债率来评估银行的风险"这一标准只有在银行没有将某一具体比例作为目标时才能客观反映银行面临的风险；"有多少病人在预约之后的 48 小时之内得到了就诊"这一规定只有在医院和医生没有将 48 小时作为目标的前提下才可以客观反映医院的服务质量；同理，"有多少救护车在接到急救电话之后的 8 分钟内赶到了现场"只有在救护人员没有将此作为目标的前提下才能体现急救服务水平。也就是说，一旦我们试图把评估标准变成目标，事情的性质就变了。

　　幸运的是，有一个老办法可以解决这个问题，每一个学生都很熟悉它——考试。

　　想一下考试是如何运作的。一个学生经过数月或数年的学习，累积的知识只有一小部分能在考场派上用场。1830年，哲学家杰里米·边沁（Jeremy Bentham）在设计公务员考试的时候，只设定了一个模糊的考试范围，不给具体的考题，这样有效避免了考生钻空子。如果要想脱颖而出，考生只能努力学习，争取样样精通。

　　所以，解决问题的方法既不是厚重的各个版本的《巴塞尔协议》，也不是单独一条简单的标准。相反，我们应该尽可能定下数条标准，但是对什么情况下使用什么标准却不能做任何规定。就比如救护车，你可以保留"8分钟赶到现场的救护车占比多少"作为衡量急救服务的标准，但是，你还需要增加更多的标准：12分钟、20分钟或者6分37秒赶到现场的救护车占比多少；有多少病人因为没有被定义为"濒危"而失去了性命；乡村地区和城市地区的急救服务是否一致；等等。你可以定下数百条类似的简单标准，医院如果要造假的话，满足了一条也满足不了下一条。平时效率就很高的急救服务一般也不怕这些标准的考核。

　　但是这样做也有一个风险：如果急救服务摸清了每一个标准所占的比重以及最后的总分是如何打出的，他们也可能做手脚。所以，每一次评估时，监管机构千万不要一条一条全部查看，这样太过官僚主义，也太荒谬了。相反，监管人员可以随机挑选其中几条，然后再进行深入评估。

　　那如何有效监控银行风险呢？方法是"银行压力测试"，这是一种以定量分析为主的风险分析方法。首先假设一种情况，例如利率暴涨、货币贬值或者房地产市场崩溃，然后运用这一方法测试银行的抗风险能力。然而，这些测试太容易预测了，就好像提前通知了考生考题的测试。

这里可以借鉴边沁的方法，也就是让测试变得难以预测，这一方法被无数考官偏爱。英格兰银行的首席经济学家霍尔丹也觉得这是完全可行的。

"你去金融企业的时候，别提前打招呼，必须搞突袭。你可以对企业说'我可以看一下你们针对……的压力测试吗？'"霍尔丹停顿了一下，想找一个例子，"针对你们的杠杆贷款组合？"

银行监管机构绝对不能给银行几个月的时间准备答案，监管人员应该坚持在数小时内就得到答复。如果银行及时给了一个满意的答案，"很好，六个月之后也就是下一次抽查再见。不过，也有可能是明天或者一年以后。"

霍尔丹说："如果银行的答复不能让你满意，那就是一个污点。如果三次突袭检查都是如此的话，就让负责人卷铺盖走人。作为银行的主管，如果第一次抽查被问到杠杆贷款的风险测试结果，你说不上来，你还有机会。如果第二次抽查被问到新兴市场投资组合风险时，你依然无法提供满意的回答，接着第三次抽查被问到主权债务风险时，你仍旧一问三不知——你确定你能够胜任主管一职吗？"

这种突击检查还有不少支持者。布莱尔政府主管医疗的高级官员格温·比万（Gwyn Bevan）、英国医学统计医学家大卫·斯皮格豪特（David Spiegelhalter）、英国统计局局长安德鲁·迪尔诺特（Andrew

Dilnot）也都曾建议 NHS 建立一个更难以预测的评估标准。

英国的银行监管机构已经开始尝试要求银行提交信息，但是不会告诉银行这些信息会如何被评估。这很好。但是总的来说，大部分监管机构都不太能接受这一方法。既然将考核的时间随意化、考核的标准模糊化，要比一套整齐的、能够预测的标准管用，那为什么这些银行监管机构如此固执呢？

一种解释是这种方法会让监管机构滥用权力。然而，这一说法未必站得住脚。就像考试，考官会被多方监管以防止其滥用权力：所涉及课程的大纲会规定考试的大致范围；过去的考试会确定一个考核的框架模式；外部考官会确保课程内容与考试评估标准保持一致；如果学生质疑自己的分数，还可以提起申诉。其实医疗、金融和其他很多领域的监管机构也可以采用类似的方法，建立一个多方监管体系。

还有一种阴谋论，监管机构会因为自己的利益而故意设置一个漏洞百出的评估体系。负责评估学校教学质量或医院服务质量的监管部门同时也承担着提高教学质量和服务水平的职责；负责评估银行风险的金融监管机构同时也需要保证银行系统的安全。当布莱尔引入"48小时"规定时，他肯定也希望制造一些可以打动选民的数据。自然，这些规则的制定者希望制定的规则能够带来一些好看的数据，能够为其创造政绩，这样做省事，风险也低。要避免这一阴谋，必须正确区分标准和目标：标准是用来评估的，目标是用来实现的。

也许最简单的原因便是我们对模糊混乱的恐惧。人类生来喜欢整齐，我们需要对监管机构的监管程序了解得一清二楚，什么时候、用什么方法都要做到心中有数。

"突击检查确实是个比较麻烦的办法，"霍尔丹自己也承认，"但是，小打小闹的行政管理揽不住这瓷器活儿。你需要的不是一支庞大的军队，事无巨细，而是一支特警队，各个突击。"

一支流动性强、行动难以预测的特警队正是许多监管机构迫切需要的。

2015 年 9 月，世界四大汽车生产商之一大众汽车被发现尾气排放作弊。整个世界都为之震惊。大众汽车的股票暴跌，大众集团首席执行官马丁·文德恩（Martin Winterkorn）宣布辞职。所有德国人都在担心这一丑闻可能会连累其他德国汽车品牌。

汽车在出厂之前，都需要经过严格的检测，确保其发动机排放的氮氧化物不会超标，它可是很多环境污染问题的元凶——导致酸雨、排放有害烟雾、破坏庄稼、造成老年人和小孩呼吸苦难，有时还会致命。汽车尾气检测十分严格，标准也很高，大众究竟是怎么造假的？其实，标准虽然严格，却很好预测，汽车生产商对检测标准一清二楚。

大众在汽车内安装了失效保护器，蒙混过关了。这种保护器是一种复杂的算法软件，可以识别汽车是否处于被检测状态，继而切换到检测模式，此时排放的氮氧化物气体会减少，但是汽车也会出现动力不足的情况。而在正常行驶的时候，汽车的动力会更强，同时也会排放更多氮氧化物气体，也许是检测时所排放量的 20~30 倍。

大众的做法不是和那些钻空子的银行一样吗？银行为了通过联邦储备系统的压力测试，故意进行一些风险低、收益低的投资。正如大众在进行尾气检测时切换到检测模式，银行也有自己的检测模式。区别在于，前者违法了，而后者没有。

　　比大众尾气造假更可怕的是，尾气检测机构竟然放任检测标准如此透明，每家汽车生产商都对它一清二楚。1998年，美国国家环境保护局（EPA）发现了卡车生产商尾气造假的证据，于是很快对其中7个生产商采取了法律措施，其中包括沃尔沃、雷诺、卡特彼勒和马克——基本上美国每一辆柴油车的引擎都出自这4家卡车制造商。之后，尾气检测程序和标准依然没有发生任何改变。治标不治本。不过，欧洲人在嘲笑美国的时候，却没有意识到欧洲的尾气检测漏洞更多。

　　讽刺的是，发现大众尾气造假的并不是美国国家环境保护局，而是一个非营利组织——国际清洁运输委员会（ICCT）。ICCT并非故意针对大众挑刺，他们原本只是想找到一辆清洁车。于是工作人员做了一件非常简单但又出乎大众公司意料的事——他们给一些大众汽车安装了尾气排放监测装置，然后从圣地亚哥驾车到西雅图，这才揭露了大众的弄虚作假。

　　如果每位考生都夹带小抄进考场，那考试还有什么难度可言？一个随机的问题恐怕更能检测考生的真实水平。

第七章　自动化

"天哪，到底发生了什么？"

法航 447 号航班：自动化将人们带进深渊。

　　睡眼惺忪的机长马克·迪布瓦（Marc Dubois）走进驾驶舱，眼前一片混乱。飞机剧烈摇晃，连仪表盘都看不清了。刺耳的警报响起，穿插着自动语音系统发出的"失速，失速，失速"。副驾驶大卫·罗伯特（David Robert）和皮埃尔–凯德里克·博南（Pierre-Cédric Bonin）坐在操作系统前面。"怎么回事？"不明就里的迪布瓦用一种平静的口吻问道。

　　罗伯特的回答则显得有些慌。"飞机已经完全失控，原因不明，我们尝试了一切办法都没用！"

　　其实当时飞机还没有彻底失控，驾驶舱的机组人员仍然控制着飞机，但是他们并没有尝试所有办法，有一个简单的方法能防止飞机坠毁，却被机组忽略了。从这两点讲，罗伯特回答错误。但是对于飞机失控的原因，机组确实一头雾水。

　　2009 年 5 月 31 日晚间 7 点 29 分，法航 447 航班从巴西里约热内卢起飞，目的地巴黎。途中飞机不幸坠毁大西洋，机上 228 人全数罹难。现在看来，当天执飞的三位飞行员都有不足的地方。副驾驶皮埃尔–凯德里克·博南，32 岁，是个新手，没什么经验。副驾驶大卫·罗伯特，37 岁，飞行经验比博南要多一些，但由于新晋为法航的经理，已经没再全职飞行，多少有些生疏。58 岁的机长马克·迪布瓦飞行时间最长，经验最为丰富，但那天白天他和另一名休假的乘务员去逛了趟里约热内卢，根据事后报道，上飞机前他只睡了一个小时。

法航 447 航班使用的是空客 A330，这是世界上最先进的飞机之一，飞行平稳、操作简单。所以，即便机组人员都不在状态，也不至于太担心。跟其他现代飞机一样，空客 A330 配备自动驾驶仪，只要设定好程序，飞机便可沿着既定航线飞行。它还有一个更为先进的电子飞行控制系统，即电传操纵系统。在老一代的飞机上，飞行员要手动控制飞机的襟翼、方向舵、升降舵和副翼。更多的手动操作也就意味着更大的失误率。而电传操纵系统能有效降低人工失误，使飞行更加安全。驾驶员的操作不是直接传递到操纵面，而是通过计算机系统。系统会检测飞行员的操作故障或错误，再发送正确指令来动作襟翼、机翅和副翼。电传操纵系统横亘于飞行员和飞机之间，像一个机智的"指令官"，一面观测驾驶员的操作步骤，一面准确地预测出飞行员操控的方法并完美地予以执行。有了电传系统，飞行员不用再做牵引、猛拉等笨拙的机械操作，飞行成了优雅的艺术。

在电传系统的守卫之下，空客 A330 坠机的可能性微乎其微。再者，机组人员开的这架 A330 有着极漂亮的飞行记录：自 1994 年出厂投用的 15 年来，在所有商业飞行中都没出过事故。硬要说它存在什么风险的话，那就是它实在太完美了。如前所述，这种飞机自带的系统兢兢业业地保护着飞行员，默默地纠正他们犯下的哪怕是最细小的错误。这引发了一个矛盾：电传操纵系统给飞行带来了隐患。也就是说，一旦遭遇突发事件，飞行员很可能因为缺乏应对经验而手足无措。

447 航班飞行途中，赤道以北大西洋上发生了雷暴。虽然这算不上什么大事儿，但是机长迪布瓦太掉以轻心了。里约时间晚 11 点 2 分，机长离开驾驶舱去休息室打盹，留下没什么经验的博南。

面对雷暴，博南有些紧张。这个小小的麻烦让他失去了镇定："真是见了鬼了！"博南希望从雷暴上方飞过去，他几次向空管中心发出申请，希望批准飞机爬升到 36000 英尺（约 10973 米），但是他的建议都没有被采纳。虽然飞得更高的确可能避免风暴带来的麻烦，但一架飞机的飞行高度是有限的，高度越高，大气层越稀薄，越难以支撑飞机的重量，飞机很可能因此失速。而且，超高空飞行对飞行员的技术要求极高，不容出现任何失误。

与汽车失速不同，飞机失速与发动机无关。简单来说，当飞机上升得太陡，迎角便容易达到临界值，此时机翼所产生的升力会突然减小，于是飞机失去速度，以机头朝上的姿势坠落。

在大气稀薄的高空中，飞机失速的可能性则更大。不过，高空也让飞行员有更多的时间和空间做出反应。众所周知，每一个飞行员在训练阶段就会学习如何控制失速的飞机：飞行员将机头压下，向下俯冲，飞机重新获得空速，机翼便能正常工作。之后飞行员再轻轻将机头抬起，结束俯冲，飞机进入水平飞行。

理论上讲，安装有电传操纵系统的空客 A330 是不可能失速的。就算飞行员猛地将机头陡直拉起，电传系统也不会允许他这样做。"指令官"会修正数值，将其限定在飞机可承受的范围之内。皮埃尔－凯德里克·博南大概也是这么想的。

飞机越来越接近雷暴区，机翼上开始出现冰晶。博南和罗伯特开启了除冰系统，以防积冰太多降低飞行速度。罗伯特好几次用手肘轻推博南，提醒他左拉操纵杆，避开最危险的区域。博南则显得有些心不在焉，或许在想罗伯特怎么没早点规划好一条路线避开雷暴。不一会儿，一股电焦味充满了驾驶舱，舱内温度升高。罗伯特告诉博南这是风暴带电的结果，并非设备故障。

突然，警报器响了，自动驾驶系统关闭。原来机身上安装的空速传感器被积冰堵住了，无法正常工作。这也不是什么大问题，但是接下来就需要飞行员手动操纵飞机了。但就在此时，积冰导致电传操纵系统切换至备用模式，也就是说，系统减少了对飞行员的帮助，将操纵权还给了飞行员。这不属于机械故障，但是电传操作系统再也无法像个保姆一样事无巨细地照看博南。

电传系统"退居二线"之后，飞机立刻开始左右摇晃。博南为了稳住飞机使劲拽了一下操纵杆，结果用力过猛。在平时，电传系统能够纠正这个错误操作。但在备用模式下，系统对博南的动作毫无反应，飞机继续激烈地左右摇摆。电传系统早已不是那个足智多谋的指令官，而是一个以讹传讹的机器，不假思索地执行飞行员的一切指令，不管这指令有多愚蠢。

没了电传系统的庇护，博南犯了一个低级错误：他一口气将操纵杆拉到了底，飞机开始陡峭爬升。

至今都没人明白，为什么博南会如此糊涂。难道是因为高处更安全吗？当博南向飞行中心发出上升至36000英尺的建议未被采纳时，他便一直抱怨着"糟透了，糟透了"。作为目前最先进的飞机之一，A330 当然清楚，在稀薄的大气中急速爬升的飞机极易失速。随着 A330 的机头不断抬起，飞机开始失速，一个自动化的声音用英语咆哮着"失速，失速，失速"。在接下来的 4 分半钟时间里，这个词重复了 75 遍，直到飞机坠毁。

无论警报声怎样刺耳，博南还是握着操纵杆不肯松手。大西洋上方漆黑一团，飞机以每分钟 7000 英尺（约 2100 米）的惊人速度攀升，它在获得高度的同时，也在失去速度。飞机很快就会向下坠落，穿过风暴和云层，冲向 37500 英尺（约 11430 米）下的海面。博南犯了一个常识性的错误——每一个飞行员都知道什么是失速，也都学过如何化解失速：只要调整机头向下俯冲，飞机便会重新获得速度。如果他或者罗伯特能够意识到当时飞机正在失速，或许可以在失速初期便化险为夷。但是他们谁也没有发现飞机正在失速。这究竟是为什么？

难道是听不懂英语报警？法航 447 航班上的飞行员都是法国人，他们都说法语。可这个解释说不通啊，因为所有飞行员都必须掌握英语，才能和空管中心沟通交流。

年轻的副机长大卫·罗伯特经验也不算丰富，他可能并未发现博南的操作不当。在有些飞机上，如果一位飞行员向后猛拉操纵杆，另一位飞行员能够通过自己手中的操纵杆感受到，因此有经验的飞行员会立刻察觉同事的错误。但空客 A330 的平行操作系统并非直接相连，所以罗伯特不能直观感受博南的操作。再加上空速感应器被冰堵住了，他无法完全相信仪器显示的数据。

作为初出茅庐的飞行员，博南能想到的挽救办法就只有中止着陆。不管是起飞还是中止着陆，飞机都需要获得足够的推力才能迅速远离地面。博南曾告诉罗伯特，他已将油门杆拉至 TOGA 档①，这就好比司机将油门踩到底。这样做在地面或接近地面的低海拔是可行的，因为这一区域的空气密度大，飞机能够尽快爬升且不会失速。然而，博南不是在海平面高度，而是在大气稀薄的万米高空。虽然以前训练时，他模拟过中止着陆，但都是在电传操纵系统的帮助下完成的，所以每回都成功。而现在，他不能再依靠电传操纵系统了。或许他的直觉一直在告诉他，飞越闪电和风暴，便可逃出生天。若是这样，那他的直觉可害苦了他。陡峭爬升不仅没有让法航 447 航班远离危险，相反，还把它引向了更大的灾难。

表面上看，失速造成了这起空难，但电传操纵系统才是罪魁祸首。这架空客 A330 执飞 15 年来安全里程达数百万英里，电传操作系统劳苦功高——是它，而不是飞行员在保障飞行安全。确切地说，飞行员已经对电脑形成依赖，离不开它了。博南当时遭受的困扰叫作模式混乱。他可能没有意识到系统已经切换到备用模式，给予的辅助相当有限。又或者他知道飞机已经切换到备用模式，但不明白这究竟意味着什么：在备用模式下，飞机是有可能失速的。只有这样才能勉强解释博南和罗伯特为什么会无视多达 75 次的失速警报。他们以为电传操纵系统已经采取行动了，发出警告只是在知会他们飞行遇到了麻烦。简言之，博南对电传操纵系统的依赖和信任导致了这起空难。在他的印象当中，电传操纵系统从未让他失望。

---

① TOGA 英文全称是 Take Off / Go Around，意思是起飞 / 复飞。——译者注

虽说博南曾在 A330 的驾驶舱里训练了很长时间，但基本只是在监控和调整飞机的计算机操作系统，很少练习手动驾驶。而在这屈指可数的手动驾驶训练中，博南主要在练习起飞和降落，从未尝试在电传操纵系统进入备用模式后驾驶飞机。难怪当时博南只能想到中止着陆，没想到这让自己陷入了绝境。

作家兼职业飞行员威廉·朗格维舍（William Langewiesche）直接批评法航的飞行员"无能到可怕"。他在《名利场》（Vanity Fair）的一篇文章中一针见血言地指出，这些飞行员们根本离不开电脑，经验丰富的机长迪布瓦也不例外。在事发前的 6 个月当中，他一共飞了346 小时，其中只有 4 小时是手动飞行，而且还全都是在电传操纵系统正常运作下完成的。由于这架空客 A330 常年都在飞行，三名飞行员因此失去了不少练习机会。

这种科技越先进、人类反而越无能的现象被称作自动化悖论。它在生活中很常见，不管你是在核电站或是游轮上工作，都有可能遇到。举个最简单的例子，如今手机都可以存储电话号码，人们不需要背诵成串的数字，甚至不需要拨号，这样一来我们对数字的记忆能力便会退化。再比如，有了计算器，人们便不再心算，于是越发觉得心算困难。自动化系统越先进，人工操作就越生疏，而一旦面临问题，人们就会越发摸不着头脑。《人工误差》（Human Error）的作者、心理学家詹姆斯·瑞森（James Reason）写道："人工操作是一种高水准的技能，任何技能都需要坚持不懈地训练才能保持水准。然而，自动控制系统剥夺了操作者实践基础技能的机会……如果只是小故障，一半电脑还可以应付，而一旦需要人工接管时，意味着出大麻烦了。越是这种时候，就越需要负责人有熟练、高超的技巧。[①]

　　自动化悖论体现在三个方面。第一，自动化不但操作简单，而且可以自动纠错，哪怕操作者不够专业都可以正常工作很长时间，他的不足被自动化完美掩盖，很可能一辈子都不会被同行发现。第二，即便是老手，由于系统不需要他们手工作业，原有的操作技能也会因为疏于练习而退化。第三，自动化系统往往在异常情况下失效，或者以发生异常情况的方式失效，如果操作者的技巧不够熟练是无法应付这些突发情况的。就以上任意一个方面来说，系统的自动化程度越高，人们对系统就越依赖，面对异常情况时的反应就会越糟糕。

　　当然，并不是每一个自动化系统都存在这样的悖论，自动化客服便是一个例外。比如，一个自动化的客服网页能够处理日常的投诉和问题，从而避免人工客服就同一问题一遍又一遍地重复回答。自动化系统节约下来的时间可以让人工客服为客户解决更复杂的问题。

　　不过和自动化客服不同，飞机可不是例外。自动驾驶系统和电传操纵系统的存在目的绝不是为了节约飞行员的时间，让他们有空干别的事。在飞行员需要休息时，它们充当了半个有时甚至是全权负责的指挥官。2009 年末发生了一起丑闻，两名飞行员将飞机设置成自动驾驶，自己却在一旁玩笔记本电脑，结果飞过了目的地明尼阿波利斯机场 160 多千米。

　　类似这种问题是很难及时察觉的，即使发现了一般也不好处理。

---

　　① 　法航 447 航班遭遇的悲剧并非个例。2014 年 12 月，亚航 8501 航班在婆罗洲境内遭遇雷暴，自动驾驶系统由于轻微的机械故障关闭了。经验不足的初级飞行员无意间将飞机置于失速状态，机长发现时为时已晚，最终机毁人亡，机上 162 人全部丧生。

让我们回到法航 447 号航班。突如其来的颠簸打断了机长迪布瓦的休息。他终于在空速指示器失灵 1 分 38 秒后走进驾驶舱。当时，飞机仍处在 35000 英尺（约 10668 米）的高空，但是正以每秒 150 英尺（约 45 米）的速度下坠。除冰器完成了它的使命，空速传感器恢复正常，此时的飞机正竭尽全力向两位副驾驶发出警告：飞机没有前进，而是在向 1 万多米以下的海面坠落。不过两位副驾驶好像不敢相信空速传感器恢复了正常，他们反而认为仪器出现了更多故障。机长迪布瓦沉默了 23 秒——在这生死关头，这可是相当长的一段时间。就在这 23 秒里，飞机又足足下坠了 1200 米。

如果此时迪布瓦能够认清形势，意识到飞机正在失速，拯救这架飞机还为时不晚。这时，机头已抬得很高，以致失速警报都不响了——可能和飞行员们一样，它也不想接受现实。有几次，博南稍微往下调整了机头，结果失速警报再次响起，这让他更加困惑。博南曾想采用制动刹车系统，他担心飞机飞得太快——事实恰恰相反，不是太快，而是太慢，飞机自己的爬行速度不到 60 节，约每小时 70 英里（约 113 千米），而它坠落的速度是其两倍。飞行员们完全懵了，开始争论飞机到底是在爬升还是在坠落。

没有争出所以然，困惑仍旧占据着上风。博南和罗伯特大吵起来，都试图控制飞机。迪布瓦加入了论战，三个人你一言我一语地争相说话。随着他们的争吵，飞机越来越接近海面，机头仍然高高抬起。

罗伯特："注意你的速度！飞机在上升！快下降！下降！下降！。"

博南："我是在下降！"

罗伯特："不对，你在上升！"

博南："在上升？好吧，那我们下降。"

自始至终没有人说："飞机正在失速，立刻调整机头向下俯冲！"

晚上 11 时 13 分 40 秒，罗伯特对博南大喊"上升……上升……上升……上升……"，博南回答说他已经将操纵杆拉到底而且一直没有松手，其实这和解除失速的正确操作截然相反。此时，自动驾驶系统已经关闭了两分钟，距离迪布瓦第一次离开驾驶舱休息也快 12 分钟了。如果迪布瓦一直都在驾驶舱，如果他注意到了博南的操作，他可能会早点发现问题。

终于，站在罗伯特和博南身后的迪布瓦反应过来了："不，不，不……别上升！……不，不。"

这时，罗伯特也反应过来了，宣布他来操控，他迅速调整机头朝下俯冲，终于机体下坠的速度慢了下来。但是一切都太迟了，他晚了大约一分钟，在这一分钟的时间里，飞机又下降了 3350 米。骤降的飞机和大西洋漆黑的海水之间，已经没有足够的距离令他们的命运再重新起飞了。

博南默默接替了罗伯特，他内心极度恐慌，只有再一次尝试攀升。罗伯特和迪布瓦都已意识到这架飞机正在坠落，但谁也没有说出来，只有博南还不清楚，恐怕他连自己到底做了什么都不知道。博南生前的最后一句话是："到底发生了什么？"

4 秒钟之后，飞机以每小时 200 千米的速度撞向大西洋海面，机上 228 名乘客和机组人员全部遇难。

2013 年去世的厄尔·维纳（Earl Wiener）在航空安全方面有着极大声望，他提出了关于航空和人为错误的"维纳法则"。其中一条是，电子设备解决了小麻烦却制造了大麻烦。维纳的意思是：虽然自动化能纠正常见的人为错误，但它会时不时地制造大麻烦。维纳很有远见，维纳法则的适用范围已经超越了航空业。

几年前，位于加州奥克兰附近的圣莱安德罗警察局在未经车主允许的情况下给两辆小汽车拍摄了至少 112 张照片，车主名叫迈克尔·卡茨拉卡比（Michael Katz-Lacabe），是当地居民。这些照片最终出现在了法庭上，倒不是因为卡茨拉卡比是一个恐怖分子或黑社会组织成员，而是因为卡茨拉卡比向法院申请了公开这些照片。警察局猛拍卡茨拉卡比的车子，并非怀疑他涉嫌犯罪。其实车子附近有一个监控，每一辆经过的汽车都会被拍下来，卡茨拉卡比的车也一样。之后，电脑会读取车辆的电子信息，记录牌照号码，并附注拍摄时间和地点。卡茨拉卡比先生的女儿也被拍了下来，她们一个 8 岁，另一个 5 岁，拍照的时候她们就在车子旁边。

警察局将卡茨拉卡比先生的汽车和孩子的照片，连同其他数百万张照片一起，送到了由美国联邦政府管理的北加州地区情报中心。这里的工作人员将使用硅谷魔法球科技有限公司开发的一款软件，一秒钟能够搜索上亿张牌照。这样一个具有强大识别和分析能力的数据库在打击犯罪领域潜力无限，但是与此同时它的潜力也被用在了见不得光的地方。卡茨拉卡比告诉《福布斯》（Forbes）的记者安迪·格林伯格（Andy Greenbery）：政府工作人员可能会回放数据库里的照片，窥探各种隐私，比如有人下班后没回家，他的车子却出现在别人老婆的房子前，有人去过医用大麻诊所，有人去了计划生育中心，有人参加了游行抗议。

近年来，人们对这种强大科技的优势和风险存在明显争议，也展开了不少讨论。然而，从维纳法则出发，有一个风险却被广泛忽略了：科技失效虽然罕见但确实存在，当它真的发生，我们又该怎么办呢？

圣诞节期间，英国公民维克多·汉金斯（Victor Hankins）收到一件不太友好的"礼物"：一张罚单。通常情况下，你是这样收到罚单的：你回到停车的地方，发现一张票据压在挡风玻璃的雨刮器底下作为对你乱停乱放的惩罚。汉金斯先生不是这样，他是在门垫上发现了一封来自当地政府的信。信中显示，2013 年 12 月 20 日下午 8 点 8 分 14 秒，他的车在约克郡的布拉德福市堵塞了公交车站，他的违规行为被一辆刚好路过、装有摄像头的交通执法车拍了下来。计算机自动识别了汽车牌照，在数据库中找到了汉金斯先生的地址，然后一个"证据包"自动生成，其中包括场景视频、违规时间和地点。在信中，布拉德福市议会要求汉金斯先生支付罚款，否则将会面临法庭诉讼。这封信同样是由计算机程序自动生成、打印并寄出的。似乎一切都很完美，然而汉金斯先生的车并没有非法停放，只是被困在了堵塞的道路中。汉金斯向当地的市议会发起了投诉。

按理说这种高科技的存在目的是解放人类的双手，让我们有时间做更有趣的事，比如检查异常情况——给汉金斯先生开的错误罚单就是一种异常。但是，官僚主义者和法航的飞行员一样，他们很相信这些高科技，觉得高科技不会出错。布拉德福的市议会一开始就驳回了汉金斯先生的投诉，汉金斯先生以打官司相威胁，市议会才礼貌性地承认错误并道歉。这不由得使人想起一个老笑话：人非圣贤孰能无过，但人类犯错很多情况下还有救，高科技犯错可能就没救了。

就在汉金斯先生的汽车被拍照的同一天，谷歌公布了一个中枢网络系统，可以识别由谷歌街景车拍摄的门牌照片。谷歌的研究小组称，该系统只需一个小时便可以读取法国每个门牌号的信息，准确率96%，这令人啧啧称奇。然而4%可不是一个小数字，法国有2500万户家庭，换句话说，一小时内错误识别的门牌号高达百万户。

换个角度想，4%的错误率也有一定积极作用，这意味着人们不敢百分之百仰赖高科技和自动化。物流巨头UPS（联合包裹速递服务公司）和联邦快递公司绝不会希望25个包裹当中就有一个送到了错误地址，这会砸了它们的金字招牌。如果警察经常因为错误判断而吓到战战兢兢的无辜者，那么警务督察就会严肃对待来自无辜市民的投诉。要是警务督察发现某位警察参与的每25个案件中就有一件被搞砸，这位警察就必须出席听证会为自己辩护。

要是谷歌中枢网络系统的准确率提高到百万分之四呢？如此一来，法国2500万户家庭的门牌号，就只会出现一个识别错误。从百分之四到百万分之四，随着准确率提高了一百万倍，人们对高科技的信任也达到了百分之百。系统出错的可能性越小，比如飞机上的电传操纵系统，我们处理突发情况的能力就越弱。计算机怎么会错呢？所以当有人指出计算机出了错，旁人会认为是那个人搞错了或者他在撒谎。除非我们自己成为高科技的受害者，否则我们会一直把高科技奉为真理。假如购物中心的电脑将你误认成了惯偷，保安因此把你赶了出去，你还会相信高科技吗？（这种技术已经存在，不过仍在调试修改中。它能为商场识别常客，以便为他们提供特别优惠。）一旦你上了购物中心的黑名单，要自证清白可不是一件容易的事。

自动化系统本来可以很美好，但如果人们过分信任它、依赖它，我们当中的一些人就会遭殃。39 岁的拉辛纳·易卜拉辛（Rahinah Ibrahim）是一名大学讲师，同时也是一名建筑师，正在美国斯坦福大学攻读博士学位。2005 年 1 月 2 日，她打算从旧金山飞往夏威夷去参加一个学术研讨会。当时拉辛纳刚做完手术，身体还没恢复，必须坐在轮椅上，这趟旅途注定艰难，然而后来发生的事却把她带进深渊。易卜拉辛刚办理完登机，警方当着她未成年女儿的面逮捕了她，给她戴上了手铐，把她押到一个拘留室。几小时之后，警方才告知易卜拉辛可以坐次日的航班离开。

两个月后，在家乡马来西亚探亲完毕的易卜拉辛打算回美国，却在机场被告知其美国学生签证在没有任何通知的情况下被撤销了。尽管易卜拉辛的女儿是美国公民，她却永远回不了美国了。

维克多·汉克斯先生用官司相威胁，就让布拉德福议会撤销了停车罚单。易卜拉辛却花了 9 年时间和价值 400 万美元的法律援助。直到美国地方法官威廉·阿尔苏普（William Alsup）宣判之前，美国政府一直在不断地干涉诉讼程序。原来，易卜拉辛被错误地列入了禁飞名单，原因可能是伊斯兰祈祷团与马来西亚雅马哈伊斯兰教英文名称极其相似，前者（英文名 Jemaah Islamiyah）是一个恐怖组织，2002 年在巴厘岛用汽车炸弹致死 202 人，后者（英文名 Jemaah Islah

Malaysia）则是马来西亚海外留学生的专业协会，易卜拉辛加入了马来西亚海外留学生协会，而非恐怖组织。

一旦错误的数据被录入电脑数据库，它便成了铁律，因为人们倾向于认为计算机是不会出错的。正如主审易卜拉辛一案的法官所写的那样："一旦诽谤信息被录入 TSDB（恐怖主义数据库），它便通过政府的连锁数据库广泛传播，像一个永不消失的不良信用记录。"初始的错误像病毒一样传播开来，却没有官方机构愿意去纠正它。

世界是一个凌乱的存在。那个数字到底是 1 还是 7，那个字母是小写的 L 还是大写的 i？一辆不动的汽车，到底是乱停乱放还是只是因为堵车？那个人是小偷还是小偷的孪生弟兄？是恐怖组织还是留学生协会？在一个凌乱的世界里，错误在所难免。自动化系统却要一切井然有序。一旦计算机程序或者数据库将你置于特定的分类中，非黑即白的数据便会否定任何外界质疑和不确定。你是小偷；你的车停在了公交车站；你在禁飞名单里——反正电脑是这么说的，这也成了多年以来政府捍卫自己权威的武器。计算机也好，政府也罢，谁也不会承认错误。

这是一个前所未有的名单时代，我们的名字出现在各种名单上：嫌犯名单、土豪名单、经常在加利福尼亚州圣莱安德罗附近出没的司机名单，甚至强奸幸存者名单。计算机将这些原本待在文件柜里的一摞摞的文件，转换成了可以即时搜索、即时生效的数据。这样的数据库还在不断扩大，进入这些名单的人不仅没有被事先告知，甚至根本不知道名单的存在。因此，一旦名单出错，受牵连者根本没有机会提出质疑，错误就一直存在。

尽管这些高科技数据库功能强大、着实有用，但我们恐怕没有意识到，整洁有序的数据库很难反映出这个世界的本来面目——凌乱。我们同样没有意识到，在电脑的准确率比人脑高一百倍、工作效率高一百万倍的同时，它出错的概率也在成倍增加。这令人想到贝克曼的"科学造林"——我们小看了这些科技的威力，它哪里只是将世界分门别类，它分明是在改变这个世界。

但这并不是说我们就该彻底摈弃高科技。一方面，我们都能理解卡茨拉卡比先生，他的车子和孩子无缘无故被拍了100多次，换了我们也不乐意；另一方面，我们也不得不承认高科技在执法过程中扮演的重要角色，比如调查嫌疑犯，指挥交通和阻止恐怖分子登机。但不管怎么说，科技应该帮助人类做出更好的决定，而不是代替人类做决定。飞机自动驾驶系统应该给飞行员提供支持和帮助，而不是代替飞行员驾驶飞机。如果我们总是依赖电脑，就等着大祸临头吧。

科技失灵带来的无奈有时让人哭笑不得。2012年3月，三名在澳大利亚旅游的日本学生用GPS（全球定位系统）导航开车到北斯特拉布鲁克观光。不知为什么，GPS没有检测出行驶路线被太平洋的海水淹没了14.5千米。旅行途中有意外发生也是常情，不过三名学生的反应却非常滑稽。他们沿着已经失灵的GPS导航的路线，把车开到了海边，跨过一片泥滩，朝着大海开去。海浪拍打着他们驾驶的"现代"汽车，情况不妙。终于，他们尴尬地发现自己被困了。路过的渡船上，乘客们惊讶地看着伫立在水中的车和人。学生们弃车上岸。车是报废了。"我们还想再来一次澳大利亚，"一名学生说，"这里的人都很友好，即便是今天。"

　　这几个人的经历的确好笑。但值得思考的是，三个具有行为思考能力的人，怎么可能跟着GPS的荒诞指示开进太平洋？[①] 自动化系统往往使我们陷入被动，我们不经大脑地接受任何指示。举例来说，在有些国家，器官捐赠是默认的，也就是说，每个人都是初始的器官捐献者，除非他们在注册表单上打钩，选择退出，于是几乎所有人都默认了这一设定。而在另一些国家，公民则须通过在注册表单上打钩来选择成为器官捐赠者，所以登记率要低得多。规定不同，我们的决定就会完全不同，公司养老金政策也是同样的道理。有时候这些决定至关重要，甚至能够改变我们的生活。

　　一旦计算机给出相应的建议，人们便会不假思索地接受，心理学家将这种现象称为"自动化偏差"。不管是布拉德福的移动执法车，还是美国的禁飞名单，都存在自动化偏差。

　　把汽车开进海里是自动化偏差的一个极端例子，而大多数GPS使用者是通过更加温和的方式感受到自身存在的自动化偏差。第一次使用GPS的时候，你会小心谨慎。你会检查地图，可能还会将行驶路线打印出来，上路之前会尽量了解地形，估算着旅程需要多长

---

　　① 还有很多类似事件。有人按照GPS的指示将汽车驶入了华盛顿州的一个湖泊；有人将车径直开向T形交叉路口，直到闯入新泽西州一户人家的房屋；有人把车开进了曼哈顿的一段楼梯中；有人沿着约克郡的一条岩石路将车开到了悬崖边；还有人把车开进了德国汉堡一处建筑工地的大沙坑。几位瑞典游客在意大利旅游时，称自己在内陆小镇卡尔皮镇（Carpi）看到了海洞——内陆小镇是不可能有这种景致的，卡尔皮镇的旅游官员一度疑惑不解。原来，GPS把他们带到了相隔640多千米的卡普里岛（Capri）。还有更荒谬的，一位女士要去比利时的一个火车站接一个朋友，却跟着GPS驱车近1300千米开到了克罗地亚的萨格勒布。

时间。不过，有了几次成功出行的经历，你就被 GPS 降服了。既然 GPS 能找到更迅捷、可靠的路线，自己还费那么大劲干吗呢。

　　GPS 很少让用户失望，但是一旦让你失望了，那必定是刻骨铭心的。这种悲剧第一次发生在我身上的时候，我正驱车前往约克市中心的一个酒店。约克市是一个美丽的中世纪风格的城市，它被古老的城墙包围，因此交通流量受到了管制。我到达的时候已是深夜，然后发现前方道路因为施工禁行了。GPS 没有得到实时更新，指示我继续往前开。幸运的是，我没有听从 GPS 的指示，朝一辆向我驶来的蒸汽压路机开过去。在那一刻，我意识到：我太依赖 GPS 了，连一个备用计划也没准备。我既不知道自己在哪儿，也不知道酒店在哪儿，我感到自己走投无路。那时候还没有智能手机，我也没带地图。最后，我只好漫无目的地驾驶，希望 GPS 能重新规划出一条新路线。

　　后来经过了几次顺畅的旅行，GPS 又重新获得了我的信任。连续几年它都不负所望，出色地完成了任务，直到最近，就在我打算去乡下参加一场婚礼的时候，它又伤了我的心。我不知道目的地的具体位置，只知道大致方向和邮编。可当我把邮编输入 GPS 系统，它没有任何反应。就这样，GPS 又一次辜负了我。我不知道它究竟出了什么问题，也无法预测何时它会再次失灵。从事直觉决策研究的心理学家加里·克莱因（Gary Klein）总结道："当计算机程序为你做出决策时，人们往往拒绝思考，不会想怎么去改善它。但 GPS 之类的计算机程序很难进行自我诊断，也就是说很难找到自己失误的原因。随着人们对它的依赖程度越来越大，人们自身的判断力就会减弱，这反过来又加强了他们的依赖性。这个过程形成了一个恶性循环。如果总是计算机程序来做决定，人就会变得被动，不再怀疑，失去警惕。"

　　克莱因等研究决策的专家们认为，许多软件工程师开发的应用程序总是想代替我们做决定，这让问题进一步恶化。如果我们打开软件的目的只是希望得到一些信息和帮助，我们就得费一番功夫阻止应用程序为我们做决定。什么意思呢？例如，我们不想被导航牵着鼻子走，想自己寻找最佳路线，于是我们打开导航软件，想查看一下地图或者看看有哪些路线可供选择。但是这些功能藏得太深，要花费一番工夫才能找到。相反，"开始导航"的字样却总是那么显眼，迫不及待地想替我们做决定，想牵着我们的鼻子走。

　　类似的软件随处可见。我们担心未来某一天机器人会抢走我们的饭碗，却没有意识到机器人已经在一步一步抢走我们的决定权。在如今的经济环境下，超级大仓库已经很常见。在那里，工人必须快速地将货品从货架上取走，搬到包装和发货的地方。他们头戴一种特殊的头盔，头盔里装有软件，通过头盔他们可以接收一位名叫"詹妮弗"的虚拟指挥官的指令。詹妮弗会告诉他们去哪里，做什么。詹妮弗掌管着仓库的一切，再微不足道的细节也不放过。詹妮弗能将一个大的指令分成若干个更小的，以便尽量减少失误。比如，如果工人需要从货架上取下 18 本书，詹妮弗会指挥工人分 4 次完成：5 本、5 本、5 本、3 本。在这样的条件下工作，工人沦为了长着肉身的机器。詹妮弗剥夺了工人的思考权，在它眼里，工人只不过是一双双廉价且麻利的手。

　　2007—2008 年那场使世界经济陷入衰退的金融危机，其实就好比一位心不在焉的司机将车开进了太平洋。危机爆发的原因之一是一种叫作债务抵押债券（CDO）的金融产品。这种金融产品结构复杂，其价值和美国房地产市场的健康程度成正比。华尔街的金融天才在金融风暴来临之前，或许已经看到房价飞涨背后的房地产泡沫，即使美国历史上还没有出现过全国范围内的同步崩溃。要是这些金融天才能够将自己的预测告诉电脑，也许电脑就能近一步估算房地产泡沫破裂对 CDO 价值造成的灾难性影响，不过这一切都只是事后的幻想罢了。电脑并没有这些天才所独有的金融智慧，它不知道金融风暴即将席卷全球。

如何合理利用计算机程序，同时降低它出错的风险呢？心理学家丽贝卡·普里西克（Rebecca Pliske）发现，经验丰富的气象学家会在分析数据、做出专业预测后，再对比计算机的预测，看看自己是否有什么疏忽。（通常情况下，气象学家和电脑的预测一样。）与空客A330 的飞行员不一样，这些资深的气象学家更愿意利用自己的专业知识预测天气，而不是全部依靠电脑，所以他们能一直保持高水准。但是，年青一代的气象学家和老一辈不同，他们更相信电脑而不是自己。一旦老一辈退休，人类将永远失去其在专业领域的宝贵经验，电脑出错时也将束手无策。

我们已经讨论过汽车的 GPS 系统和飞机的自动驾驶系统存在的问题，将这两点考虑在一起，你就会明白自动驾驶汽车的缺点。

克里斯·厄姆森（Chris Urmson）是谷歌自动驾驶汽车的项目负责人，他希望自动驾驶汽车能尽快批量生产，这样他的儿子就不用考驾照了。2020 年，他的大儿子就满 16 岁了，厄姆森觉得不能再等了。和飞机的自动驾驶系统不同，自动驾驶汽车不需要驾驶员。这种汽车没有方向盘，不少人担心如果哪一天它们也往海里跑，可得找个方法及时从车里跳出去啊！

　　自动驾驶汽车遭遇的反对声音不少，小厄姆森想开上自动驾驶汽车恐怕还得等一段时间。卡内基梅隆大学的自动驾驶专家拉杰·拉杰库马尔（Raj Rajkumar）认为，要研发出可靠的自动驾驶汽车至少还要一二十年。在此之前，我们可以尝试让自动驾驶程序负责简单的路况，而复杂的路况还是交给司机吧。

　　"自动驾驶程序会不断改进，能够处理的路况也会越来越复杂，直到有一天完全不需要司机。最后一步将是一个由量变到质变的微小飞跃，它的出现几乎很难察觉。"拉杰库马尔在一个广播节目中说，"即便如此，意外还是有可能发生。"这听上去可不怎么吉利，却在情理之中。当路况变得复杂时，汽车便将驾驶权交给司机。乍一听，没毛病啊！可是，如果我们期待汽车能够判断何时交出控制权，就等于说，我们期待它能清楚地判断自己的局限，知道自己什么时候搞得定，什么时候搞不定。这些问题即便是人类自己都弄不清楚，你还指望电脑?！

　　退一步讲，即便电脑准确判断出何时交出驾驶权，这时候驾驶员又该如何处理呢？连法航训练有素的飞行员在自动驾驶系统关闭时都不能正确应对突发情况，更别说普通人了。密歇根大学的安·普拉丹（Anuj K. Pradhan）说："人类还没有习惯自动驾驶汽车，需要我们上的时候，可能真反应不过来。"

　　当自动驾驶系统把控制权交给司机的时候，多半是在极具挑战的突发情况下。当空客 A330 的自动驾驶系统关闭时，三名法航的飞行员只有两到三分钟的时间来弄清楚他们应该如何应对。想象一下，我们坐在自动驾驶汽车里玩手机，突然汽车发出"自动驾驶模式退出"的警报，我们立刻丢下手机准备接手，却看见一辆公交车迎面开来，越来越近、越来越近……

安·普拉丹提出只有那些已有多年驾驶经验的司机，才有资格驾驶自动汽车。不过，这很难从根本上解决问题。无论驾驶员有多少年的经验，一旦退居二线让电脑接手，他的技能就会逐渐退化。普拉丹的提议细想起来让人不寒而栗：我们先让新手在其最容易发生事故的阶段驾驶手动车，等他们积累了一定的驾驶经验，再把他们放进自动驾驶汽车，然后过不了多久，疏于练习的他们又会退化成新手。

厄尔·维纳说："电子设备解决了小麻烦却制造了大麻烦。"了解了飞机的自动驾驶系统和谷歌的自动驾驶汽车之后，我们还可以补充说：正是因为电子设备逐一排除了所有小错误，反而给大错误可乘之机。为何如此？科技在解放双手的同时，剥夺了我们练习专业技能的机会，一旦真正的危机到来，我们便会因为专业技能的退化而无计可施。

维纳清楚地权衡了自动化的利弊。有了 GPS，我不需要在旅行前规划驾驶路线，确实节省了一些时间。但是，对 GPS 的依赖也让我付出了代价，就比如那次乡村婚礼，当我最终赶到教堂的时候，新郎已经入场正在等候新娘，我满是歉意。"GPS 给我节省的时间真的能弥补它给我造成的失望吗？"我问自己。鉴于后来我又开始信任 GPS，我当时的答案应该是肯定的。

数据库的使用同样涉及利弊的权衡。虽然它能帮助交警查处违规停车，帮助警察阻止潜在恐怖分子登机，但是它也会"诬陷"好人，被误会的受害者还得努力证明自己的清白："我没有违规停车，当时正在堵车。""这不是一个恐怖组织，这只是一个留学生校友会。"而他们的解释却显得那么苍白、没有可信度。自动化给大多数人带来的便利能弥补它给少数人制造的麻烦吗？这个问题虽然没有简单的答案，但它至少可以提醒我们去倾听这少部分受害者，同时找到改进办法。

再回到电传操纵系统，它带来的利弊比数据库容易权衡。20世纪70年代末以前，每年至少发生25架商用飞机坠毁事故。2009年发生的空难只有8起，其中就包括法航447航班，从25起到8起，安全性明显提高了。成本效益的分析结果不言自明：计算机系统已经大大减少了空难次数，法航447号航班的付出是值得的。

有没有一种方法能将人的反应能力、判断力、专业知识和计算机完美结合，进一步降低事故的发生呢？最好的方式便是抛弃全自动化，采用半自动化，让系统和人工合作，同时让系统及时给出反馈。法航447航班的飞行员一共听到了75次失速警报，却不以为然。如果驾驶舱内有一个大屏幕能够显示出高高抬起的机头，驾驶员可能就能意识到出事了。同样，如果两位飞行员能够通过自己手中的操纵杆感受到另一位驾驶员的操作动作，也许经验更丰富的罗伯特就能早一些发现博南的错误。警报的确能告诉飞行员他的操作不对，但是警报很容易被忽视，它只能刺激人的耳朵，而对视觉和身体的刺激可能更能引起重视。

一些高级飞行员在训练初级飞行员时，往往不允许他们使用自动驾驶系统，防止他们因为疏于练习而荒废飞行技能。这听起来不错。但是，如果初级飞行员只是在绝对安全的时候才关闭自动驾驶，他们就没有机会练习高难度的挑战。如果他们在有挑战性的情况下关闭自动驾驶仪，又很可能引发事故，这可不是他们想要的结果。

另一种解决方案是调换计算机和人的角色。可以让飞行员驾驶飞机，计算机在一旁监督，遇到紧急状况时，计算机再插手，而不是反过来。毕竟计算机永不会疲倦，随时保持着耐心和超高水准。有人可能会说，既然是这样，为什么不让计算机唱主角，人唱配角呢？因为这样会降低人的专业知识和技能。心理学家丽贝卡·普里西克针对优秀气象学家的研究发现，他们都是先自己预测，然后才参考计算机的意见。这种方法并非放之四海而皆准，但值得我们进一步探索。

如果非要反过来，让人去监管计算机，那么如何才能让人随时保持警惕和注意力变成了一个难题。目前，需要人类监督的自动化系统除了飞机的自动驾驶系统外，还有自动分拣仓库、高铁和美国军用无人机。指挥无人机听上去像一个令人兴奋的工作，但大部分时候可能非常无聊。无人机可能在阿富汗上空盘旋，而它的飞行指挥官可能正在内华达州印度斯普林斯的克里奇空军基地嚼着 M&M's 巧克力豆，昏昏欲睡。突然一个激灵，他清醒了，这时需要立刻决定是否击杀潜在目标。

玛丽·卡明斯（Mary Cummings）是最早进入美国海军战斗机队的女飞行员之一，现在是一位研究半自动系统监控的专家。卡明斯和她的团队进行了一项实验，他们请来了一些无人机飞行指挥官参加一次模拟任务，任务持续时间很长而且比较枯燥，但是偶尔指挥官需要做出生死攸关的决定。指挥官浏览着无人机发来的图像，将下一步飞行指令输入台式电脑，电脑再发给无人机，然后指挥官继续观察、等待。在完成任务的过程中，指挥官经常会分心。他们一般会放一本书或者一台笔记本电脑，目光同时在书、笔记本和台式机上游弋。（研究人员没有干涉，因为他们想观察飞行员最真实的状态。）

不出所料，研究人员发现，无人机飞行指挥官的反应时间及其表现会随着时间的推移下滑。同时他们也观察到一些一流的指挥官采取了一种有趣的策略：他们既没有完全依靠意志保持注意力的高度集中，也没有一心两用，一边监控无人机一边处理电子邮件。相反，他们会不停地切换任务，比如监控几分钟无人机后，就去处理邮件，然后再回到无人机，这种策略让他们精力充沛。卡明斯的研究表明，当专业人员在设计某个自动化程序时，最好让其能够时不时地刻意制造一些小麻烦，以转移一下人的注意力。

20世纪80年代中期，一位叫汉斯·蒙德曼（Hans Monderman）的荷兰交通工程师被派到奥德哈斯克村，解决当地的一个交通问题。当地两名儿童被汽车撞死了，蒙德曼通过雷达测速仪发现车子穿过村庄时行驶速度太快了。他首先考虑了传统的解决方案——交通信号灯、减速带或者警示标志等。但蒙德曼心里清楚，这些方案造价高，效果也不够好。交通信号灯、减速带等控制手段往往还会让司机感到不耐烦，不但不减速反而加速通过。

蒙德曼决定另辟蹊径：既然这条路经过奥德哈斯克村，它就应该具有乡村道路的风格。蒙德曼移除了现有的交通标志，他不喜欢它们。有一次，蒙德曼与作家汤姆·范德比尔特（Tom Vanderbilt）一起开车穿越荷兰，途中遇到一座桥，蒙德曼看见入口处挂着"您即将进入大桥"的标识，觉得多此一举，挖苦道："难道人们不知道这是一座桥吗？"蒙德曼认为，交通标志的作用是提醒人们不要超速，但是人们已经对随处可见的交通标志产生了免疫能力，在他们眼里，警示标志只不过在提醒自己正在公路上——这是汽车的天下，公路上的一切都得臣服于汽车。蒙德曼希望奥德哈斯克村的这条路能够形成自己的特色，能够成功提醒司机他们不仅是在公路上，还是在一个村子里，这里有玩耍嬉戏的小朋友。

下一步，蒙德曼拆掉了柏油路，在原来的位置上铺上了一块块红砖，隆起的马路牙子没有了，马路直接通向人行道。如果司机愿意的话，他们完全可以把车子开在人行道上溜达，不过应该没人有这个胆子。在以前，司机们总是蛮横地闯进村庄，完全没有意识到自己在开车，没有意识到自己是在一个村子里，一不小心就会撞死人。现在他们不敢了。现在他们面临的路况十分复杂，不得不全神贯注。在新的马路上，司机们很难分清楚哪里是车道，哪里是人行道，哪里是孩子们玩耍的区域，以前专属汽车的马路变成了一个司机、行人、孩子的"共享空间"。汤姆·范德比尔特认为蒙德曼的策略不是让道路变得更加规范，而是人为地将路况复杂化，让司机们因为搞不清楚状况而不得不集中注意力、保持警惕。估计厄尔·维纳也会认同蒙德曼的方案：刻意给司机制造小麻烦，反而会减少交通事故。

正如伊诺所说，当人们摸不着头脑时，就会警惕起来。当路况变得更加复杂时，司机们变得警惕起来：经过奥德哈斯克村时，他们会踩刹车，慢慢通过。蒙德曼的测速仪再也没有捕捉到超速。

世界范围内存在一小部分交通规划师，他们一直反对采用传统手段——红绿灯、公交车专用道、自行车专用道、人行道的隔离栏杆、随处可见的警告标志等——去减少事故，改善交通。蒙德曼属于他们中间的领军人物。传统的策略总是希望给司机提供更多、更清楚的指示，告诉他们该怎么做。位于荷兰德拉赫滕镇的罗卫普勒十字路口，曾发生很多事故。这里经常塞车，不耐烦的司机们经常抢绿灯，见到绿灯就拼命加油提速。罗卫普勒十字路口一侧有一个购物中心，另一侧有一个剧院，行人也经常穿行于十字路口，因此事故频发。（在城市里，大约一半的交通事故发生在交通信号灯附近。）

蒙德曼再次施展魔法，创造了"喷泉广场"。他拆掉了所有交通标志，在原来的位置上修建了一个广场，上面建有数个喷泉以及一个小型的迂回交叉路口，骑自行车的人和行人可从这里穿过车流，但是少有路标。除了从四个方向穿过广场的车流，它看起来更像一个行人专用区。行人和骑自行车的人还像以前一样过马路，但现在没有交通灯来保护他们，这听上去很危险，调查显示当地人也认为如此。"喷泉广场"看起来令人不安。司机、骑自行车的人和行人混乱地交织在一起。

然而，"喷泉广场"奏效了。虽然车流还是比较缓慢，但基本不会堵死。通过十字路口的汽车数量有所增加，但拥堵已经改善。"喷泉广场"比起之前用交通信号灯的十字路口更安全，事故发生率下降了一半。为什么？正是因为"喷泉广场"提高了人们的警惕，让他们更加小心，因此才更安全。司机无法预测路况，比如会不会有骑自行车的人突然挡在面前，他们只好小心翼翼地开车。喷泉广场让人感受到了来自交通的危险，但又不足以构成生命威胁。缓慢的速度可以让司机、骑车的人和行人进行眼神交流，相互理解，而不是将彼此视为障碍和威胁。当记者参观"喷泉广场"时，蒙德曼以身试险：他闭上眼睛后退进入车流，然而车子从他身体的两侧开过去了，没有一位司机冲他按喇叭。

在蒙德曼的设计里，司机绝对没有机会切换到自己习以为常的那种漫不经心的驾驶模式。复杂的路况迫使他们全神贯注，既要好好开车，又得留意其他车辆和行人。一片混乱的"喷泉广场"成功拯救了事故频发的交通路口。

第八章　适应能力

"我周围的一切都必须干净、整齐。
我无法忍受丝毫的混乱。"

破窗效应和胃溃疡告诉我们：将整洁奉为信仰是错误且危险的。

18 世纪 60 年代，林业员约翰·贝克曼开始在德国实行"科学造林"，然而两个世纪之后，德国的改造林却开始大面积死亡。1968 年，德国林学教授理查德·普洛切曼（Richard Plochman）站出来呼吁人们关注这一问题。

普洛切曼在《论德意志联邦共和国的造林术》一文中写道：刚开始，贝克曼将原来的树木移走，全部种上挪威云杉，确实带来了巨大的经济效益，因为第一代云杉长势很好。然而，到了第二代却开始明显退化，出材量下降了四分之一，而且这一状态还在持续。既然第二代已经开始出现问题，为什么直到 1968 年才有人站出来呼吁大家关注呢？这是因为，云杉的寿命实在太长，问题被发掘出来整整花了一个世纪的时间。

德国人给这个问题取了个名字——森林死亡综合征。1986 年，联邦德国发行了一套纪念邮票，呼吁人们立刻采取行动拯救森林。

问题的根源是什么？ 18 世纪，以贝克曼为代表的德国林业员想得太过简单，眼里只有经济利益。根据生态学家克里斯·马塞（Chris

Maser）的研究，贝克曼的造林术导致接近三分之一的非鸟类野生物种消失了。表面上，林业员似乎不应该背锅，因为他们的目标仅仅是最大限度地增加出材量，他们也不想损害森林的生物多样性。然而，他们的行为确实是导致森林生态失衡的罪魁祸首。随着时间的推移，生长着同样品种、同样大小的云杉的林子变得越来越脆弱，无法抵抗真菌和其他物种的入侵。

挪威云杉带给当地政府和土地所有者的经济利益导致他们看不见林子的生态环境一年比一年脆弱。老林子的土壤富含腐殖质，它分解时会释放氮、硫和二氧化碳，不仅可以为植物提供养分，还可以加强植物的光合作用。第一代云杉依靠土壤中的腐殖质长势茂盛。渐渐地，随着土壤深处老树根的完全腐烂，云杉的树根取而代之。长年累月，这些云杉也留下了自己的腐殖质。然而森林的生态系统越来越脆弱，根本无法分解这些腐殖质。于是，土壤越来越硬，营养不断流失，导致第二代、第三代云杉的树根无法深入土壤，长势一代不如一代。

18 世纪的林业员完全没有预料到这些问题，他们自以为对这些整齐有序的云杉林了如指掌。有一位名叫格奥尔·哈蒂格（Georg Hartig）的林业员和同时代的其他林业员一样，都是贝克曼造林术的支持者。哈蒂格制作了一套数据表，自信地预测接下来的两个世纪，也就是直到 2019 年，云杉林的出材量都会相当可观。

后来的事实证明了哈蒂格的盲目自信和愚蠢。为了拯救这些林子，林业员不得不在两个世纪后再一次对其进行改造——他们保留了死掉的树，搬来了腐木，种了不少新品种，还引入了啄木鸟和某些特定品种的蜘蛛，以重建林子的生物多样性。这种人工改造是否能挽救森林，现在下定论为时尚早。但是我们可以肯定地说，贝克曼的造林术不仅改变了林子，还差点毁了它们。事实证明，林业员对简单整齐的盲目追求只会打破林子的生态平衡。

在自然界中，多样性意味着健康，在其他领域，亦是如此。

1982 年，澳大利亚一位实习医生在自己身上进行了一次实验，这恐怕是继本杰明·富兰克林（Benjamin Franklin）的风筝实验之后最出名的自我实验。医生的名字叫巴里·马歇尔（Barry Marshall）。当时，压力被视为造成胃溃疡的元凶，因此药物的疗效甚微。但是医药公司却发现了一个生财之道，他们研制了西咪替丁和甲胺呋硫类药物，这类药物可以减少胃酸分泌，而胃酸分泌过多是胃溃疡的典型症状，治不了本可以治标嘛。这一点让马歇尔难以接受。

马歇尔和同事罗宾·沃伦（J. Robin Warren）所持观点完全相反：胃溃疡并不是压力造成的，而是一种螺旋形细菌造成的，即幽门螺旋杆菌。感染细菌的人可以服用并不昂贵的抗生素及时得到根治。但是，没人重视他们的观点，医药公司也不想理会，除非不想赚钱了。

马歇尔很生气，他下决心一定要证明自己的观点是正确的，于是他喝下了整整一瓶幽门螺旋杆菌。如他所愿，很快马歇尔就得了胃溃疡。他服用了一个疗程的抗生素，很快就痊愈了。就这样，马歇尔和沃伦终于引起了医学界的注意。因为发现了幽门螺旋杆菌以及这种细菌在胃炎和胃溃疡中的作用，马歇尔和沃伦获得了 2005 年诺贝尔生理学或医学奖。

马歇尔和沃伦凭借实验和勇气获得了成功。从那以后，肠胃病专家甚至想寻找方法彻底消灭人体里的幽门螺旋杆菌。然而，故事却出现了转折。2007 年，在马歇尔和沃伦联合获得诺贝尔奖两年之后，纽约大学医学院一位微生物学家马丁·布莱泽（Martin Blaser）却发现：幽门螺旋杆菌对人体有一定的益处。

布莱泽发现肠胃里感染幽门螺旋杆菌的美国人患哮喘的比例低很多。研究人员给实验室的小白鼠注入了这种细菌，随后发现小白鼠完全没有出现哮喘症状。不仅如此，布莱泽和同事发现幽门螺旋杆菌还可以通过调节一种被称为"饥饿激素"的胃肽酶帮助我们控制体重。这一发现也是通过实验获得的。研究人员给小白鼠注入抗生素之后，它们体内的幽门螺旋杆菌被全部消灭，小白鼠随后便长胖了。其实多年以来，密集型农业一直都在利用抗生素增加牲畜体重，只不过他们没弄明白原因。研究人员还发现，将瘦白鼠身体内的微生物转移到胖白鼠身体内之后，胖白鼠体重也下降了。

这些发现可能会改变我们对人体微生物丛（生活在体内以及皮肤表面的微生物）以及它们的基因的认识。传统观点是细菌对人体有害无利，采用抗生素治疗绝对没错，只是不能滥用以免细菌产生抗体。最近，医学家却发现人体和细菌的关系远没有那么简单。人体寄生的菌种平均每人达一万多种，这比人体的细胞种类还多，它们重不足 1.5 公斤，却在新陈代谢中发挥着重要作用。一些细菌很危险；一些没什么影响；一些对我们身体有益；还有一些，比如幽门螺旋杆菌，有时候是朋友，有时候是敌人，视情况而定。

布莱泽和其他几位学者首次提出寄生人体的细菌种类正在减少，这对身体是有害的。

多伦多大学的研究人员发现20世纪80年代保持身材要容易得多。他们搜集、分析了几万人自20世纪70年代以来的饮食和锻炼数据，发现虽然在饮食和锻炼方面都一样，但是现在这个时代的人就是比他们的父辈胖。其中一个认可度比较高的解释是，现在的年轻人体内的细菌种类减少了。另一项针对欧洲人微生物基因的大型研究也表明微生物多样性和体重呈负相关。

与此同时，加州大学旧金山分校的研究团队发现人体的另一种细菌米酒乳杆菌似乎可以抵抗鼻炎，这很可能是因为米酒乳杆菌能够战胜引起鼻炎的另一种有害细菌。服用抗生素便可以消灭米酒乳杆菌，但与此同时，鼻子就要遭罪了。

接下来我们来看一个针对艰难梭菌肠道感染的治疗手段。这种感染可以引起重症血性腹泻以及严重腹痛，美国每年有三万人因此丧命。究其感染原因，是因为长期服用抗生素导致胃肠道的有益微生物被赶尽杀绝，艰难梭菌趁机入侵。自然而然，艰难梭菌对抗生素的抵抗力也越来越强。

所幸的是，目前医学家已经发现了一种近乎神奇的治疗方法——最开始有关其疗效的病例报告没被当真，因为这种疗法实在是不大体面……可是，它发挥的疗效确实突出，出于医德，这种疗法再恶心也得大白于天下：粪便菌群移植。用好听一些的话说，就是将一个健康人的粪便和一点盐水混合，然后将这种混合物通过肛门注入病人体内。几乎是立即见效，而且一般一次灌肠就够了。

医生和研究人员还想把粪便菌群运用到其他疾病的治疗上。比如，神经外科医生已经开始研究是否可以利用粪便菌群当中的产气肠杆菌治疗恶性胶质瘤，这是一种致死脑瘤。他们认为如果能通过手术将产气肠杆菌移植到大脑，那么人体免疫系统就会发起抵抗，攻击癌细胞，医生便能治愈患者。然而一位持反对意见的医生却告诉《纽约客》的记者："移植产气肠杆菌最多能治疗脑脓肿，绝对不可能治疗脑瘤。"虽然这种治疗方案招致了无数争议，但是从中我们可以看到，人们已经普遍认识到微生物并不都是身体的敌人。

为什么 21 世纪的年轻人体内的微生物多样性在下降呢？罪魁祸首便是抗生素的滥用。医生原本只应在病人感染极其严重的时候才使用抗生素，然而，这类强大的、拯救生命的药物却经常被用来治疗小病小痛，或者被误用来治疗病毒感染，又或者用来给牲畜增肥。第二个原因和我们周围的环境有关。频繁使用洗涤剂、洗手液等消毒工具，使得我们的居住和工作环境远离细菌。有些消毒过程甚至我们完全意识不到，比如，医院的空调系统似乎能够过滤很多无害微生物，没有了对手，一些危险的病原体便乘虚而入。

第三个原因是剖宫产比例的上升。现在在美国，接近三分之一的新生儿都是通过剖宫产从母体中取出来的。

新生儿可以从母亲身上获得多种微生物，但是这一过程并不是在母亲子宫里完成，而是新生儿经过母亲产道时获得的。这可以用来解释为什么剖宫产出生的新生儿更容易患过敏或哮喘，也可以用来解释微生物生态学家罗布·奈特（Rob Knight）的奇怪行为。奈特的女儿是通过紧急剖宫产手术来到这个世界的，考虑到女儿没有经过母亲的产道，这位教授等到医生和护士都离开产房后，用一根沾满妻子产道分泌物的棉签涂抹女儿的身体，希望能将妻子产道的微生物移植到女儿皮肤上。奈特教授目前正在针对波多黎各剖宫产出生的新生儿展开研究，观察这种方法是否能帮助新生儿获得微生物。

事实上，微生物丛是可以通过母体遗传到子体的。如果母亲服用太多抗生素或使用太多杀菌剂，那么母体的微生物多样性就会降低，进而影响下一代。

如今有些荒诞的说法越来越流行。一些庸医和食品厂为了赚钱，称饮用含益生菌的酸奶可以使人体内的微生物菌群更健康——没这回事。健康的微生物丛形态多样，且变化多端。不同的人可能拥有完全不同形态的微生物丛，但同样是健康的；另一方面，同一个人的微生物群也会随着时间不断发生变化。当然了，这并不是否定了益生菌的好处，总归不能吃脏东西吧，那会让你生病，而抗生素的确挽救了许多患者的生命。问题的关键在于平衡——既要保持人体内菌群的多样性，又不能让细菌过多以至于要使用抗生素来杀菌。不过，如何找到这个平衡点，仍是我们需要努力的方向。

以上这些微生物学的发现印证了我们所讨论的道理：如果你试图通过压制、简化等方式控制一个复杂的系统，到头来可能发现，这些看似微不足道、被简化的部分，实际上对整个系统的运作至关重要。

现在我们已经明白了，混杂能够使自然存在的系统（比如森林，或者人类的身体）更加健康、更具多样性，那么对于人为制造的系统，如我们的居住区、城市和国家，是否同样有益呢？

作家兼城市规划大师简·雅各布斯（Jane Jacobs）曾在其著作《美国大城市的死与生》（*The Death and Life of Great American*

Cities)^① 一书中指出，我们生活的地方应该具有多样性。雅各布斯在书中描写了位于纽约西区格林尼治村的哈得孙街，这也是她生活的地方，她将街上居民的生活比喻成芭蕾舞。

"这里的生活像是一支芭蕾舞，它构成了城市的一道亮丽风景，"雅各布斯写道，"我说的可不是那种集体芭蕾，每一个人都在同一秒踢腿、旋转或跳跃。我说的是那种比较复杂的芭蕾舞，每一位舞者的舞姿都各有特色，却又彼此呼应。"

每天早晨，店主打开店门迎接客人，孩子们欢快地走路去上学，衣着潇洒的专业人士走出房子，招呼着坐上刚把一些投资银行家从南边的纽约中城区拉到这里的出租车，朝着北边呼啸而去。早高峰过去之后，家庭主妇和当地的工人纷纷走上街头，喝上一杯咖啡或吃上一顿午餐。下午晚些时候，放学了的孩子们在人行道上嬉笑打闹。黄昏时分，人们相聚在灯火通明的比萨店和酒吧。哈得孙街居住着形形色色的人，散发着形形色色的魅力。这里总是很热闹，但又不会拥挤到让人压抑。正是因为居民的生活丰富多彩，哈得孙街才如此迷人。正是这种多样性成就了它的魅力。

办公室、商店和工厂的共同存在是让街道告别单调的方法之一。雅各布斯提出还有一种塑造街道多样性的方法——融合新老建筑。还记得麻省理工学院的 20 号楼吗？它周围全是宏伟壮丽的高楼大厦，然而 20 号楼诞生的奇迹却足以让它们羞愧。很多人不明所以，雅各布斯恐怕是会心一笑，20 号楼和她书中描写的大楼相似极了：

---

① 中文版参见：简·雅各布斯. 美国大城市的死与生 [M]. 金衡山，译. 北京：译林出版社. 2006.

　　在我写书的这层楼，有一个带健身房的保健中心，一个专门装修教堂的公司，一个对执政党有诸多不满的民主党改革协会，一个自由党政治协会，一个音乐协会，一个手风琴师协会，一个在网上卖马黛茶的退休进口商，还有一个卖纸的，他也负责马黛茶的发货。除此之外，还有一个牙科实验室，一个教水彩画的工作室，一个制作服饰专用人造珠宝的作坊。在我搬来之前，这个房子里住过一位出租燕尾服的男房客、一个海地的舞蹈团，还曾做过当地工会的办公室。漂亮的新楼房可不欢迎这样形形色色的人。而我们需要的、其他很多人需要的，正是位于闹市区的一幢老房子，而且我们还可以让它更热闹。

　　多样化的街道和居住区更具生命力，城市也是如此。雅各布斯认为，一个城市的产业机构宁可多元化也不要单一，因为单一虽然能够提高效率，却只是暂时的。为了阐明这一观点，雅各布斯引用了她最喜欢的例子——英格兰第二大城市伯明翰。伯明翰一直都没有代表性产业，多年以来，这里的工业都是一个大杂烩：蒸汽机、充气轮胎、钢笔尖、玩具、珠宝、汽车、巧克力、扣环、纽扣、坦克、飞机、银行、电气工程。有一次，老一辈的市民想给伯明翰打造一句广告语以提高城市知名度，他们绞尽脑汁想出了"千业之城"，结果这个名字很失败，完全没有流行起来。①

――――――――――

　　① 过去，很多经济学家都认为地区专业化可以促进产业升级和创新。连伟大的经济学家阿尔弗雷德·马歇尔（Alfred Marshall）也认为，专业化的产业集群有很多突出优势。1890 年，他在《经济学原理》（*Principle of Economics*）中写道："当一个产业确定了发展地点之后，它迁址的可能性很小。如果大家都处于同一领域，彼此之间就可以相互学习、相互借鉴，甚至相互扶持。产业机密将不复存在。"（转下页）

早在 20 世纪 60 年代，雅各布斯就对伯明翰赞不绝口，但当时的读者都不理解，在他们眼里，伯明翰乱糟糟的，毫无吸引力。也是在同一时期，大洋彼岸的汽车之城底特律正在崛起。当时的经济学家一致认为，一个城市应该尽可能地发展其优势产业。然而，随着去工业化的深入，无论是以汽车制造业为主的底特律，还是以造船业为主的格拉斯哥，都逐渐由盛转衰。这一变化证明了经济学家的目光短浅，雅各布斯却很有远见，产业结构单一的城市生命力脆弱，多元的产业结构虽然会让城市看上去混乱，产业之间偶尔还会相互阻碍，但是正是这种多元化让一个城市能够应对突如其来的危机。尽管在世人眼

（接上页）

雅各布斯并不反对马歇尔的大部分观点：专业化的产业集群确实会促进产业创新以及创新成果的广泛应用。但雅各布斯同时提出产业多元化（她将其喻为"异花受精"）的优势绝对不容小觑。一个产业往往可以从不同产业身上学到更多。比如，底特律的汽车制造业便是从该市的造船业发展出来的。内衣制造从服装制造业中学到了很多。雅各布斯最喜欢的例子是纽约女裁缝艾达·罗森塔尔（Ida Rosenthal）。罗森塔尔制作的女装，上身后效果都不理想，为了让衣服更合身，她开始研究改进内衣，结果设计出了现代的文胸，赚得盆满钵盈。

1999 年，经济学家玛丽安·费尔德曼（Maryann Feldman）和大卫·奥德茨（David Audretsch）想解决单一与多元的争议，他们建立了一个数据库，搜集了诸如《医疗产品制造新闻》《茶与咖啡贸易期刊》《化工新闻》等专业报刊上介绍的各类新产品。费尔德曼和奥德茨发现，产业专业化的城市（如生产办公设备的阿纳海姆以及农业中心圣路易斯、亚特兰大）总体来说产品创新能力并不强，而以共同元素为基础，比如同一基础科学的产业多元化的城市则相反，像旧金山和波士顿，它们的创新能力在美国数一数二。

费尔德曼和奥德茨得出结论，雅各布斯的观点是正确的，多元而又互补的产业结构是创新的土壤。伟大的经济学家马歇尔没有认识到这一点，而经济学家眼中的"疯狂女人"雅各布斯——一位非专业人士，却从不同的角度看问题，提出了真知灼见：多元化才能促进创新。

里，伯明翰是个毫无特色的地方，但是在过去数百年中它从一次又一次危机中挺了过来，屹立不倒。

1994 年，雅各布斯提出这一观点的 30 年后，经济和政治学家安娜利·萨克森宁（AnnaLee Saxenian）对比分析了两个著名的技术集群，硅谷和波士顿的"128 公路"高新技术区。128 公路一度被誉为世界领先的高新技术中心，却逐渐被后起之秀硅谷全方位碾压，现在的它只不过是一条碎石沥青公路罢了。

萨克森宁发现 128 公路沿线的科技公司，如王安计算机公司、雷神公司和太阳微系统公司，虽然在业内数一数二，但是整体研发范围还是比较狭窄。硅谷则不一样，它更像一个大杂烩。结构单一的 128 公路在发展之初相当成功，就好比德国的"科学造林"。但是随着技术的日新月异，128 公沿线路的公司难以适应，要么倒闭，要么在硅谷的阴影之下举步维艰。

越来越多的数据表明经济的多元化对健康的经济体来说至关重要。麻省理工学院媒体实验室的物理学教授塞萨尔·伊达尔戈（Cesar Hidalgo）绘制了一套地图，揭示了隐藏在不同经济体之下的产业结构。由于能够搜集到的城市层面的数据有限，所以这些地图是有关整个经济体的。

伊达尔戈的地图看上去像一张蜘蛛网，连接着不同产品集群和它们的子集群。通过这些地图，我们可以判断哪些产品需要的技术是相似的，如手提包和皮鞋，哪些产品需要的技术是不同的，比如时钟和医疗设备。

伊达尔戈发现多元化的经济体、复杂的经济体和富裕的经济体之间联系紧密。如果一个国家能够出口高技术含量的复杂产品，那么它的产业结构一般都比较多元化，也就是说它也能够出口一些技术含量不高的简单产品。如果一个国家能够制造的简单产品种类繁多，一般来说，这个国家也能生产一些高精尖产品。但是，如果一个国家出口的产品种类本来就少，这些产品的技术含量一般就比较低了。多元化和复杂性往往是携手并行的。就拿荷兰来说，作为一个复杂的经济体，阿根廷能生产的东西荷兰基本都能生产——根据伊达尔戈提供的最新数据，阿根廷出口产品中的 94% 都能在荷兰买到同类的，从精炼石油到发动机零件再到鲜花，不一而足。而荷兰出口的很多产品阿根廷却无法复制，如计算机。

多元化的经济体一般也比较富裕。虽然也有极个别结构单一但很富裕的经济体，比如中东地区的石油出产国，或是过去的农业大国乌拉圭和阿根廷，但是这样的情况毕竟很少，而且时间一长，便会由盛转衰。多元化的经济体，就像改造前的德国树林，具有韧性，生命力也更顽强。如果从第一性原理出发，森林和城市之间是不能进行随意类比的：森林不是城市，其生态系统如同人体机制，已经进化了数千年，而城市的发展则要短得多。尽管数千年的进化并不是韧性和生命力的保证，但是这一过程必定隐藏着诸多奥秘。相比之下，人类建造的体系，例如一座城市或一个住宅区，其发展历程是以一年或者十年为计量单位，而不是千年。传统的经济学理论认为一个城市应该尽可能专业化，而不是像一片森林那样多样化且时时警惕多样性的锐减。经济学家总是建议一个城市只生产几种产品，然后通过贸易用它们来交换其他生活必需品。

近几十年，经济学家终于开始醒悟，传统的理论可能行不通了。俗话说，"通百艺即无一长"，导致我们以为与其什么都尝试，不如选择一两个领域争取达到精通，只有将自己的专业知识和技能发挥到极致，才能取得更高成就。这话用在个人身上也许还行得通，但是万万不可用来指导一个城市或一个国家的发展。多元化的经济体才更有可能在其涉足的多个产业中做到优秀。在这个不可预测的世界里，只有多元化的经济体才能形成韧性，实现长久而稳定的繁荣。

雅各布斯的远见吸引了无数粉丝，专业化和多元化之争，后者似乎已经取得了胜利。但是正如雅各布斯所言，一个国家在通向多元化的道路上面临两大障碍。

第一大障碍和人类天性有关。俗话说，物以类聚，人以群分，人们都喜欢和自己相似的人打交道，这一天性很难磨灭。在美国，居民区之间存在的分化倾向，就像油和醋一样难以融合。如果人们倾向于和相似的人住在一起——或种族一样，或阶级一样，或民族一样，或收入一样，这种倾向将会导致社会分化。之前我们就讲过，在美国的高等院校里，大学生更喜欢和相似的人社交。比尔·毕晓普（Bill Bishop）和罗伯特·库欣（Robert Cushing）在《大归类》（The Big Sort）一书中也提出美国社区的分化现象越来越严重，并且分析了这种倾向的政治内涵。1976 年吉米·卡特（Jimmy Carter）当选美国总统的时候，只有四分之一的美国人住在出现"压倒性选票"的县郡（要么以超过 20% 的优势获胜，要么以同比例落败）。换句话说，这些县郡的居民们政见趋于一致。而到了 2012 年总统选举期间，居住在此类县郡的美国人超过了总人口的 50%。

第二大障碍来自官僚主义，它比第一个障碍好对付。从政府出台的城市规划的相关法律法规就可以看出，官僚主义明显更偏爱整齐的城市，最好每个区域之间互不干扰。规划部门考虑的是工业区、红灯区绝对不能挨着游乐场和住宅区，这一点我举双手赞同，但是凡事一定要把握一个度。从理论上讲，城市规划好处多多，但如果完全照搬教材，城市只会沦为呆板、枯燥的代名词。回想雅各布斯笔下的哈得孙街，多亏了生活在那里的形形色色的居民，这条街才能在每一个时刻都充满活力。相比之下，规划过于整齐的居民区则毫无生机可言。大家都在同一时刻忙碌，又都在同一时刻归于平静。这里看不见商铺，因为根本开不起来。这种小区一般远离上班的地方，使人们越来越依赖汽车。

过度的城市规划还会造成社会分裂。美国著名智库布鲁金斯协会的乔纳森·罗思韦尔（Jonathan Rothwell）表示，如果政府机关不允许在高档住宅区附近修建经济适用房，将会进一步加剧已经存在的种族和社会不平等现象。

规则的制定者过于崇尚整齐，他们希望自己规划的城市无论是在地图上还是在电视屏幕上看上去都整齐如棋盘。但是，这种近乎偏执的审美对生活和工作在这个城市的人来说却是一个灾难。在魅力四射的城市，新老建筑必定相得益彰，居民区、办公区和商铺相互交织，不管是穷人还是富人，大家都和谐地居住在一起。正是这种表面的混杂让一个城市充满创意，更重要的是，经受住岁月的洗礼。

当然，并不是每一种混乱都是可爱的。2010年春，荷兰乌得勒支火车站的清洁工集体罢工。这个火车站的客流量很高，没有了清洁工，这里很快变成了一个大型垃圾堆，地上到处都是报纸、食品包装盒等垃圾。也许这种脏乱对城市生活有某种积极影响，但至少目前还没人说得清。有趣的是，我们总是本能地高估一个干净、整齐的环境对我们的积极影响。

荷兰心理学家迪德里克·斯塔佩尔（Diederik Stapel）和西格沃特·林登伯格（Siegwart Lindenberg）趁清洁工罢工期间在乌得勒支火车站展开了一项实验。他们请乘坐火车上下班的乘客坐在一张长凳上填写一份调查问卷，并以小礼物作为答谢。这份调查问卷能够测试出填写人是否喜欢给陌生人贴标签。此外，两位心理学家请来了实验助手坐在同一张长凳上，有时候是一位黑人，有时候是一位白人。受访者究竟会挨着实验助手坐还是远离他呢？

清洁工罢工结束后，火车站恢复到干净整齐的状态，两位心理学家重复了这一实验。斯塔佩尔和林登伯格的研究很快传遍全球，引起了很大轰动。斯塔佩尔回忆道：

> 我上了报纸——事实上，报纸上到处都是我们的实验。我发表了研究结果，指出混乱的环境会导致人们的容忍能力下降。在又脏又乱的环境之中，人们更容易给陌生人贴标签，因为眼前的脏乱会让人产生一股整理的冲动，于是人们把这种整理的冲动运用到陌生人身上。贴标签能让混乱的世界整齐起来。男性好斗，女性多愁善感，纽约人随时都在忙，美国南方人热情好客。这些都是标签，它能让人们以最快的方式了解陌生人，因为它好用所以我们都喜欢，特别是当周围的环境乱成一锅粥

的时候。我们的研究发表于权威的学术期刊《科学》（Science），引起了很大轰动，占据了很多头条。

根据斯塔佩尔和林登伯格的结论，在又脏又乱的环境之中，受访者不仅表现出更强烈的给人贴标签的倾向，同时他们距离坐在同一长凳上的实验助手更远了——只要这个实验助手和他们的肤色不一样。斯塔佩尔和林登伯格进一步推断，贴标签的行为其实是在弥补环境的脏乱差："人们通过贴标签应付糟糕的环境，这是一种心理补偿机制。"混乱会引诱我们给这个世界和生活在这里的人贴上狭隘的标签，它让我们变成可怕的种族主义者。斯塔佩尔和林登伯格提出应对措施："要阻止这一恶果，我们必须及时发现环境当中的混乱，及时清理恢复整洁。"听上去似乎很有道理，很有趣的样子。混乱好像真的对我们不利，它让我们对陌生人充满不信任，把我们变成种族主义者。于是我们都希望自己的生活环境干净整洁，这样我们就能变成一个更好的人。

就在文章发表之后的几个月，媒体发现斯塔佩尔学术造假。在实验相关的数篇论文里，数据都是捏造的，斯塔佩尔欺骗了媒体、欺骗了同行，也欺骗了他的论文合作者林登伯格（林登伯格一直被蒙在鼓里）。此后，斯塔佩尔承认："根本就没有什么实验，全是我想象出来的。"

斯塔佩尔为什么要铤而走险学术造假呢？背后的动机其实很简单：学术期刊的编辑也希望出版一些整齐易懂、一目了然的数据。斯塔佩尔完美满足了他们的需求。斯塔佩尔不仅是一个学术骗子，骨子里也是一个整齐控，他说："在实证研究的时候，我曾一度感到苦恼。

虽然我会用一些灰色手段去美化实验数据，但是无论怎么美化都不能满足我对整齐的追求。于是，我越走越远……我在格罗宁根大学有一间办公室，它装修精美，我很爱惜它，关门时小心翼翼，桌子总是一尘不染。我周围的一切都必须干净、整齐。我无法忍受丝毫的混乱。"

斯塔佩尔的数据造假涉及 55 篇论文。东窗事发后，他告诉《纽约时报》，他之所以造假，一是为了满足自己对整齐的欲望，二是为了取悦学术期刊的编辑。

《纽约时报》说，"斯塔佩尔被乱七八糟的实验数据弄得心烦意乱，因为这些数据没有明确的指向。"他一生对整齐之美的执着，导致他"美化"实验数据，而拥有同样审美的编辑自动上钩。"斯塔佩尔是在追求美，而不是真相。"

斯塔佩尔的造假丑闻不仅关乎他自己的道德，还关乎整个社会的道德。诚然，他对整齐的追求导致他捏造数据，但是更确切地说，我们也有责任，我们不应该轻易相信斯塔佩尔的数据。我们总是理所当然地认为混乱有百害而无一利，认为整洁的环境有助于提升自己的人格，这难道不是在高估整洁的作用吗？整洁的火车站确实能让乘客的旅途更愉快，但是仅此而已。我们对整齐的过度重视，才让斯塔佩尔有机可乘。

不是所有的混乱都是可爱的，整洁的车站肯定比又脏又乱的车站更舒服，清洁工的存在必不可少，但是一个整洁的火车站绝对不会让我们变成更好的人。

1982 年，犯罪学家乔治·凯林（George Kelling）以及政治科学家詹姆士·威尔逊（James Q. Wilson）在《大西洋月刊》（*Atlantic*

Monthly）上发表了一篇文章，提出了"破窗效应"这一理论。威尔逊和凯林认为，如果一个住宅区开始显示混乱的迹象而居民却听之任之，那么这个住宅区会越来越糟糕，最终沦为犯罪的温床。此理论的诞生也是因为人类高估了一个整洁的环境的作用。我们先来简单了解一下两位学者的观点：

> 一个和谐友善、互帮互助的小区的衰败只需要短短几年甚至几个月的时间，这一切始于一处被遗弃的房子。由于没人打理，房屋杂草丛生，一扇窗户被打碎了。大人不再管束熊孩子，被纵容的熊孩子越来越调皮捣蛋。一个个家庭搬出去，一个个单身汉搬进来。未成年人聚集在小商店门口，店主要求他们离开，这些人不乐意，双方扭打起来。酒鬼刚出食品店就大喝起来，于是在某一天扑通一声跌倒在人行道，却没有一个邻居上前帮忙。住宅区还来了很多乞丐。

> 事情到了这个地步，不可避免地，这个住宅区的犯罪率会上升，居民会遭到暴力袭击。于是，居民也开始调整自己的行为，变得小心翼翼：他们尽量避免上街，即使不得已走在街上，也会和陌生人保持一定距离，居民不再有目光的交流，更别提寒暄了。"我不想惹麻烦"似乎成了这里的座右铭。这样的住宅区很容易成为犯罪分子的目标，接下来上演的很可能就是毒品买卖、色情交易和拦路抢劫。停在路边的车子、烂醉如泥的酒鬼、从妓女房间里走出来的嫖客都是最佳抢劫目标。

凯林和威尔逊的分析似乎头头是道，"破窗效应"成功引起了纽约警察局的重视，于是从 20 世纪 90 年代开始，纽约警察特别留意公共场所中那些混乱、异常的迹象。也是在同一年代，纽约的犯罪率下降了。不过，两者之间是否存在因果关系引起了巨大争议。

其实，"破窗效应"只是表面看上去有理，它存在一个漏洞。凯林和威尔逊只是说一处房子被遗弃了，随后杂草丛生，可是为什么这处房子会被遗弃？这种事情发生在贫民区的可能性比发生在富人区高得多。真的是这所房子导致了整个住宅区的衰败吗？还是说这所房子被遗弃的时候，这个地方已经出现了不少问题？凯林和威尔逊强行建立起来的因果关系根本站不住脚。

事实上，一旦我们深入研究"破窗效应"所谓的事实依据，就会发现这些依据非常脆弱。为了证明"破窗效应"，凯林和威尔逊引用了美国著名心理学家菲利普·津巴度（Philip Zimbardo）的实验：

> 津巴度安排了一辆没有牌照的小汽车停靠在纽约布朗克斯的一条街上，车子的引擎盖是开着的，同时，他还安排了另外一辆车停在加利福尼亚帕罗奥图市的一条街上。几周之后，帕罗奥图市的那辆车安然无恙。于是，津巴度故意用锤子砸向汽车的某一部位。很快，行人们也对车子动起手来。几个小时之后，这辆车彻底报废。

凯林和威尔逊把理论建立在一位心理学家的实验之上，这未免也太草率、太不严谨了。事实上，至今为止，社会学家都没有搜集到足够的证据来支撑"破窗效应"，也没有足够的证据证明"破窗效应"和纽约犯罪率的降低存在因果关系。关于犯罪率为什么会降低，存在诸多解释。其实当时美国整个国家的犯罪率都降低了，学者们在分析原因的时候必须考虑到这一情况。2004 年，经济学家、《魔鬼经济学》的作者之一史蒂芬·列维特从报纸上有关纽约犯罪率降低的报道入手，发现多家媒体都认为这和"破窗效应"之间存在因果关系。

列维特搜集分析了大量数据，他不同意这些媒体的观点。他觉得犯罪率的下降有四个关键因素在起作用：第一，警力增多；第二，监狱里的罪犯数量上升了，也就是说一部分潜在的犯罪分子被关押起来了；第三，毒品现象得到了控制；第四，20 世纪 70 年代通过了《堕胎法》，计划外人口数量下降。[①] 同时，列维特反驳了其他一些解释，包括"破窗效应"，他说："'破窗效应'的作用被人们高估了，目前没有足够的证据表明纽约犯罪率的下降和'破窗效应'有关，更不能上升到整个国家层面。"

列维特并不是唯一一位质疑"破窗效应"的学者。2005 年，伯纳德·哈考特（Bernard E. Harcourt）和大卫·撒切尔（David Thacher）在杂志《法律事务》（Legal Affairs）上展开了一场辩论。哈考特质疑"破窗效应"，而从撒切尔的文章可以看出他基本上支持纽约警方的做法，也就是根据"破窗效应"，加强对纽约混乱迹象的监控和干预。但是，撒切尔对这一理论本身不置可否，他只是谨慎地提出警察本来就应该这么做。

---

①　还有第五个因素是，自从 20 世纪 70 年代以后，美国不再使用含铅石油，因为含铅石油排放的尾气会严重损害人体健康，停用这种石油促进了儿童的认知发展，从而降低了儿童长大以后的犯罪概率。

纽约警察是否应该关注并及时干预混乱的迹象，这一问题和警察这么做是否真的能降低犯罪率一样重要。假如警察看到一个人在商业区的大街上小便，难道他不应该及时阻止吗？不能说这种干预无法有效降低下个月的入室抢劫案件数量，他就可以睁一只眼、闭一只眼啊！

我同意撒切尔的说法，一些混乱的确不能听之任之。但是，我们也不能将整洁奉为信仰，把一切形式的混乱都当成魔鬼的使者。

过于高估"破窗效应"还会带来其他问题。如果我们发现自己居住的区域出现了混乱，我们便会主观放大这种混乱。2004 年，哈佛大学的社会心理学家罗伯特·桑普森（Robert Sampson）以及他的同行、密歇根大学的史蒂芬·劳登布什（Stephen Raudenbush）提出了一个十分简单而又发人深思的问题：当居民觉得自己居住的地方混乱不堪时，他们的思维会受到哪些因素的左右？

为了找到答案，桑普森和劳登布什开车穿行于芝加哥的住宅区，他们用摄影机拍摄了超过 23000 条街道的街面。他们吩咐助理研究员按照整洁程度给街道打分。物理扣分项包括涂鸦、废弃的小汽车、垃圾、碎玻璃、啤酒瓶、用过的避孕套等，社会层面的扣分项包括游手好闲的人、街头的妓女、瘾君子、酒鬼、不良青少年等，建筑层面的扣分项包括废弃的房屋、格格不入的办公楼等。助理研究员会相互监督，确保对方打分标准始终一致，这样桑普森和劳登布什才能得到客观的数据。

桑普森和劳登布什采访了数千位芝加哥的居民，询问他们关于混乱的定义和标准。比如，涂鸦、垃圾、公众场所酗酒、贩毒、不良青少年等问题究竟给他们带来多大困扰。

随后，桑普森和劳登布什对比分析了受访者和助理研究员的答案，结论令人诧异。居民之所以觉得自己居住的地方乱七八糟，并不是因为街上那些用肉眼就可以看到的扣分项，如涂鸦、垃圾等，而是因为另一些社会因素——这里是穷人区还是富人区，居民是黑人还是白人。如果住宅区 A 住着许多贫困家庭，或者有很多非洲裔公民，或者两种情况同时存在，而住宅区 B 住的都是富有的白人，那么即使两个地方的垃圾、涂鸦、乞丐一样多，住宅区 A 更容易被其居民定义为混乱不堪。

如果我们想判断一个地方的居民是否对其居住环境满意，与其看那里的街道是否整洁干净，还不如去分析此地居民的种族和收入状况。人们总是主观地认为富有的白人社区就是比贫穷的黑人社区整洁，尽管事实往往并非如此。

20 世纪最伟大的数学家之一戴维·希尔伯特（David Hilbert）生活在德国，他是"数学圣地"哥廷根大学数学系的心脏。1900 年，希尔伯特提出了 20 世纪的数学家应当努力解决的 23 个数学问题，有力推动了 20 世纪数学的发展。爱因斯坦还在寻找广义相对论场方程之际，希尔伯特就已经率先提出了。希尔伯特被称为"数学界的无冕之王"，他的成就鼓舞着整整一代年轻的数学家。

1930 年，希尔伯特从哥廷根大学退休，然而他在人生晚年见证了太多悲剧。他眼睁睁地看着自己的同事被纳粹党迫害、被赶出德国，有时候仅仅是因为同事的祖父母是犹太人。1934 年，希尔伯特参加了一场晚宴，出席的还有当时希特勒政府的教育部部长伯恩哈德·鲁斯特（Bernhard Rust）。鲁斯特问希尔伯特："自从哥廷根大学数学系的犹太裔科研人员被赶走后，那里的数学研究怎么样了？""哥廷根大学的数学研究？早没有什么研究了。"希尔伯特回答。

我们都知道，第二次世界大战时期纳粹德国修建了很多集中营迫害犹太人。然而，在战前，德国对犹太人的迫害就已经开始了，只不过方式不一样：犹太人不断被德国的反犹太人士攻击、羞辱。凡是有犹太血统的学者的事业都毁于一旦。他们当中比较优秀的逃到了包容性更强的英国和美国。随着优秀学者的出逃，德国的科学发展受到了沉重打击。尽管德国有强大的工业基础，它依然无法跟上美国和英国科技进步的步伐。德国在迫害犹太人的时候，其实也是在迫害整个国家。

最近，经济学家费边·瓦尔丁格（Fabian Waldinger）研究了种族虐杀给德国造成的影响。当时不同大学、不同院系遭受人才损失的程度不一样，以希尔伯特所在的哥廷根大学为例，其数学系失去的犹太裔研究人员占整个部门的60%，而化学系几乎没有人才流失。通过对比分析，瓦尔丁格便能够计算人才流失（比如，10%或50%的人才流失）对一个院系的影响。不仅如此，瓦尔丁格还研究了第二次世界大战时期炸弹轰炸教学办公室和实验室等对大学发展的影响，结果他发现，犹太裔人才流失对学科发展的影响比炸弹更严重、更深远。纳粹党对血统的追求以及对犹太人的迫害给德国在读博士的科研工作带来了永久性的伤害，因为这些学生失去了最优秀的导师。没有了种族的多样性，德国的大学再也无法重现昔日辉煌。①

　　希特勒曾云淡风轻地说："接下来几年，别指望德国的科学研究有任何进步，我们不想接受也得接受。"希特勒没有意识到科研停滞不

---

　　① 受到迫害的犹太裔科学家和数学家并不会觉得他们成就了德意志的种族多样性，相反，他们觉得自己和其他德国同事没什么不同，大家都是合法的德国公民，他们的宗教信仰（犹太教而非基督教）在日常生活中并不是什么大事，除非要上升到种族主义。德国化学家弗里茨·哈伯（Fritz Haber）出生于犹太家庭，但是接受的是基督教洗礼，他是一个爱国者。然而，就因为他的犹太血统，他遭到了反犹太主义的迫害，当时纳粹党还没上台。哈伯曾获得诺贝尔化学奖，他的一生毁誉参半。一方面，他发明了合成氮，使人类从此摆脱了依靠天然氮肥的被动局面，大幅减少了饥饿人口；另一方面，他研制了氯气，德国将这种毒气运用到战场，造成近百万人伤亡。

　　其实，当时犹太裔科学家的成就普遍更高，部分原因来自他们所受到的不公平对待。比如哈伯，因为学术迫害他很长时间都没有评上教授，于是他转投工业，和光学公司蔡司合作，随后发明了数项专利，手握无数成就的他终于评上了教授。之后，哈伯的合作企业也上了一个等级，前途也更乐观。合成氮的发明也是依靠企业家的资助才得以成功。

　　研究科学史的大卫·博达尼斯（David Bodanis）认为，德国犹太裔科学家的成就也和他们在其他国家受到的歧视有关。哥廷根大学好几位数学家在来德国之前生活在俄罗斯或波兰，由于不能忍受当地对犹太人的迫害他们才来到哥廷根大学，以为找到了一个避风港。这一部分数学家的学术研究同时受到好几个国家的影响，这种学术多样性让他们更具创意。

　　不过，瓦尔丁格研究的最主要影响也许还不在于他看到了不公正待遇与歧视对科学家们的影响，比如转投工业取得更大成就；而是这部分科学家的实质：被歧视和被驱逐的往往是最优秀的——鉴于这样的遭遇，他们必须如此。只有最优秀的学者才能克服学术委员会的重重偏见被评上教授。"最好的例子便是德国女数学家艾米·诺特（Emmy Noether），"博达尼斯写道。作为犹太女性，诺特需要克服双重歧视：她的种族，还有性别。"她真的很厉害……要说她对数学界的贡献，辉煌二字远远不够。"当德国的纳粹主义抬头，诺特的学生开始穿着纳粹党的棕色衬衫上课时，诺特对此一笑置之，但她却是哥廷根大学第一批失去工作的犹太教授。多亏了爱因斯坦的帮助，1933年诺特在美国费城附近的布林莫尔学院找到了工作。

前会给德国造成多么深远的影响。无论在哪个时代，第二次世界大战时期也好，21 世纪也好，科技对一个国家都非常重要。今天，没有人会赞同纳粹党为了追求血统而实行的种族灭绝政策，但是人们对种族多样性的恐惧依然深藏于整个社会。2016 年美国总统大选共和党初选之际，特朗普就多次提出一些激进的移民政策。最开始选民都不看好特朗普。一次，特朗普说美国的墨西哥移民总是和毒品、犯罪和强奸联系在一起，如果自己当选就在美墨边境修筑一道隔离墙。从那以后，他的支持率便开始爬升直到赢得党内初选。之后，特朗普又说他要"全面禁止穆斯林进入美国境内"——这让拥护民主党的媒体评论员松了一口气，心想特朗普终于快玩儿完了。结果，他的支持率不降反增。

纳粹的大清洗政策已被证明无异于自我毁灭，现代社会则以一种更精细、复杂的方式调和着社会对于异族的恐惧。来看经济学家奇安马可·奥塔维亚诺（Gianmarco Ottaviano）和乔瓦尼·佩里（Giovanni Peri）的研究，全球移民潮对于美国城市的影响。他们尤其关注那些有着大量生在国外、长在美国的移民聚居的城市。你可能以为这样熔炉般的城市难以号召社会凝聚力，黑社会势力猖獗，语言藩篱让人们的沟通困难无比。恰恰相反，两位研究人员发现这些城市正是由于其复杂多元的种族背景而蓬勃发展。在这样的城市里，美籍出生的居民平均工资更高，如果他们是房东，他们可以收取更高的租金；如果他们是房客，他们交的租金也更高——毕竟他们的高收入是这个城市的种族多元化所创造的活力与生产力带来的。

具有现代思维的人早已明白多样性是韧性和适应能力的基础。其实我们很多人都清楚，单一和纯粹并不是一件好事，对德国的"科学造林"也会嗤之以鼻，也明白并不是所有细菌都是身体的敌人。但是，虽然道理都明白，但是做起事来却总是犯浑。当医生告诉我们，我们的身体轻微感染了细菌需要服用抗生素时，我们基本不会告诉医生"如果不是很严重，我不想服用抗生素"。相反，很多感染病毒的病人会主动要求医生给自己开抗生素，这样他们才能心安，殊不知抗生素是治疗细菌而不是病毒的。如果城市规划部门拒绝我们扩建自住房的要求，我们会满腹牢骚，但是我们却不能容忍住宅区及附近存在店铺、餐厅、办公室或轻型工业区。

不仅如此，我们还惧怕外来人口。许多发达国家的移民政策都比较保守，这些国家拒绝移民的理由仅仅是因为他们出生在世界上的另一个地方，而这里的居民居然还为这种政策感到欣慰，他们认为宽松的移民政策会给自己的国家带来太多麻烦，会让局面失去控制。这种想法很常见，但绝对是错误的。还记得凯瑟琳·菲利普斯的实验吗？她发现学生在讨论谁是凶手的时候，不喜欢陌生人在场，即使有陌生人在场的小组找到凶手的成功率更高。我们总是轻易忽视移民对自己国家的贡献，而放大内心对种族多样性的恐惧。我们必须克服这种心理：每一个国家、每一个社会都需要移民，他们能够带来新的思想和观点，他们能为当地注入新鲜的血液。

这些故事不只关系到多样性，还揭示了我们对多样性的态度和反应。今天，无论是公司、政党、市场还是个人，我们不断享受着井然有序为生活带来的便利和短期利益，却没有注意到，它同时也为这些体系埋下了脆弱易毁的种子。

第九章　生　活

"我从不接受预约，也从不制订计划。"

富兰克林、施瓦辛格以及天才黑客麦金莱告诉我们：请珍惜邮箱、聊天和游乐场中的混乱。

1726 年，年轻的印刷商本杰明·富兰克林坐船从英国伦敦到美国费城，旅途漫长而枯燥，无所事事的本杰明想到了一个主意：何不在笔记本上记录自己为了成为一个更好的人而做出的努力呢？本杰明希望培养 13 种美德，其中包括节俭、努力、真诚和整齐。他计划每周培养一个美德，争取将其变成一种习惯，他会坚持不懈直到自己变成更好的人。他每天都会反思当天的行为，如果有什么做得不好的地方，他就在笔记本上打一个叉。每日一省的习惯伴随了本杰明的一生。59 年之后，本杰明开始写回忆录，里面满是对其美德之旅的回忆，他用了大量的笔墨讲述这一习惯是如何改变自己的，重申自己将永远坚持下去。

本杰明的愿望很宏大，他的美德之旅也成功了：最开始，笔记本上满是黑色的叉叉，但是随着时间的推移，叉叉越来越少。这一点倒没什么好惊讶的，因为本杰明从来就是一个想做什么就一定能做到的人，他的一生就是一个传奇。他绘制了墨西哥湾流图；发明了双焦距眼镜、避雷针、导尿管；他是美国第一位邮政局局长，曾任美国驻法国大使和美国宾夕法尼亚州州长。别忘了，美国《独立宣言》上面还有本杰明的签名呢。然而，伟大的本杰明并非完人——起码他自己并不这么觉得。

本杰明希望自己具备的第三大美德是：整齐。所有的东西都要摆放整齐，所有的事情都要按照预定时间完成。本杰明攻克了无数难题，却唯独败在这一点。失望的本杰明在回忆录中写道："这一目标让我深感挫败……我总是犯错，我很苦恼，每天都没有进步，甚至还会倒退，我想我是不是该放弃了。"

本杰明说的是老实话。一位研究他的学者写道："客人来拜访本杰明时，总会看见重要文件随意散落在桌子和地板上，这让他们很吃惊。"本杰明的家和生活从来就是一团乱麻，固执地抵抗着本杰明长达60年坚持不懈的努力，但是本杰明却一直对整齐这一美德深信不疑：只要他改掉这一人性缺点，他就会成为一位取得更多成就、更加受人敬仰、更加成功的人。其实本杰明只是在自欺欺人罢了。他的一生已经很了不起了，整齐摆放文件、让家里一尘不染等小事很难锦上添花。然而，和我们所有人一样，本杰明也渴望整齐，这是人的本性使然，所以我们认识不到混乱其实是美好事物的副产品，还有些时候混乱本身就是一种美德。

本杰明是一个想做什么就一定能够做到的人，然而他却败在了"整齐"这一点上，这倒是出乎无数人的意料。这究竟是为什么？也许本杰明的潜意识已经发现混乱并不会阻碍他成功。我们也需要明白生活中的许多方面——整理文件、规划任务、安排时间、寻找爱情、扩大社交、抚养孩子等——也需要来一点混乱。

本杰明的名言"物归其位"也透露着一些日常生活的智慧。心理学家丹尼尔·利瓦廷（Daniel Levitin）在《整齐的大脑》（*The Organized Mind*）一书中说，我们的空间记忆能力十分强大，如果按一定空间规律整理物品，就不容易忘记。钥匙、开瓶器之类的东西很容易随手乱放，需要的时候却找不到，它们就需要物归其位。电脑在储存文件时，也会引入空间概念——一个文件夹套着一个文件夹，方便用户搜寻。要是这些电子文档变成纸质的，估计又得扔得到处都是了。

物归其位确实能让你迅速找到钥匙和开瓶器之类的物件，但是你要处理文件或电子邮件的时候，这个习惯就帮不上什么大忙了，因为文件和电子邮件会一直增加，你不可能每收一份就重新分类，再加上归类这件事情本身就涉及不少矛盾和模糊。

效率专家莫林·曼恩（Merlin Mann）直接戳破了人们对过度分类的幻想。他举了一个例子，假设你在一家熟食店做三明治，接到第一份订单后，你开始在一片黑面包上抹蛋黄酱。这时，午餐高峰到了。于是你想，与其一个一个做，不如我先等等，看看还有哪些订单，一样的订单就一起做，省时省力。啊，又来了两个订单，我该怎么分类呢？先后顺序？不行。要不分成素的和荤的？或者分成需要烘烤的和不需要烘烤的？嗯，要不我再看看还有哪些订单吧。噢，又来了三个。现在是六个了。越来越多了，我究竟该怎么分类呢？

曼恩不仅想说明有时候时间根本不允许我们将事情详细归类，同时他也想告诉我们如果只专注于一件事情的话，其实更加没有分类的必要了。当然，有些情况细致归类不可或缺，比如图书馆；有些情况需要一个整齐的检查清单，比如建筑工地或操作间。然而，尽管我们大多数人都是在图书馆或操作间以外的地方工作，我们对整齐的崇拜仍然丝毫不减。绝大多数人和本杰明一样，认为规律和整齐能让自己的生活更美好，工作效率更高，变得更成功——事实却是，本杰明每天都在忙发明、忙出版、参与起草《独立宣言》，他哪有什么时间去整理自己的文件和房间。如果本杰明也在熟食店做厨师，高峰期他也没有时间去将三明治分类，只会埋头干活儿。

　　此外，将事物归类不像表面上看得那么简单。阿根廷诗人、小说家、散文家兼翻译家、作家豪尔赫·路易斯·博尔赫斯（Jorge Luis Borges）杜撰了一本古代中国百科全书——《天朝仁学广览》（*The Celestial Emporium of Benevolent Knowledge*），里面将动物分成了数类：（1）属于皇帝的；（2）涂过香油的；（3）被驯服了的；（4）乳猪；（5）海妖；（6）传说中的；（7）迷路的野狗；（8）本分类法中所包括的；（9）发疯的；（10）多得数不清的；（11）用细驼毛笔画出来的；（12）其他；（13）刚打破了水罐的；（14）从远处看像苍蝇的。

　　这种动物分类当然只是一个笑话，但是笑话却发人深思。大多数荒谬的分类方法有实际价值。有时候我们需要按照所有者将事物分类；有时候按照物理特性，情况不同，物理特性的分类也不同。有时候分类的需求非常具体，比如要惩罚做错事的（打破水罐或者武装抢劫），我们必须具体到个体。分开来看，每一个分类都有一定的作用，但是合在一起，它们就变得荒谬可笑了。博尔赫斯虚构的动物分类听上去糟透了。其实，他是想通过这个玩笑告诉我们，将世界分类比我们想象中的复杂多了，包容性越强的分类就越混乱。

　　还有一种广泛使用的分类方法叫"一式三份"，看到它人们就会想起官僚主义。每一份信件都需要准备三份，第一份按照日期归档，第二份按照主题归档，第三份按照涉及人物归档。这种方法有一定道理，因为没准儿有一天，我们需要查看 2015 年 10 月下旬收发的所有信函，或者报告机器故障的信件，或者某一位特里斯夫人的所有来信。但是这种归档方案需要花费三倍的空间、时间和精力，有不少缺陷，比如勒赎信怎么分类？有多个主题的信件又如何分类？要不采用博尔赫斯的"其他"？ [①]

　　对个别组织机构来说，"一式三份"是硬性要求，但是对大多数人来说，"一式三份"会浪费很多时间、空间和精力。日本经济学家由纪夫野口（Yukio Noguchi）发明了一种方法，供大家参考。首先将每一套新到文件放在大文件袋里，并在文件袋侧面工整地写上文件名称，类似于书脊，然后把文件袋存放在书架上。每次用完一个文件袋，就把它放回书架的最左侧。于是使用频率较高的文件会逐渐积累在左侧，而右侧放的都是不怎么用到的文件。由纪夫野口的方法拥有大批粉丝，因为不仅存档方便，找起来也方便，只要问一下自己上次查看文件大概是什么时候。

　　但是，等一等，好像有什么对方不对劲啊！埃里克·亚伯拉罕森（Eric Abrahamson）和戴维·弗里德曼（David Freedman）在《完美的混乱》一书中提出了改进意见：扔掉文件袋，将文件垂直排列堆在书桌上。

---

　　① 对于电子文档，我们的归类方法更混乱——使用标签。一份文档可以只保存在一个文件夹中，却可以对应多个标签。

按照以上方法操作，会出现什么情况？混乱的办公桌上出现了一大沓文件。每次你取出一份文件，使用完后就把它放在最上面，这样没什么用的文件就会沉到底部。这种方法没有由纪夫野口的整齐，但是能提供不少视觉信息让你迅速找到相关文件，比如厚度、纸张的颜色、有无折页或便利贴等。这些视觉信息虽然不能保证一次就准，但都不失为有用的线索。

尽管亚伯拉罕森和弗里德曼的方法称不上完美的归档系统——采用这种方法，书桌多半会乱成一团，但凌乱只是一种表象，表象之下有逻辑可循：如果不是经常用到的文件，是不可能堆放在顶端的。

无论书桌还是办公室，其凌乱揭示了我们的工作方式，还能提高工作效率。加利福尼亚大学圣地亚哥分校的认知学专家大卫·基尔希（David Kirsh）对比研究了两种不同类型员工的工作方式，第一类员工喜欢井然有序，第二类员工则相反。基尔希观察了他们在工作环境中的行为，比如到达公司之后或者打完电话之后如何展开下一步工作。基尔希发现，第一类员工主要依靠自己制定的待办事项清单和日程表；而第二类员工则主要依靠物理线索：没写完的报告、没来得及回复的信件、还未报销的票据等等，提醒自己该干什么的线索乱七八糟地堆在桌子上。[①] 一张整齐的办公桌无法提供这些线索，它的主人

---

① 法国散文家保罗·瓦勒里（Paul Valéry）说，如果你有一样心爱之物担心弄丢，又不知放在哪儿才不至于不小心忘记，那么就跟着感觉走，把它放在一个直觉告诉你它应该搁置的地方。一旦我们调动理智去整理东西，到头来想找的时候反而找不到。这种说法也许有些夸张，但有一点在理：当你把某样东西放进一个有组织有体系但肉眼无法直接观察到的地方，那么很有可能你再也无法找到它了。

得跟着待办事项走。两种工作方式各有长短，所以我们不能急着下结论。

当然，没人愿意在别人制造的烂摊子里工作，即使有不少物理线索，也与己无关，它们只能服务于制造者。

回到基尔希的实验，究竟哪一种类型的员工效率更高呢？一起来看。博尔赫斯告诉我们将复杂的世界归类比想象中的难很多。有时候，归类的确可以帮助我们，但是别忽略了时间成本，也就是说，节省下来的时间是否超过整理所用的时间。

一些研究人们在工作场所表现的学者有时候会将员工分成两种类型：整理者和堆叠者。顾名思义，前者喜欢按照一定规律系统地整理所有文件，而后者喜欢把文件直接堆在办公桌上。几年前，AT&T 实验室的研究人员史蒂夫·惠科特（Steve Whittaker）和朱利亚·赫兹伯格（Julia Hirschberg）研究了一组员工如何处理纸质文件。谁更喜欢堆放文件？谁的文件柜利用率更高？当公司要迁址时，谁能在最短时间将重要文件打包带走？最后一个问题的答案大大出乎两位研究人员的意料："我们本来以为整理者的表现会更好，因为他们会评估每一份新到文件然后归档，理应能在更短时间内找到所有重要文件。"事实刚好相反。整理者只是在机械做功，任何文件——重要的也好，没什么用的也好——都会归档。很多文件第一次使用之后就已经失去了价值，却还霸占着空间。如此一来，整理者很难在短时间内从一整柜的文件中迅速挑出重要的。

一位职员告诉惠科特以及赫兹伯格：

> 天知道我归档了多少份文件，可每次找起来还是不知道哪儿是哪儿。我经常发现自己刚将某个文件备份，归进一个类别，又发现还有别的类别也应该归进去……有时候，一份文件既属于商业类，又属于技术类，我只好复印两份，一个类别一份归档。有时候更惨，一份文件得归进 5 个不同类别。

整理者将如此多的时间和精力花费在文件归档上，以致有些人甚至产生了强迫症，不整理就不舒服。

和整理者相反，堆叠者喜欢把文件放在桌子上，下次拿起来的时候，扫一眼，没用就直接扔进垃圾桶，有用则继续放在桌子上。如果再结合亚伯拉罕森和弗里德曼提到的方法，最近使用的就放在最上面，要搬办公室的时候，他们就轻松了，带走文件堆上半层的文件即可，压在下面的就可以不管了。由于堆叠者的办公区总是乱七八糟的，一些实在看不下去的同事可能会偷偷帮他们整理，对堆叠者来说，这等于蓄意破坏。

在现代社会，不仅纸质文件的归档让人头痛，还有电子邮件。怎么归档电子邮件呢？这可是个巨大而错综复杂的工程。如果你收到了来自老板的邮件，邮件同时涉及业绩评估、公司聚会、ACME 集团的账目，那么邮件该保存在哪个文件夹呢？是"工作"→"人力资源"，还是"工作"→"老板"，还是"个人"→"日记"，还是"工作"→"账目"→"ACME"？要不就参考"一式三份"的方法，每个文件夹都复制一份？虽说这种方法不占实际空间，但是也会占用屏幕，当你从一个文件夹到另一个文件夹寻找目标文件时，要排出的选项可就多了去了，快赶上大海捞针了。

对于整理者来说，不断增加的不仅是文件，还有文件夹。一项研究发现，人们每5天就会建立一个新的文件夹保存电子邮件。对于20世纪下半叶最早用上电子邮件的那批人，他们的文件夹得有上千个。如果这些文件夹是分级排列，倒还可以打理，但是依然存在问题——占用太多时间。施乐帕克研究中心的研究人员发现，归档电子邮件的时间占了处理电子邮件总时间的10%。

有人可能觉得，10%还好吧。错！史蒂夫·惠科特和IBM研究中心的研究人员联合发表了一篇论文，标题为《我是在浪费时间整理电子邮件吗？》，他们给出的答案是：大体来说，是的。在获得了几百位白领的同意之后，惠科特和同事在他们的电脑上安装了追踪软件，软件一共追踪到85000次寻找电子邮件的尝试，要么是挨个浏览文件夹，要么采用其他方法，比如直接查看收件箱、查找发件人或利用邮箱的搜索功能。惠科特发现搜寻文件夹每次平均花费的时间接近一分钟，而其他方法只需17秒。那些用文件夹归类邮件的白领寻找文件花费的时间多得多，成功率却并未因此提高。换句话说，就算你把所有文件都存在一个文件夹，也比分级保存节约时间。①

如果一丝不苟地整理纸质文件和电子邮件是浪费时间，那么制定日程表是否也是如此呢？日程表的管理大致有两种方法。第一种是

---

① 当然，分级保存文件在某些情况下还是有优势的，惠科特的研究并不是说分级保存每次都在浪费时间，而是说大体如此。如果我要去参加书展之类的活动，我就会新建一个文件夹，把与活动相关的邮件统统放进去，我找起来也很容易。活动结束后，整个文件夹就保存起来。我尤其喜欢用电脑的"查找"功能。

只记录严格确定了时间的事项，比如和医生的预约、航班以及商务会议，其他事情灵活安排。第二种是无论大事小事，都提前计划好，一个时间段安排一个任务。

哪一种方法效率更高呢？心理学家丹尼尔·基尔申鲍姆（Daniel Kirschenbaum）、劳拉·汉弗莱（Laura Humphrey）以及谢尔登·马利特（Sheldon Malett）找到了答案。他们找来了一组大学生学习一个短期课程，课程目标是提高学生们的学习技巧。学生们被随机分成三组。第一组是控制组（对照组），研究人员只告诉了他们一些非常简单的时间管理技巧，比如每半小时至一个半小时就休息 5~10 分钟。第二组和第三组是实验组。研究人员不仅告诉了他们时间管理的技巧，还给他们讲了具体如何操作。研究人员告诉第二组以月为单位制订学习计划和目标，告诉第三组以天为单位制订学习计划和目标。研究人员预测，试验组的表现应该比控制组更好，在两个控制组中，第三组的表现又会胜过第二组。

实验结果推翻了三位心理学家的预设。第三组的表现最糟糕。一开始，第三组学生每周学习 20 个小时，但到后期减少到了 8 小时。控制组的表现也没好到哪里去，虽然学生的学习更连贯，但学习时间从每周 15 小时减到了 10 小时。第二组表现最好，他们以月为单位制订学习计划，每周学习 25 个小时，到课程末期学习时间还略有增长。可以看到，第二组的学习时间是第三组的两倍。实验结束后，研究人员继续跟踪了一年，发现学生的成绩表明实验发现的三种趋势依然在延续：第二组学生成绩最好，控制组的学生原地踏步，而第三组学生成绩继续下滑。

　　为什么会这样？研究人员提供了两种解释。第一，每天制订学习计划太花时间和精力，大部分学生放弃这种做法是迟早的事。第二，一旦学生没跟上日程表的进度，他们就会对自己感到失望，学习动力也没了。这两种解释听上去都挺合理。这里引出了另一个问题：为什么每天制订计划的学生总是跟不上进度呢？

　　天有不测风云。今天你感冒了，明天水管工要来修水管，后天有朋友突然要来你所在的城市。一个太过具体的日程表是容不下这些突发情况的。所以，计划要宽松一点，留些余地给突如其来的麻烦，也留些余地给突如其来的机会。

　　1994年，计算机天才马克·安德森（Marc Andreessen）和同伴一起创立了网景通信公司，之后又以40亿美元的价格卖掉，接着创办了一家投资公司，专门针对硅谷企业。他们投资的公司包括Skype、推特和爱彼迎（Airbnb）。安德森每天都会接到很多邀请，要参加很多会议，于是他干脆扔掉日程表，遇到要紧事就马上处理。对于安德森来说，他可以利用写日程表的时间创造更多的经济利益。2007年，安德森写道："一开始这只是一种尝试，但是现在的我比以前开心好多，我都无法形容了。"

　　我们再来看看阿诺德·施瓦辛格（Arnold Schwarzenegger）。还在当演员的时候，施瓦辛格就没用过日程表，后来他当上了加利福尼亚州州长，依然不用日程表。"我从不接受预约，也从不制订计划。"施瓦辛格这样告诉《纽约时报》。在政治家、说客和活动家眼里，施瓦辛格就像是一家火爆到从不接受预约的餐馆——想吃就直接去，运气好也许还有座位。并不是施瓦辛格甩大牌。好吧，也许，有那么一点点。但是，施瓦辛格知道日程表太紧的话遇到突发事件就不能灵活处理了。

如果你是一位亿万富翁、电影明星，或者出名的政客，别人自然心甘情愿排队去见你。而作为普通人，我们可没这种待遇。但是，即便我们不能效仿安德森和施瓦辛格，想不见谁就不见，我们总归能从一个更宽松、灵活的日程表中获益。计划太过具体无异于整体崩盘，整齐的日程表哪里装得下我们那充满意外的日常生活。

20 世纪 70 年代中期，几个哈佛大学的学生聚在一起喝闷酒，那是周六晚上，这几个年轻单身汉没有成功约到一个女生。对他们来说，约会是一门学问，他们还未参透。一般认识女生有两个途径，要么相亲要么多参加派对。对这几个学生来说，两种方法都太混乱了。相亲风险太高，谁知道约会对象会是什么样；派对又经常让他们很尴尬，因为女同学似乎更偏爱她们的学长。这几个学生觉得，必须要找到一种更好的约会方法，于是他们成立了一家公司，名字令人印象深刻——两性匹配研究公司。

两性匹配研究公司主要利用计算机科技为单身男女配对，这一服务的商标名其实更出名，叫"电脑红娘"。急着找对象的单身汉只需付 3 美元（相当于现在的 25 美元），然后填写一张问卷，随后答案会转换成一张简介卡，之后的事情就交给万能的电脑吧——一台公交车大小的 IBM 大型计算机。在 20 世纪 70 年代，数据处理必须租用公共服务器，按时计费，很烧钱。为了降低成本，电脑红娘的运营团队专门等到周日凌晨处理数据，因为这个时段收费低很多。丹·斯莱特（Dan Slater）在《算法时代的爱情》（*Love in the Time of Algorithms*）

一书中提到，开发电脑红娘的几个年轻人其实是想近水楼台先得月，早日脱离单身，他们开公司并不只是为了赚钱。电脑红娘在当时很火，几个年轻人成功了，他们的业务发展蓬勃。哎，要是约会真的可以经由算法程序变得干净利落、准确无误就好了——可这是一种让人难以抗拒的幻想，万一它成真了呢？

在那个年代，普通人眼中的计算机无所不能、高深莫测。有它助阵，再加上用户提交的问卷，估计得诞生出无数对情侣吧。问卷上有些问题很简单，涉及数字：年龄、身高、平均成绩（这可是哈佛，学霸云集的地方）。还有些问题涉及用户的世界观："婚姻需要爱情吗？""你相信上帝吗？""婚前性行为是否能帮助人成长？"还有一些假设性场景，例如"如果你的相亲对象是丑女你会怎么办？"这是一个多项选择题。既然用户已经提交了这么多信息，按道理计算机应该可以成为一位合格的月老了吧。

公司的创始人之一戴夫·克伦普（Dave Crump）回忆说："让计算机做月老，这个想法真的很棒。"当时几个年轻人一直宣传的也是这一理念。公司在广告中承诺：众里寻她千百度，那人却在红娘数据库。意思是，与其自己误打误撞，不如让计算机帮你科学脱单。

什么是所谓的"科学脱单"呢？克伦普的同事杰夫·塔尔（Jeff Tarr）解释了工作原理："第一步是确定两人住在同一区域。大多数女孩喜欢同年龄段或者年龄更大的男生，身高不能比自己矮，宗教信仰要一样。之后，我们便将满足这几个条件的人随机配对。"

这就是所谓的配对研究？！IBM 大型机要做的事情，不过是找到邮编、宗教、年龄和身高都满足要求的单身男女。你以为还有下一步吗？没有了，到此为止！所谓的问卷只不过是摆设。

一句话，计算机为客户所做的仅仅只是搜索附近还有谁单身而已，聪明的商家知道这可是相当赚钱的服务——看看约会交友软件 Grindr 和 Tinder 的火热程度便知。[①] 当时，电脑红娘的创始人们并没有将这一点公之于众，他们可不想扫大家的兴，尤其是媒体。大家都对运用科学算法找到另一半的想法相当感兴趣，一个热播的电视讨论节目甚至还邀请了杰夫·塔尔做嘉宾。仅是这些已经足够用作公司广告，电脑红娘还成了人际谈资，初次约会的男女如果没有其他话题，可以聊聊电脑为什么把他们凑成了一对。人们对电脑红娘深信不疑。

如今已是 21 世纪，电脑配对想必也更高级了吧？要是你有这种想法，那就正中相亲网站的下怀。就拿时下最热门的婚恋网站 Match 和 eHarmony 来说，它们的说辞跟 20 世纪 70 年代并无二致：把你的信息交给计算机，计算机来替你寻找真爱。线上约会是一个相当大的市场，量化的计算机配对模式依然是最大卖点。我们似乎觉得，只要计算机程序够强大，我们提供的信息够详细，计算机就能替我们找到灵魂伴侣。美国约会网站 Okcupid 看上去有点儿宅但又不失俏皮，因此很受年轻人欢迎，它为用户准备了成千上万的问题，比如"你喜欢喝啤酒吗？""你会看伴侣的电子邮箱吗？"每位用户需要回答几百个这样的问题，同时需要告诉电脑，他们期望潜在约会对象给出什么样的答案以及这个答案的相关性对于自己来说是否重要。

线上约会网站的规模越来越大，但其计算机程序的功能却原地

---

① Grindr 为同性恋交友约会软件，Tinder 为异性恋交友约会软件。——译者注

踏步。2014 年夏，OkCupid 对部分用户进行了一些实验，其中之一是向部分用户散发一种"安慰剂"：他们被告知彼此之间有 90% 的匹配度（天知道这是什么意思），而实际上，他们可能是两个世界的人。实验结果很快出来了，当两个人得知计算机将他们评估为匹配，他们的互动增多了，真的更匹配了——计算机测评的目的在于增加男女之间的互动。看来，OkCupid 跟电脑红娘一样，所谓的匹配度只是安慰剂：内心深信你们匹配才是最重要的，程序并不可信。

这个结果没什么好奇怪的。《数字爱情》（*The Mathematics of Love*）的作者汉娜·弗莱解释了为什么 OkCupid 这种约会网站本质上能做的很有限："计算机只是完成它事先设定的任务：向用户提供符合其标准的单身人士。但问题是，很多人自己都不清楚自己的标准具体是什么。"

还有比这更恼火的。就算我们知道自己想要什么，也很难向计算机传达出准确的信息。我们可以轻松地指定身高、年龄、宗教信仰、地点和收入，也可以列出爱好和兴趣等等。这些是很重要，但我们最终想要找的是一个亲密爱人，这哪是什么"他要幽默""她要性感""他要随和""她要体贴"就能轻易衡量确定的？如果计算机一开始问的问题不对，它也很难产生正确答案。

不过，计算机程序的搜索功能的确可以帮我们更容易地找到伴侣，比如位置；还有用户的某些特殊要求，比如不寻常的性偏好或饮食习惯。像"阳性者俱乐部"这样的网站可以帮助性病患者，比如患有艾滋病或疱疹等的单身人士，增加相知相遇的机会。如果你的要求非常具体，又可以在数据库中找到，那么线上约会对你来说无异于天赐的礼物。奇怪的是，要求比较大众化的人，比如那些想找一个有幽默感、性癖好正常的男男女女，也对计算机能帮他们找到完美配对深信不疑——好像填几个爱好、回答一串流行心理学的问题，就能稳稳地找到对象了。克里斯·麦金莱（Chris Mckinlay）的经验表明，事实并非如此。

麦金莱，这位被《连线》（Wired）杂志誉为"黑进 OkCupid 的数学天才"的计算机科学研究员当时正值 30 来岁。他想寻找浪漫，于是开发了一些软件，从 OkCupid 上删除并盗取了两万名女性的信息。这绝非易事——OkCupid 的防火墙会阻止任何删除网站数据的企图，因此麦金莱的编程软件必须去模仿人类的搜索行为。为此，他在加州大学洛杉矶分校数学系找了一个僻静处，开始忙里忙外。三周后他回答了 600 万个问题。

从众多的女性当中，麦金莱选定了一部分，作为他认为最有希望在一起的"类型"。由于强大数据库的支撑，麦金莱能够优化个人资料，做出真实回答，但是强调最符合他"类型"的答案的重要性。最后，他把自己精心炮制的个人资料公布在网上，以吸引女性的注意。结果迎来了一场疯狂的约会风暴：麦金莱的收件箱被对他感兴趣的女人的信息给淹没了，唯一的麻烦就是接下来他需要约会她们。

约会对象 1 吃了顿午餐，没有后续。对象 2 令人沮丧。对象 3，除了宿醉一场，别的什么也没有发生。麦金莱继续浏览时不时还在弹出的信息，是时候做个有些冷酷的决定了，麦金莱筛掉了一些人，以便挤出时间跟更多女人约会。那个夏天，他见了 55 个女人，前 52 个都以失败告终。

　　线上约会还没有推出那会儿，好多人一辈子也没约会过 55 次，还不是建立起了认真的关系，享受着快乐的婚姻。也许麦金莱太挑了，毕竟他一下子有了比别人多得多的潜在约会机会。但问题是很明显的：如果算法真能帮忙找到对的那个人，他也不会经历那么多悲催的约会。

　　麦金莱最终找到了他真正喜欢的人，一个名叫克里斯琴·王的女人对他也十分倾心。[①] 不久后，他们订婚了。麦金莱的约会马拉松终于结束了，并且是高高兴兴结束的。然而，这不能归功于他黑进了系统。根据算法，克里斯琴并不是一个很好的选择；在他的"类型"里，她甚至进不了洛杉矶的前一万名。麦金莱没有通过算法找到她，而是她找到了他。在搜索引擎中，她只输入了"本地""身材高大""有蓝眼睛"这些关键字，麦金莱的资料就弹了出来。

　　尽管不是人人都能像麦金莱一样黑进系统，将线上约会的局限性亲自检测一番，但许多坚信计算机算法的人承认，麦金莱的经历让他们感到有些幻灭。行为科学家迈克尔·诺顿（Michael Norton）、珍娜·弗罗斯特（Jeana Frost）以及《怪诞行为学》的作者丹·艾瑞里（Dan Ariely）做了一个简单的调查，结果显示人们对线上约会的不满主要有三：第一，线上约会的体验，就像机械地浏览菜单，或者像在订一家便宜的酒店。第二是花费时间太长，调查显示，人们每周要花 12 小时浏览资料、发送和接收邮件，再以电话或见面的形式进行 106 分钟的线下互动。而在那 106 分钟里，他们花了不少钱。期望越大失

---

　　① 　克里斯琴是麦金莱的第 88 个约会对象。——译者注

望就越大,"见光死"的场面也不鲜见。这就像伍迪·艾伦(Woody Allen)的那个笑话所说的:约会让人不爽,更不爽的是没几次约会。

用问问题和打钩来选伴侣确实有问题,但这并不是说,在传统的社交活动上东一榔头西一棒槌地找人聊天就一定更好。也许没有谁更好或谁更糟。但线上相亲网站往往无法兑现承诺却是真的:当你耗费了大量的时间和精力,到头来却发现,系统为你选定的约会对象并不比你随意找的更好。这也是人们对线上约会的第三点不满——线上约会似乎是白费功夫,就像我们煞费苦心地将电子邮件归进文件夹,工作效率也没提高。杂乱无章的方法至少有效,而且更快。

好几年前,当时还很年轻的心理学家珍娜·弗罗斯特在她的博士论文阶段研究了线上约会。弗罗斯特告别了传统的婚恋网站计算机程序配对模式,因为她觉得它很愚蠢。打个比方,如果你是约翰尼·德普(Johnny Depp)的粉丝而且喜欢在海边漫步,网站可能会安排一位也喜欢德普、靠在海边捡垃圾为生的流浪汉成为你的相亲对象。

弗罗斯特剥夺了电脑的配对权,她想利用虚拟网络空间给单身男女制造聊天机会。她创建了一个虚拟画廊,随机安排实验对象进行虚拟约会,屏幕上会出现一对虚拟人像,还有聊天气泡。画廊里的图画——从动画片《辛普森一家》中的丽莎·辛普森到流行歌手兼演员杰西卡·辛普森,从前总统乔治·布什到前国务卿约翰·克里——都是聊天话题。举个例子,舞蹈家弗雷德·阿斯坦(Fred Astaire)以及金格尔·罗杰斯(Ginger Rogers)的图片引发了这样一段对话:

男:你喜欢跳舞吗?

女：对，我喜欢华尔兹。

男：那你应该也喜欢自由迪斯科咯？

女：哈哈，我可不知道怎么跳"自由迪斯科"。

男：Big Easy 餐厅可以跳舞，你去过吗？

女：去过，很不错。我还想再去一次。对了，如果要和网友去那里，有什么要注意的吗？

虽然他们的对话不像罗密欧在阳台密会朱丽叶来得浪漫，但是气氛还是很友好，稍微带点儿暧昧，很可能这两人接下来就要见面了。参加了实验的人很喜欢这种虚拟约会，四分之一的人在聊天时交换了电话号码，考虑到弗罗斯特完全是在随机配对，这结果还挺理想。

两天之后，弗罗斯特安排了一次速配活动，实验对象轮流和不同异性聊天，有时候是和之前虚拟约会过的人，有时候是和只看过其简介的人，每次聊天只有 4 分钟。实验发现，在虚拟画廊约会过的男女见了面后好感还会持续，而只看过简介的陌生人之间没有这种火花。简而言之，电脑这个月老根本不靠谱，还不如在网上来一次随机虚拟约会。

通过这个实验，我们开始明白，在婚恋领域，电脑并不靠谱，它们不能让我们找到爱情。但是我们对电脑的信任在其他领域依然存在。婚恋网 eHarmony 的创始人尼尔·克拉克·沃伦（Neil Clark Warren）尝试用电脑配对技术帮助人们寻找最理想的工作、招聘最棒的财务顾问。他能否成功？不妨思考一下，电脑在婚恋领域已经被证明不靠谱，它在招聘和求职方面又能发挥多大作用？

接下来登场的是保罗·弗劳尔斯（Paul Flowers），他是基督教新教之一卫理公会派的一位牧师，同时也是英国合作银行的前任董事长。该银行是一家零售和商业银行，曾在 2008 年经济危机爆发之后尝试收购其他几家银行，不过反倒把自己推进了火坑。2013 年，要求弗劳尔斯下台的呼声四起。不久后，关于他的丑闻开始曝光，公众将焦点从麻烦缠身的银行转移到了行长身上。在一次财政部举办的特别委员听证会上，弗劳尔斯暴露了自己对银行业的无知：他估测英国合作银行的资产有 30 亿英镑，而事实上却高达 470 亿英镑，作为行长，他整整低估了 440 亿英镑。之后，英国《星期日邮报》（*The Mail on Sunday*）刊登了弗劳尔斯购买毒品的照片，他身败名裂。弗劳尔斯被起诉了，法庭上，检方提供了涉及购买毒品的短信作为证据，最后，弗劳尔斯持有可卡因、冰毒以及 K 粉（氯胺酮）的罪名成立。

但最让公众愤怒的，并不是他吸毒，而是他的无能。他没有重要的从业经历，也没有相关资格证书，他成为英国合作银行的董事长完全是钻了该行管理体制的漏洞。这家银行由会员持有、会员管理，以弗劳尔斯的无能，他究竟是如何当上董事长的？答案最终浮出水面：弗劳尔斯高分通过了一套心理测试。很多招聘方会利用心理测试选拔人才，类似电脑红娘给单身男女准备的问卷。

不可否认，此类测试在筛选人才方面有一定的作用。应聘者需要针对一系列问题表达自己是否同意，如"我经常因为别人对待我的方式而生气""我真心喜欢我遇到的大部分人"。面对面交谈时，存在于面试官潜意识里的种族歧视和性别歧视可能会导致面试官对求职者产生偏见，而心理测试可以避免这一问题。但是，如果我们认为一套整齐的单项选择题就能帮助招聘方找到最佳人选，那就大错特错了，忘了电脑红娘给我们的教训了？剑桥大学心理测评专家约翰·拉斯特（John Rust）总结了问题根源："'经验开放性'是五大人格特质之一，显然，弗劳尔斯在这一点上得分很高。但是仅有心理测试还不够，英国合作银行还应该安排一次面试，当面问问弗劳尔斯究竟对哪些经验持开放态度。"

究竟何时我们才能认识到电脑并不是万能的？也许永远都不会。测试听上去越科学、越权威，我们就越信任它。我们沦为尖端科学的受害者已经有很长一段时间了——科学配对这一理念其实早在电脑诞生之前就存在。1924 年，发明家和作家雨果·根斯巴克（Hugo Gernsback）在《科学与发明》(*Science and Invention*) 杂志上说："我们采用最精细、最科学的方式养马……人类在对待自己时，却很马虎粗糙，我们根本不用……科学教给我们的方法。"根斯巴克所说的"科学教给我们的方法"包括电子脉搏计以及人体气味检测（用一根软管，一头从你身体某处吸收体味，然后通过另一头将体味装进一个大玻璃罩）。

养马时，我们可以在纸上整齐罗列培养目标：性情、力量、速度。但是，当我们想为自己寻找真爱，或者想为公司寻找一位理财高手时，我们很难罗列出他们应该具备的所有品质。

无论是婚恋还是招聘，电脑已经一次又一次让我们失望，可是为什么我们还是想让电脑为我们铺路？也许，我们惧怕在现实生活中和陌生人来一次不打草稿、面对面的聊天。就算网上展开的浪漫互动从虚拟走进了现实——这也是几乎所有亲密关系的意义所在——我们依然想有一套事先备好的说辞，或者某种套路可以依靠。

1950 年，数学家、密码学先驱、计算机科技之父、人工智能之父艾伦·图灵（Alan Turing）设计了电脑人工智能的测试，即图灵测试。在图灵的"模仿游戏"中，一位裁判通过一台提词器同一个人以及一台电脑交流。人的任务是努力向裁判证明自己是人，而电脑的任务是模仿人的语气骗过裁判。图灵大胆预测，到 2000 年，电脑可以在 5 分钟之内成功欺骗 30% 的裁判。他的预测基本准确：2008 年，在图灵创立的人工智能勒布纳大奖赛上，聊天机器人艾尔博特成功骗过了 12 位裁判中的 3 位。

科学作家布莱恩·克里斯琴（Brian Christian）分析了机器人艾尔博特的获奖原因：电脑之所以能够模仿人类，不仅是因为聊天机器人本身就很会聊天，还因为从某种角度来讲，人类不过是能开口说话的机器罢了。

现在流行着一种亚文化：把妹（pick-up artist），其目的在于采用各种套路诱惑女人上钩。在一些论坛里，把妹达人会交流自己的经验。他们把女人分成了几大类，包括醋坛子型、软妹子型和强势御姐型，对待每一种类型都有对应的套路。把妹达人可以采用这些套路去接近目标，也就是"一群聚在一起聊天的女人"。其实，这些所谓达人根本就没想过，套路重复太多次也就不奏效了。在一个论坛里——该论坛全是把妹秘籍《让她还想见到你》《魔发子弹》的广告——一个男性埋怨道，他按照醋坛子型攻略去对付女性，却被无情地嘲笑了，因为那些女性已经听过同样的台词。他向论坛里的其他用户寻求建议，得到的回复是："赶紧撤，寻找下一个目标。"如果你觉得换个目标，女性就会买账，那就听从建议，走为上策吧。

把妹达人还有一种惯用套路——打压，说一些贬损的话激起对方的好胜心。如果男人故意打击女人的自信，女人就会迫切地展示自己的魅力去征服男人。怎么征服呢？发生性关系。但我怀疑打压之所以形成套路，真实原因在于贬损别人这件事实在没什么难度。把妹达人在打压异性的时候，又不用考虑对方的感受和回应，只图自己嘴上痛快，而且对方一定会给予回应。如果去攻击一位女性的体重，他自然不会去考虑她也是一个人，有故事、有思想、有朋友、有过去也有期待。把这些都考虑进去的话，那些套路可就不管用了。要真正赢得异性的心，需要你耐心倾听，少些套路，多些真诚。

把妹达人的打压套路和聊天机器人 MGonz 的套路很像。MGonz 是一个在线聊天程序，它会说一些话故意激怒网友，比如，"你说的都是狗屎""我不想再和你说话了""你就是一个浑蛋"。MGonz 从未通过图灵测试，消息灵通的裁判分辨得出它就是那个喜欢打压人的机器人，但普通人就没那么火眼金睛了。网友经常火冒三丈地和 MGonz 吵，一吵就是一个小时，丝毫察觉不到对方只是个计算机程序。为什么？网友、把妹达人以及 MGonz 有一个共同点：他们不会倾听，只顾自己说个痛快。

对于那些想开始一段关系或正处于一段关系中的人来说，套路也很有吸引力，因为简单省事。比如我们的智能手机。请输入几个字，然后看看输入法会给出什么建议。有一次，我给妻子发短信，我只输入了两个字"我只"，想看看手机有什么反应，以下是我妻子收到的完整短信：

　　　"我只想让你知道，我眼中的你棒极了。"

　　这条短信只有两个字和最后的句号是我输入的，其他全是手机的功劳。我妻子似乎没有发觉什么不对，过了一会儿，她回复道：

　　　"谢谢你！不好意思，刚才一直在忙！老公，你也棒极了！"

　　我选择相信这是她一字一句回复的，尽管也很可能是手机的功劳。可是，手机怎么能在我们输入几个字之后就给出如此温情靠谱的话语呢？因为我们喜欢重复自己说过的话。时不时地重复一些套话无可厚非，甜言蜜语翻来覆去不就那些吗？作家布莱恩·克里斯琴发现，我们的聊天很容易预测，一般从"最近还好吗"开始，或者谈论天气，最后常以"什么时候一起吃个饭"结束。我们写信一般也以"亲爱的……"开头，以"……敬上"结尾。这种开头和结尾没什么大毛病，只是在聊天或写信的过程中，应该多一些不落俗套的内容。

　　让我们用一位游戏高手——国际象棋计算机程序——来打个比方。这种程序是一个浩瀚无垠的数据库，像一本超级攻略，囊括了游戏一切可能的开局，以及之后的玩儿法。简言之，你走一步，电脑就走一步，而且根据算法，电脑走的那一步是针对你那一步的最佳对策。这是怎么办到的？原来，程序吸收了数百万份棋局实例，因此"懂得"根据当前形势搜索出最佳走棋。换句话说，这个最优法，并不是电脑通过运行从开局到终局的模拟进程，把所有可能性都过了一遍之后再选出来的——开局多，走法更多，针对走法的走法就更加多……事实上，没有任何电脑能把所有可能性模拟完。这样来看，电脑凭借的也不过是套路。如果你想赢，就要走前人没走过的路。沟通也是一样，如果你满口都是老生常谈，那不是跟没说差不多嘛。

即便我们想真诚地与人交往，我们的聊天都难以摆脱俗套。当我们嘲笑把妹达人采用套路反而碰了一鼻子灰只有落荒而逃时，扪心自问，自己可否做得更好？以下文字来自一位男士在第一次约会时所说的话，你能准确判断这是人说的还是电脑说的吗？

> 我叫德怀特·欧文斯，在摩根士丹利投资管理公司做私人理财，客户为富翁，同时负责管理一些养老金基。我喜欢这份工作，已经干了5年了。目前离异，无小孩，无宗教信仰。我住在新泽西，会说法语和葡萄牙语。毕业于沃顿商学院。这些条件你感兴趣吗？

这问题恐怕有点儿难。其实这段话来自美剧《欲望都市》(*Sex and the City*)，虽然并不是真实场景，但它依然触及了我们的痛处。即便人们第一次约会时没有采用把妹达人传授的种种技巧，但是依然免不了俗套，约会双方一本正经地交换着各种基本信息，没人愿意冒险谈论些更有趣的东西。行为科学家丹·艾瑞里做了一次实验，他将网上约会和一种类似于伊诺的"另辟蹊径"策略相结合。参与实验的男女在网上聊天时，必须采用研究人员开发的自动提问系统，这些问题包括"你谈过多少次恋爱？""上次分手是什么时候？""你患有性传染病吗？""你对堕胎怎么看？"可以看到，这些问题都比较敏感尖锐。结果，参与实验的人很享受聊天，因为它摆脱了以往的俗套，不再是信息的交换，聊天变得更加刺激和危险了。如果《欲望都市》里的德怀特·欧文斯在第一次约会米兰达时没有说以上那段话，而是说"你伤过别人的心吗"，是不是就能要到米兰达的电话号码了呢？这个我可说不准，但是我非常肯定至少他们的聊天会有趣很多。

你也许不相信，但是这些问题能够让聊天摆脱俗套。法国小说家马塞尔·普鲁斯特（Marcel Proust）给我们提供了一份清单，包括"你最珍视的财产是什么？""你性格中哪一点让你深恶痛绝？""你最喜欢的一次旅行是什么？""你希望自己以什么方式死去？"这些问题中的任何一个都能打败"你是干什么的？"。

布莱恩·克里斯琴和他的女朋友是在一场婚礼上认识的，为了打破沉默，他们用普鲁斯特的清单向对方提问。克里斯琴说："这份清单很美妙，它让我们迅速了解彼此。普鲁斯特帮助我们在 10 分钟的时间内完成了 10 个月才能做到的事。"

丹·艾瑞里的实验和珍娜·弗罗斯特的博士论文研究证明，新颖的电脑聊天程序可以帮助我们展开一段有趣的对话，而且不用担心因为普及而很快失效，毕竟大多数网络聊天室都希望网友不断回头。如果采用艾瑞里和弗罗斯特的方法，估计用户很快就找到对象了，然后将聊天室这位恩人忘得一干二净。

同理，社交媒体也无意于鼓励用户做更深刻、更有意义的交流互动。2015 年末，脸谱网宣布在点赞功能之外，增加"生气""伤心""哇哦""哈哈""爱"这五个单击功能。乍看起来，脸谱网可能想让用户准确细腻地表达情感。一家报纸报道说："脸谱网创始人马克·扎克伯格暗示……脸谱网想扩充点赞功能，这样用户可以表达自己对某些新闻的愤怒。"细细一想，不对呀。此前脸谱网用户就可以表达愤怒呀，他们可以在新闻下面评论"这条新闻看了让人生气"，或者对受害者说一些同情安慰的话，或者给他们提供建议。脸谱网新增加的几个单击功能其实是不想让我们做如此人性的互动——点击就够了。新的功能并不是为了用户，而是为了广告商，点击量比文字评论容易统计分析得多。但是，恐怕广大用户还是会拍手叫好，因为这几个新的单击功能比自己打字方便、省事。

鉴于现在短信和网络聊天如此流行，社会学家雪莉·特克（Sherry Turkle）最近采访了一些年轻人对于传统的面对面聊天方式的看法。这些年轻人告诉她，当面聊天很难，甚至让他们感到害怕。"我来说说吧，"一位高三学生说，"它在现实中进行，你根本没有机会思考接下来说什么。"很难想象，居然有人如此反感对话中的即兴创作，要知道即兴创作成就了迈尔斯·戴维斯，还有马丁·路德·金。这位年轻人如此痴迷掌控，以致与人面对面对话的胆量都没有。

不论我们多么不想面对，生活毕竟不是虚拟网络空间。生活本身就是一种混乱，它不是我们能够掌控的。自欺欺人的不仅是那些高中生，还包括马尔科·卢比奥，那些败给隆美尔的英国将领，实行"8小时"医改的布莱尔，巴塞尔协议委员会……我们总是在寻求让事态变得整齐可控的做事方法，却发现当局面失控时，这些方法根本没用。

自从 1950 年图灵创办勒布纳奖以来，从来没有机器人摘得冠军，但是每年都会评出一个安慰奖，由能够迷惑住最多裁判的聊天机器人摘得。这些拿到安慰奖的机器人往往是最具人性的机器。其实，主办方给和聊天机器人对抗的人类参赛者也设置了奖项，这些获奖者往往也是最具人性的人。2009年，布莱恩·克里斯琴参加了勒布纳大奖赛，他的目标是战胜机器人，证明自己才是真人。克里斯琴清楚，他不能落入俗套，不能像绝大多数人那样和裁判交流，这样反而显得很像机器人。他的策略是故意制造混乱。

第一，他没按常理出牌，没有使用常见的打招呼用语，一上来就说"你好"，这样太过循规蹈矩。相反，克里斯琴的第一句话是"给我讲讲你的初吻"。这句话可能会冒犯裁判，导致对话还未开始就已结束。但是，虽然有风险，也总比等着裁判先开口强。O2面对愤怒的用户，贫嘴道"飞鸽多少钱？给我来一只！"这种方式同样有风险。即使我们并不具备迈尔斯·戴维斯以及马丁·路德·金的才能，我们也能在冒险中受益。

第二，克里斯琴没有使用太过宽泛的词，而是尽量寻找周围环境中的细节。聊天机器人和把妹达人在聊天时完全脱离了周围的实际环境，真空中永远不会开出鲜艳花朵。正如花朵离不开土壤、阳光和空气，人们之间的交流只有纳入此情此景才具有意义。2009年勒布纳大奖赛上，有两位参赛者发现他们都来自加拿大多伦多，于是决定比赛时都聊冰上曲棍球。毫无疑问，这两个人肯定不是电脑假扮的。当卖鞋网站Zappos的客服代表发现致电的客户就住在附近时，她亲自把鞋送到了顾客面前，向顾客证明了自己并不是一台冷冰冰的电脑。

第三，布莱恩·克里斯琴会时不时地插话、接话，这在真实交谈中简直太常见。我们并不会一口气说完整个句子，然后再等待对方回应。相反，我们会发出迟疑的"嗯"或者吃惊的"啊"，我们会兴奋地插话，也会接话。如果是在发短信，我们经常看到对方接连发来好几条回复。这些才是真实场景中的聊天。克里斯琴的回复次数是他的机器人对手的三倍，裁判在回应的时候，他还会时不时地接话，揣摩裁判的犹豫。他的策略，恰恰证明了自己不是机器，接话可不是机器能够做到的！

克里斯琴和裁判的交谈脱离了整齐而呆板的一问一答，整个聊天充满混乱的插话和接话，正是这种机智的混乱为他赢得了大奖——"最具人性的人"。生活的凌乱滋养了创意、刺激和人性，离开了凌乱，这些美好的事物也会随之消逝。认识到混乱在开发人类潜能方面的魔力，我们就要从小孩子抓起——只要我们够胆。

20 世纪 30 年代，景观设计大师卡尔·西奥多·索伦森（Carl Theodor Sørensen）在丹麦设计儿童游乐场。他遇到了一个难题：他发现那些花钱聘请他的成年人对他的设计都相当满意，而那些孩子玩得却不怎么带劲。孩子们很快就会厌倦游乐场的秋千和滑梯，之后便数次偷偷溜到当地的建筑工地玩。

索伦森决定模仿建筑工地设计一个游乐场，里面只有沙子和砾石、铁锤和钉子。结果这个设计征服了所有小朋友，他们开始在游乐场建房子和其他建筑，建好了又拆，拆完了再建。

这个游乐场于 1943 年在哥本哈根恩托普区正式开放。当时丹麦被纳粹德国占领了。大人们每天心事重重，任由孩子们在游乐场修城堡、建围墙。渐渐地，这一设计理念流行起来。

1949 年，另一个类似的游乐场"明尼阿波利斯的院子"投入使用。刚开始，这个游乐场经历了一次危机。孩子们会偷偷把工具藏起来，想独自占有，这样就能战胜其他小朋友修出最漂亮的建筑。在这种情况下，似乎应该大人出手，给孩子们立下规矩，事实证明没这个必要。孩子们并不像《蝇王》（*Lord of the Flies*）里描写的那么邪恶。他们自己碰头讲好了规则。从这样的经历之中，孩子们可以学习合作。

非正式比赛（在公园踢球，拿运动衫当球门）对我们的成长帮助并不亚于正式比赛（在标准球场上进行的计时赛，有裁判参与）。事实上，我们一直低估了非正式比赛的优势。最近一项研究发现，我们在儿童时期参与的非正式比赛的数量和长大成人后的创造力成正比，而正式比赛和创造力则成反比。

波士顿大学心理学家彼得·格雷（Peter Gray）指出，在非正式比赛中，需要保证每一个玩家都玩得开心：如果太多人选择退出，这游戏就进行不下去了。这意味着，玩家要学会妥协，多考虑他人的感受，同时多包容技能不强的菜鸟。正式比赛则不需要做这些，战胜对手胜过一切，落后一方的队员虽然不好受，也只有坚持下去，直到裁判吹响终场哨声。而在非正式比赛或游戏当中，孩子们要照顾落后一方的感受，分享游戏技能，让对方也赢几分，这样游戏才有趣。在游戏当中，"我们"和"你们"这样的字眼不会出现。难怪我们在游戏当中学习的技能往往比正式比赛中学习的技能更能帮助我们对付日常生活中的难题。

哥本哈根和明尼阿波利斯儿童游乐场的成功令人称赞，其实还有一个游乐场比前面两个更出名，它就是美国宾夕法尼亚的"北威尔士儿童游乐场"，它只有几年的历史，其设计跟随了索伦森的步调。它之所以如此出名，得感谢艾琳·戴维斯（Erin Davis）制作的一部纪录片，以及汉娜·罗森（Hanna Rosin）发表于《大西洋月刊》（*The Atlantic*）的一篇专题文章。

　　说这个游乐场乱成一团一点儿都不夸张。泥泞的地面上长了几棵树；草很高，好像是被随意插进污泥地面的；一条小水沟从游乐场中间穿过；垃圾桶旁边堆放着三个旧轮胎，旁边躺着一辆被固定好的破自行车；一把椅子栽倒在地；一个大的木制纺锤；还有一个轮胎孤零零地躺在那里，里面全是面目全非的垃圾。已经够乱了吧，还有更乱的——那条水沟。水沟里面全是垃圾：一个自行车胎，又一个轮胎，一个貌似凳子的东西，塑料碎片，还有几根管道。这个地方给人一种感觉，好像有人开着卡车载着废料桶来到了一块丑陋不堪的灌木丛林地，他将废料桶里的废金属和塑料倒在林地后逃之夭夭，生怕被人发现后报警。

　　这个地方完全不像游乐场：没有鲜艳的色彩，没有滑梯，没有橡胶垫。不过，有一个秋千——勉强称得上是秋千，其实是一节绿色塑料管，吊挂在树上。这秋千感觉是孩子们自己做的，这不是不可能，这些孩子曾用铺满灰尘的旧床垫做了一个蹦床，把木托盘改成了堡垒，用空油桶来装火。火在游乐场很常见，同样常见的还有拉锯、钉子、飞快旋转的摇摆秋千。这些都是孩子们自己做的，大人没有参与，也没有监督。陪孩子来这里玩耍的大人很少干预。一个10岁的男孩发疯似的锯着一块重型纸板，他的手指完全暴露在外。小男孩没有工作台，也没有固定纸板的装置，所以拉锯一会儿打滑一会儿又偏了方向，但他管不了那么多。这幅场景让大人胆战心惊，好像接下来就会发生可怕的事，小男孩即将成为公共安全教育的反面教材。不过小男孩毫发无伤，锯好的纸板摇身一变成了打雪球专用球拍。

罗森写道："不过这种游乐场并不受富裕的中产阶级家庭的待见。我回家后将拍摄的录像给一些父母看，视频里面一些孩子在黑暗中蹲在地上生火。我得到的最常见的回复是'这也太疯狂了！'"

真的有那么疯狂吗？这种游乐场是否真的比 KFC[①] 型游乐场更危险、更容易造成事故呢？这一点其实很难证明。如今，学校和市政当局都选择 KFC 型游乐场，希望尽可能减少意外，尽量避免惹官司。研究童年的作家蒂姆·吉尔（Tim Gill）估算，一个 KFC 型游乐场的橡胶铺地占了总投资的 40%。但是，目前并没有数据表明 KFC 型游乐场确实更安全。英国密德萨斯大学的风险管理教授大卫·鲍尔（David Ball）曾做过研究，他也没有找到证据证明，在美国和英国，KFC 型游乐场事故发生率确实在下降。

最近，一个由 15 位学者组成的研究小组尝试系统地分析能够搜集到的、与户外活动危险相关的所有数据。他们将危险因素分类：高度；速度；危险器材，如刀和斧头；危险因素，如水和火；暴力因素，如打架；走失风险。这些因素没有一个不是家长的噩梦。尽管如此，研究小组却发现这些危险因素其实利大于弊：它们会增加孩子们的运动量、提高社会技能、减少攻击性、减少意外。虽然研究小组谨慎地提出"因为类似高质量的研究很少，所以很难下定论"，但是这种可能性是很高的，一个能够让孩子笨拙地锯纸板和生火的地方很可

---

① KFC 是 Kit（器材）、Fence（栅栏）、Carpet（铺地）的首字母缩写。——译者注

能和专家们精心设计的游乐场一样安全。

让孩子在建筑工地玩，其实和他们在铺有橡胶垫的游乐场或者装有保护衬垫的攀爬游乐设备上玩一样安全，甚至更安全。这怎么可能?! 铁锤、吊车、火堆、大树等等确实有危险，但是小孩子们能够根据危险调整自己的行为——如果地面没有橡胶垫，或者游乐设备没有保护软垫，他们就会更小心。

一些研究儿童游戏的专家觉得修建越来越统一的游乐场反而会让小孩子变得越来越不小心，从而增加他们在游乐场以外的地方发生意外的风险。获得过游乐场设计大奖的建筑师赫勒·纳贝隆（Helle Nebelong）说："如果每一个攀网和梯子的间距都一样，小孩子们就再也不会注意脚下了。"游乐场的标准化存在风险，因为这会让玩耍变得过于简单，以致孩子们根本不用留意自己的动作，风险意识逐渐淡化。

提高儿童的风险意识才能让他们做好准备迎接游乐场以外的大千世界，那里没有橡胶垫，也没有保护软垫，而是充满了凌乱和风险。

凌乱的游乐场对小朋友的帮助可不仅于此。奥克兰理工大学公共卫生教授格兰特·斯科菲尔德（Grant Schofield）最近研究了一些学校，这部分学校允许幼年儿童课间休息时在学校附近的荒地玩耍。研究发现，幼年儿童在荒地玩耍时发生的意外比传统的游乐场还要少。不仅如此，当小朋友们回到课堂之后，表现更好了，注意力更加集中，欺凌事件也大大减少，学校关闭了惩罚校园恶霸的静闭室，也减少了巡视老师的数量。

《昨日之前的世界》一书的作者贾雷德·戴蒙德（Jared Diamond）

在研究新几内亚岛的狩猎采集型社会时，曾给出类似的评论："（这里的居民）认为小孩子是绝对独立的个人，大人不应该压制他们的愿望，他们有使用危险工具——如锋利的刀、煮锅和火的权利。"戴蒙德说尽管这些孩子长大以后身体会留有许多伤疤，但是伤疤只存在于他们的身体，而不是灵魂。他们的"安全感、自信、好奇心和独立"和在西方社会长大的孩子截然不同。

如果我们过度保护自己的孩子，我们是在剥夺他们锻炼自己社会技能的机会、学习如何做出理智决定的机会、感受痛苦和失去的机会，以及感受和创造混乱的机会，我们剥夺了他们成长为一个完整的人的权利。可笑的是，我们觉得这就是爱。

《为混乱碰杯》（*Two Cheers for Anarchy*）的作者詹姆斯·斯科特（James Scott）指出，哥本哈根的游乐场是开放性的，它能包容孩子的才能。作为游乐场的设计者，索伦森真的太了解孩子了，谦虚的他却觉得自己做得还不够好。简·雅各布斯曾说，只有傲慢自大的人才会按照自己的意愿设计楼房，全然不考虑使用者的感受。游乐场的设计也是如此。

从麻省理工学院的20号楼，到布莱恩·伊诺的"另辟蹊径"，到罗伯特·普罗普斯特的"活动办公室"，到布莱恩·克里斯琴大战聊天机器人，到亚马逊创始人杰夫·贝佐斯，到约翰·伯伊德的OODA循环，再到钢琴家基思·贾勒特、爵士传奇迈尔斯·戴维斯、民权运动领袖马丁·路德·金。一次又一次，我们见证了创造力、刺激和人性隐藏在生活的凌乱之下。

绝大多数游乐场不能包容孩子的创造力和才能，在那里，秋千就得有秋千的样子，旋转木马就得像旋转木马，最后反倒让孩子觉得受到太多控制而失去玩耍的兴趣。一份好的工作、一栋好的建筑、一段好的关系都应该像索伦森设计的游乐园那样，具有韧性、包容性和开放性。事实却是，绝大多数工作、建筑、关系都没有这样的特质，它们用条条框框限制着我们，循规蹈矩，单调乏味。而我们呢？一次又一次地听之任之，就是因为条条框框虽然限制着我们，但也给我们带来了廉价的安全感。可悲可叹！

　　开放和灵活隐藏于混乱之中。索伦森的游乐场对成年人来说是一场噩梦。是的，它看上去很危险，很混乱，但是这种危险和混乱才是我们的下一代所需要的。何不让孩子早些做好迎接凌乱生活的准备呢？

致　谢

我用了五年来完成这本书。若我无意间忘记了谁的帮助，还请原谅。我本想列一个感谢清单，但是这显得太过苍白。

我要感谢大卫·博达尼斯、保罗·克伦佩雷尔以及安德鲁·怀特多次用心地阅读手稿，他们的建议极大提高了整本书的质量。与此同时，感谢他们在这些年里对我无微不至的照顾。也要感谢多姆·加缪，杰西·奇阿佩拉，奥利弗·约翰逊，威廉·佩勒，马克·林纳斯和弗兰·蒙克，谢谢你们周到的评论。

感谢那些在恰当的时机帮助我找到合适想法的人。感谢：阿黛尔·阿姆斯特朗，卡特琳娜·碧洛莉，沃梵高·奇阿佩拉，安德鲁·杜尔诺特爵士，爱丽丝·菲什本，理查德·费雪，布鲁诺·朱萨尼，塞萨尔·伊达尔戈，尼戈尔·豪斯，艾玛·雅各布斯，理查德·奈特，马丁·劳埃德，帕特里夏·莱恩·马德森，苏·马蒂亚斯，斯科特·佩奇。感谢和我在《金融时报》及BBC（英国广播公司）共事的同事们，你们让我备受鼓舞。

感谢那些百忙之中抽出时间参加这本书采访的人：大卫·艾伦，格温·贝文，斯图尔特·布兰德，谢利·卡森，布莱恩·伊诺，迪格比·菲尔维，蒂姆·吉尔，尼古拉·格林，安迪·霍尔丹，盖伊·霍沃思，克雷格·奈特，约翰·库尼奥斯，查尔斯·利姆，迈克尔·诺顿，杰拉尔德·拉特纳（由埃玛·雅各布斯采访），肯·里根，基思·索耶，马太依斯·德邦，巴拉兹·维德斯，霍莉·怀特。

随便看看自己的笔记就会发现，我对那些激发我创作灵感的记者、作家、思想家感激不尽，特别是：

音乐方面：阿什利·卡恩，保罗·特恩卡以及BBC纪录片《仅此一夜：科隆音乐会"另辟蹊径"》团队。

创意方面：保罗·霍夫曼和埃德·杨。

建筑方面：沃伦·伯杰，斯图尔特·布兰德，阿兰·德波顿，约拿·雷勒。

关于马丁·路德·金：泰勒·布兰奇，大卫·盖洛，史蒂芬·奥茨。

关于贝佐斯、隆美尔和斯特林：弗吉尼亚·考尔斯，戴维·弗雷泽，布拉德·斯通。

关于法航447航班：威廉·朗格维舍，杰夫·怀斯以及节目《看不见的99%》。

关于汉斯·蒙德曼：汤姆·范德比尔特。

人类学方面：丹·艾瑞里，布莱恩·克里斯琴，汉娜·罗森，穆扎弗·谢里夫。

微生物学方面：埃米莉·埃金。

大众信息方面：埃里克·亚伯拉罕森，戴维·弗里德曼，简·雅各布斯，詹姆斯·斯科特。

感谢我优秀的团队，我的编辑们，萨莉·霍洛威，伊恩·亨特，杰克·莫里西，佐伊·帕格娜门塔，蒂姆·怀廷，以及全世界的出版商和机构。

最后，向弗兰·蒙克斯表达我的爱和感激。她知道为什么。